本书为国家社会科学基金（教育学）一般项目“研究型大学翻转课堂有效教学实证研究”（BIA150107）的最终研究成果。

高校翻转课堂的有效翻转

杨春梅◎著

北京大学出版社
PEKING UNIVERSITY PRESS

图书在版编目（CIP）数据

高校翻转课堂的有效翻转 / 杨春梅著．— 北京：北京大学出版社，2021.4

ISBN 978-7-301-32071-6

Ⅰ．①高…　Ⅱ．①杨…　Ⅲ．①高等学校—课堂教学—教学研究　Ⅳ．①G642.421

中国版本图书馆CIP数据核字（2021）第049643号

书　　名	高校翻转课堂的有效翻转 GAOXIAO FANZHUAN KETANG DE YOUXIAO FANZHUAN
著作责任者	杨春梅　著
责 任 编 辑	郭　莉
标 准 书 号	ISBN 978-7-301-32071-6
出 版 发 行	北京大学出版社
地　　址	北京市海淀区成府路205号　100871
网　　址	http://www.pup.cn　　新浪微博：@北京大学出版社
微信公众号	科学与艺术之声（微信号：sartspku）
电 子 信 箱	zyl@pup.pku.edu.cn
电　　话	邮购部 010-62752015　发行部 010-62750672 编辑部 010-62767542
印 刷 者	天津中印联印务有限公司
经 销 者	新华书店 787毫米×1092毫米　16开本　21印张　260千字 2021年4月第1版　2022年6月第2次印刷
定　　价	79.00元

前　言

一

高等教育质量是我国“双一流”建设的核心诉求。高校对于提升高等教育质量的关注，首先表现在对课程教学质量的重视和不断深化课程教学改革的努力上。课程与教学之于高等教育质量的重要性，无论怎样形容都不为过，因为课程与教学是教育理念和教育目的的主要载体、学生获取知识的主要源泉、师生关系的主要中介。随着科技进步和时代发展，课程与教学处于永恒的变动之中，这不断的变动促使我们持续地思考：为达到一定的教育目的，高校教什么？学生学什么？高校如何教？学生如何学？

捷克教育家夸美纽斯曾在他的《大教学论》扉页上写道：“寻找一种教学的方法，使得教员因此可以少教，但学生可以多学；使得学校因此可以减少喧嚣、烦厌和无益的劳苦，多具闲暇、快乐和坚实的进步。”在我看来，夸美纽斯所要寻找的教学，其实也就是他本人视角下的“有效教学”。所谓有效教学，就是优秀教学、好的教学或成功教学，它指向促进学生有效学习、实现预期学习目标。有效教学之“有效”与否，并不指向教师教得好不好，而是指向学生学得好不好，尽管教得好不好通常构成学得好不好的重要前提。促进学生的学习和发展是有效教学的根本目的，也是衡量教学有效性的唯一标准。

有效教学既是人们的长期追求，也是一种全新的教学理念。20世纪60年代以来，有效教学研究不断得以丰富和发展。关于有效教学的基本框架，英国教育家基里亚库在《学校有效教学》一书中提出了由环境变量、过程变量和结果变量构成的基本框架：环境变量指影响教与学活动的各种输入因素；过程变量指师生的课堂行为、学习任务和学习活动所具有的对学习活动的成果产生影响的诸特征；结果变量指一系列与教育目标有关的长期或短期的认知和情感方面的教育成果。

美国高等教育协会支持的一项研究发现，本科生有效教学的七项原则是鼓励师生互动、鼓励学生之间合作、鼓励主动学习、提供及时反馈、强调时间投入、对学生寄予高期望、尊重学生差异和不同的学习方式。这七项原则成为高等教育界一个广为传播的有效教学研究框架。

关于有效教学的关键行为，美国学者鲍里奇在《有效教学方法》一书中指出有五种关键行为（清晰授课、多样化教学、任务导向、引导学生投入学习过程、确保学生成功率）与理想的学生学习业绩有显著关系，这在过去30年里得到了大量研究的一致支持。

美国“全国学生学习投入调查”（简称NSSE）建议从学生投入各项有效学习活动的程度来衡量大学教育质量，并提出了包括学业挑战性、积极主动的合作学习、师生互动、教育经验的丰富性和校园环境的支持性等涵盖宏观和微观层面的评价高校有效教学实践的五项指标。

在一定意义上，中外关于课程教学的各类研究和文献，无论是涉及课程与教学理念与实践、教学模式与教学设计、教学过程与教学方法，还是涉及课程学习成果与评价，其共同追求的目标无疑都是有效教学。

二

在新的时代背景下，积极促进翻转课堂有效教学，是高校课程教学变革面临的一个机遇与挑战。在高等教育中，翻转课堂并不是一个全新的理念。把内容传递和知识应用加以翻转，在曾经的高校教学实践中并不鲜见，例如文学课学生在课外阅读小说而课上时间则用于讨论作品主题和写作原理，法学院学生在研讨课前做好准备以更有效地参与研讨。在 20 世纪 90 年代，哈佛大学物理学教授马祖尔较早开展了翻转课堂研究，他把学习分为知识传递和知识内化两个步骤，并在课堂上使用同伴教学法。进入 21 世纪以来，伴随信息技术进步以及教育资源开放运动、MOOC（Massive Open Online Course）以及可汗学院的产生与发展，翻转课堂因其理念获得更深更广的技术支持而广受关注。

翻转课堂没有单一的结构或模式可供遵循，它作为一个总称，涵盖了具备以下特征的任何一种形式的教学：信息传递教学主要移到课前进行，学生在课前观看预先录制的讲座或阅读其他文本材料，被解放出来的课堂时间则用于学生主动学习。学生主动学习的教学方法涵盖从讨论到结构化的教学方法（主要包括合作学习、案例分析、同伴互助教学、基于探究的学习、基于问题的学习和基于项目的学习等）这一连续体。

实际上，一个课堂是不是翻转课堂，并不在于其课前学习是否采用了视频讲座等教育技术形式。面对不同的学科、不同的教师和不同的学生，翻转课堂所可能采取的形式也是多样化的。也就是说，判断翻转课堂的依据并不是课前媒体形式，而是课堂时空、流程和结构的翻转。或者说，只要是课堂贯彻了以学生为中心的教学，课堂关注学生主动学习活动的开展，学生成为课堂活动的主角和重要参与者，我们都可以把其视为某种形式的翻转课堂。这样的思路，可以纠正当前对翻转课堂的僵化的乃至形式化的理解，可以避免把翻转课堂看作是高不可攀的、遥不可及的或是某种教育技术的东西。技术的进步确实推动了翻转课堂更进一步的蓬勃发展，但不能因其在现实中更多呈现出某种技术主导的形式而否定其原初的形态，因为这种原初的形态仍有其存在的合理性和必要性。

进一步说，翻转课堂不仅仅翻转了时空、流程和结构，更是一种“范式的转换”。在教学目标上，翻转课堂的学生在课外实现的是布卢姆教学目标中的低阶认知目标（知识、理解和运用），在课上则是在同伴和教师的支持下专注于高阶认知目标（分析、综合和评价）；师生的角色和期望也发生了变化，学生成为学习的主人，教师则从“讲台上的圣人”转变成为“学生身旁的指导者”；从教学方法看，教师课堂教学主要是为了促进学生主动学习。

总之，翻转课堂模式将“学习时间”进行重新规划和设计，通过对知识传授和知识内化的颠倒安排，改变了传统教学中的师生角色，实现了“先学后教”和对传统教学模式的革新。翻转课堂改变了传统课堂被动和单向讲授的一统天下局面，为信息时代的教与学提供了新的思路。

三

本书旨在将我五年来对高校翻转课堂教学之学习与思考呈现和记录下来。具体而言，关于高校翻转课堂，我给自己提出的几个研究问题是：第一，什么是翻转课堂？它从哪里来？建立在怎样的理论基础之上？第二，为实现翻转课堂，教师应如何进行教学设计？第三，从技术形态看，教师如何实施基于 SPOC（Small Private Online Course）和雨课堂的翻转课堂？第四，从主动学习类型看，教师可以尝试和开展哪些形式的翻转课堂？第五，如何评价高校翻转课堂的教学有效性？当前高校翻转课堂的教学有效性如何？第六，从保障机制看，如何从教师发展的角度保障翻转课堂的有效实施？对以上这些研究问题的探寻即构成了本书如下的研究内容：

第一章，翻转课堂概述与理论基础。翻转课堂的结构可以概括为：课前学习＋课上主动学习。相关研究表明，翻转课堂有助于促进学生的有效学习。翻转课堂建立在掌握学习、建构主义、以学生为中心的教学和程序教学等理论基础之上。

第二章，高校翻转课堂教学设计。实现翻转课堂有效教学的第一步是教学设计。总的来说，教师在翻转课堂教学设计中需要考虑：本课程一整套的教学目标是什么？设计怎样的教学内容？设计怎样的课前学习资源？设计怎样的课堂主动学习活动？设计怎样的反馈与评价？所有这些因素之间需要彼此配合和相互支持。一旦有了合理的翻转课堂课程教学设计，翻转课堂课程大纲就自然形成了。

第三章，基于 SPOC 和雨课堂的高校翻转课堂。在免费、共享和开放等教育理念的影响下，大规模开放在线课程即 MOOC 迅速崛起。SPOC 是 MOOC 的新发展，它专门面向小规模的特定学生，融合线上线下学习各自的优势，实现 MOOC 与传统校园教学的有机融合。而雨课堂则是将 PPT、MOOC 和手机微信融为一体，整合课前推送课件、课堂幻灯片同步、课堂习题应答系统、弹幕式课堂讨论、数据采集和分析等多个功能，将传统学习活动与移动学习活动结合起来，让学生最大限度地投入和参与学习。哈尔滨工业大学、北京科技大学、清华大学等高校的计算机、外语和数学等学科的课程基于 SPOC 或雨课堂实施高校翻转课堂模式，为我们提供了可资借鉴的范例。

第四章，基于同伴教学法的高校翻转课堂。同伴教学法（Peer Instruction，简称 PI）由哈佛大学物理学教授马祖尔创立。与传统课堂教学模式不同，PI 要求学生在课前阅读课程内容，在课堂上教师使用专门设计的概念测试题，主要借助基于硬件或软件的课堂反馈系统即时获得学生答题情况反馈，进而组织学生展开互动和讨论，引导学生积极主动地参与教学过程，变传统单一的讲授为基于概念理解的自主学习和合作学习。PI 适合于各种规模的课堂尤其是大课堂，也适应于多个学科，它能够显著促进学生的有效学习。北京理工大学自动化专业的本科生课“模式识别”采取基于同伴教学法的高校翻转课堂模式，为我们提供了可资借鉴的范例。

第五章，基于 PBL 的高校翻转课堂。翻转课堂的典型结构即为“课前自主学习 + 课上主动学习”。在主动学习方法中，“基于问题的学习”（Problem-based Learning，简称 PBL）和“基于项目的学习”（Project-based Learning，简称 PBL）在近年来格外受到关注。这两个 PBL 都可以与翻转课堂相结合，或者其本身即构成翻转课堂的一部分。加州大学伯克利校区的两门教育学研究生课程和宁波大红鹰学院（现名宁波财经学院）的一门计算机本科生课程采用了基于 PBL 的高校翻转课堂模式，为我们提供了可资借鉴的范例。

第六章，基于辩论的高校翻转课堂。辩论是一种非常有利于拓展学生思维和提升各种技能的讨论形式。辩论，在先天上具备翻转课堂的特质，即学生需要在课前进行充分准备，做到上课有备而来。从班级规模看，基于辩论的翻转课堂可以是大课堂，也可以是小课堂。无论是大课堂还是小课堂的辩论，都可以实现全体学生的参与。与大课堂相比，小课堂更容易模拟那种更为正规和相对更有仪式感的“辩论赛”形式。而大课堂上的辩论，一个比较可行的办法是采用那种结构比较松散的“自由辩论”形式。本章以北京理工大学的本科双学位课“课程与教学论”和哈佛大学的本科生通识课“公平与正义”为例，简明扼要地刻画了大班和小班基于辩论的翻转课堂的具体运作。

第七章，基于Presentation的高校翻转课堂行动研究。作为对“教师讲,学生听”的传统教学模式的矫正和超越，当前我国高校教学实践中一个惯常采用的方法是教师讲授与学生课堂展示相结合。学生课堂展示一般也称为Presentation。Presentation常常和很多主动学习方法配合使用，或者也可以说它是很多主动学习方法的一个内在结构。Presentation先天具备翻转课堂的特质，因为学生汇报内容是基于课前自主学习或小组合作学习。北京理工大学心理健康教育专业的一门研究生课程采取“一本书阅读+Presentation”来实施部分翻转式教学，学生在课下拓展阅读并建构知识的同时，也要系统思考如何把相关教学理念贯彻于自己的课堂展示之中。

第八章，高校翻转课堂有效教学评价框架。如何评价高校翻转课堂有效教学，为教师教学反思和教学改进提供一个参照系和路线图，这是涉及推进高校翻转课堂理念和实践深入发展的一个关键问题。本章在目标—活动—评价的一体化思路引导下，同时兼顾翻转课堂模式“课前学习+课上主动学习”这一固有的结构，初步设计了一个由“课程设计”“课前学习”“课堂参与”“反馈与评价”“学习成果”五个一级指标构成的高校翻转课堂有效教学评价框架。这一评价框架，得到了实证研究的初步验证。对于这一评价框架，教师可以灵活应用，采取各种变式。

第九章，高校翻转课堂有效教学实证研究。当前高校翻转课堂教学有效性如何？不同背景的学生在翻转课堂学习过程和学习成果上的表现和评价是否存在显著差异？翻转课堂的学习过程性因素对学习成果的影响程度如何？本章基于第八章所建立的“高校翻转课堂有效教学评价框架”编制调查问卷展开实证研究，尝试对以上问题进行回答，并从开发多样化的课前学习资源、开展多样化的课堂主动学习活动、整合课前翻转和课后翻转以及充分发挥教师的多重角色作用等方面进行了讨论。

第十章，高校翻转课堂与教师发展。从长远看，翻转课堂的有效教学如何通过教师发展得以实现和保障，这是引领翻转课堂高品质发展的一个关键问题。在以学习者为中心的教学理念指导下，面向翻转课堂的教师发展，需要思考和回答以下几个方面的问题：对于教师学习者，高校教师发展可否采取翻转课堂模式？为促进翻转课堂课上 PBL 的有效实施，老教师应如何向年轻教师有效传授和有效指导 PBL 教学模式？教学反思对于教师发展的意义何在？教师可以采取哪些方法进行教学反思？

当前我国关于高校翻转课堂的相关理论和教学实践还在形成之中，我对这一研究领域的驾驭能力十分有限，书中一定还有很多不足和谬误，敬请大家批评指正。

目　　录

第一章

翻转课堂概述与理论基础

传统教育模式主要是教师在课堂上讲，学生回家独立做作业，学生的创造力无从展现……学生做家庭作业时，教师不能在身旁答疑解惑，还不如学生在家里自学新知识，到课堂上去做作业，也即“翻转课堂”。增加学生与教师的交流时间，并不需要投入更多金钱，因此，从经济角度看是特别合算的。

——可汗[①]

翻转课堂改变了传统课堂被动和单向讲授的一统天下局面，为信息时代的教与学提供了新的思路。翻转课堂的结构可以概括为：课前学习＋课上主动学习。相关研究表明，翻转课堂有助于促进学生的有效学习。翻转课堂建立在掌握学习、建构主义、以学生为中心的教学和程序教学等诸多理论基础之上。

① 可汗．翻转课堂的可汗学院：互联时代的教育革命 [M]．刘婧，译．杭州：浙江人民出版社，2014：39．

第一节　翻转课堂概述

一、翻转课堂简史

早在20世纪90年代，美国哈佛大学的物理学教授马祖尔（Eric Mazur）就开始尝试使用翻转课堂同伴教学法。与传统教学更为关注学生课堂记笔记和传递信息不同，同伴教学法关注课堂互动、学生练习与应用。在课前，学生学习课程新资料，完成作业和测验，以确保为接下来的课堂学习做好准备。在课堂上，除了简短的学生讲座和其他以学生为中心的学习活动，同伴教学法的核心结构是概念测试题。概念测试先由全班学生匿名作答，然后教师呈现正确和错误答案的百分比。如果出现了较多的错误答案，教师则组织学生开展小组讨论，教师在教室中巡视并引导学生进行深入互动。这一方法在一定程度上充分利用和扩充了课堂时间，有利于发展学生的高阶思维技能。马祖尔的同伴教学法被认为是当代高校翻转课堂的早期实践之一。

1995年，美国塞达维尔大学的贝克（Wesley J. Baker）教授开始把PPT放到网上，让学生在课前阅读和学习PPT。之所以让学生在课前阅读和学习PPT，是因为他观察到他所教授的沟通课上的学生只是逐字抄写PPT上的讲授内容却没有加工信息。他的理念是让教师从“讲台上的圣人”转变成为“学生身旁的指导者”。这一理念内在地包含有四个要素，即阐明、扩展、应用和实践。具体而言，学生在课前学习PPT等相关资料，教师在课上阐明和解释概念，并进一步扩展基本信息，之后，学生组成小组应用概念来进行深入学习。学期末的调查结果表明，学生在合作学习活动中从同伴那里获益良多。贝克把这一新的学习过程称之为“课堂翻转”（Class Flip），并于2000年在一次学术会议上对这一理念进行了传播。

2000 年，美国迈阿密大学的经济学教授拉赫（Maureen J. Lage）、普拉特（Glenn J. Platt）和特雷利亚（Michael Treglia）开始在“经济学导论”这门课上实施翻转课堂。在课前，学生利用教师提供的各种学习资料，如各种阅读材料、视频、有声 PPT、打印版 PPT，自主学习新知识，在课堂上则分组讨论给定的材料，应用所学原理回答问题，同时进行课堂展示。教学结果表明，这种方法有利于激发学生的学习动机，促进学生有效学习。

翻转课堂在之后的进一步发展，离不开美国科罗拉多州林地公园高中的两位化学教师伯格曼（Jonathan Bergmann）和萨姆斯（Aaron Sams）。为了给缺课的学生补课，他们开始使用视频录制软件制作有声 PPT，放在网上方便学生随时随地访问。在 2006 年，他们尝试使用翻转课堂教学模式。他们对翻转课堂长达十余年的实践引起了全世界的关注，两人合著的《翻转课堂与慕课教学：一场正在到来的教育变革》和《翻转学习：如何更好地实践翻转课堂与慕课教学》等系列著作在全球掀起了翻转课堂的变革热潮。他们的实践表明，翻转课堂能提高学生的学习成绩，激发学生的学习兴趣，有利于转变教师的传统角色并改善师生关系。

创建于 2006 年的可汗学院，是全球基础教育翻转课堂变革与发展的另一个著名案例。2011 年，可汗学院的创始人可汗（Salman Khan）在 TED 大会上发表了引起全球关注的“用视频重塑教育”的主题演讲，使得世界范围内越来越多的学校和教师纷纷加入翻转课堂的实践队伍中来。可汗由于其突出的贡献于 2012 年入选《时代周刊》“全球 100 大最具影响力人物”。可汗学院翻转课堂的实现建立在可汗学院网站这一在线平台之上。可汗学院在线平台课程具有模块化教学、自主学习和快捷反馈等主要特征。对于中小学校而言，为了让学生充分实现掌握学习内容，部分学校与可汗学院合作开展教学实验，而更多的学校则基于可汗学院在线平台实施翻转课堂。

二、什么是翻转课堂

关于什么是翻转课堂，拉赫等人曾给出一个比较简洁的定义："翻转课堂意味着以前在课堂上做的事情如今在课堂以外做，而以前在课堂以外做的事情如今在课堂上做。"① 这一定义展现出了课内和课外顺序的调换。

范德堡大学教学发展中心给出的翻转课堂定义是："翻转课堂是对传统教学的一种翻转，学生首先在课外接触课程即将学习的新材料（通常是阅读文献或观看视频讲座），然后在课堂时间通过问题解决、讨论或辩论等策略完成知识的内化。"② 这一定义没有排除那些在课外不采用视频的学习活动（例如课外文献阅读），这样一个较为广义的定义，有助于我们全方位地理解翻转课堂的精神实质和本质特征。

通过对"翻转课堂是什么"的回答，可以把握翻转课堂的基本特征。例如，伯格曼等人指出：③

· 翻转课堂是一种旨在增加师生互动的教学方法；

· 翻转课堂让学生对自己的学习负责；

· 教师不是"讲台上的圣人"而是"学生身旁的指导者"；

· 翻转课堂是直接教学与建构主义学习相结合的混合性教学；

---

① Lage M J, Platt G, Treglia M. Inverting the Classroom: A Gateway to Creating an Inclusive Learning Environment[J]. The Journal of Economic Education, 2000, 31(1): 32.

② Vanderbilt University, Center for Teaching. Flipping the Classroom [EB/OL]. (2013-01-22)[2015-07-16]. http://cft.vanderbilt.edu/ guides-sub-pages/flipping-the-classroom/.

③ Bergmann J, Overmyer J, Willie B. The Flipped Class: Myth vs. Reality[EB/OL]. (2013-03-05)[2019-09-16]. https://instructionalservices.blog.gustavus.edu/2013/03/05/the-flipped -class-myth-vs-reality/.

· 翻转课堂是一个学生因病或因课外活动而缺课但不会被落下的课堂；
· 翻转课堂是内容将被永久存档以供复习或补习的课堂；
· 翻转课堂是每一个学生都投入学习的课堂；
· 翻转课堂是每一个学生都接受个性化教育的课堂。

通过对“翻转课堂不是什么”的表述，可以帮助我们进一步领会翻转课堂的内涵。例如，伯格曼等人指出：①

· 翻转课堂不是在线视频的同义词，在课堂上面对面的时间里，互动和有意义的学习活动是最重要的；
· 视频不能取代教师；
· 翻转课堂不是在线课程；
· 课上活动不是没有结构的学生活动；
· 翻转课堂不是学生在整堂课上都要盯着电脑屏幕；
· 翻转课堂不是学生的独立学习。

我们可以把翻转课堂的结构简要表述为：翻转课堂 = 课前学习 + 课上主动学习。翻转课堂翻转了传统课堂的结构。在一个典型的传统课堂上，学生在课堂上听教师讲课，然后在课后通过做作业等进一步深化课堂所学。但在一个典型的翻转课堂上，学生首先在课前观看教学视频或阅读文献，然后在课堂上投入主动学习活动。应该说，传统课堂与翻转课堂之间的一个明显的区别是，在传统课堂上学生是在课堂上才第一次接触到课程新材料，或者说学生在进入课堂时对课程具体内容基本上是“一无所知”，而翻转课堂则是相反。

“翻转学习”是从学生学习角度对“翻转课堂”的另一种表述，

① Bergmann J, Overmyer J, Willie B. The Flipped Class: Myths vs. Reality[EB/OL]. (2013-03-05)[2019-09-16]. https://instructionalservices.blog.gustavus.edu/2013/03/05/the-flipped-class-myth-vs-reality/.

因为归根结底，“教”是为了促进学生的“学”。美国 Flipped Learning Network 网站给出的“翻转学习”的定义是：“翻转学习即直接教学从面向群体学习空间转向面向个体学习空间，而群体学习空间则转变成为一个动态的、互动的学习环境，学生在其中应用概念和进行主动学习，教师则在身旁进行指导。”[①] 翻转学习环境的最重要因素是对课堂时间的重新利用，因为直接教学不再面向集体，不必占用每个学生的课堂时间，而是让每个学生有所准备后进行深度学习。翻转学习并没有摈弃讲课或其他直接教学方法，它只是把讲课从群体学习空间抽走，以最大限度地保障课程内容的覆盖面，增加课上的师生互动时间，促进学生主动学习。

翻转课堂不仅仅翻转了时空、流程和结构，更是一种教学范式的转换。学生在课外实现的是布卢姆教学目标中的低阶认知目标（知识、理解和运用），在课堂上在同伴和教师的支持和帮助下则专注于高阶认知目标（分析、综合和评价）的实现。师生的角色和期望也发生了改变，学生成为学习的主人，教师则从“讲台上的圣人”转变成为“学生身旁的指导者”。从教学方法看，课堂教学是为了促进学生主动学习，关注课堂师生面对面环境下的概念探究、意义建构和知识应用。

一个鲜明的时代特征是，翻转课堂的迅猛发展得益于主动学习与教育技术的结合。就教育技术而言，其优势主要体现在以下几个方面：①方便学生自定步调的学习；②提供各种形式的学习材料（如文本、视频、音频、多媒体），以适应学生不同的学习方式；③利用各种工具（测验工具、讨论工具、内容创建工具）提供课内外交流和互动

① Flipped Learning Network. What is Flipped Learning?[EB/OL]. (2014-03-12)[2015-05-19]. http://www.flippedlearning.org/cms/lib07/VA01923112/Centricity/Domain/46/FLIP_handout_FNL_Web.pdf.

的机会；④传递即时信息（如微博、发布工具等）；⑤利用在线测验或问卷调查等提供学习反馈与评价；⑥利用数据分析学生学习进步情况，识别学习困难的学生。[①]

在实践中，部分教师把翻转课堂视为是高不可攀、遥不可及或是某种教育技术的东西。但一个课堂是不是翻转课堂，并不在于其课前学习是否采用了视频讲座等教育技术形式。面对不同的学科、不同的教师和不同的学生，翻转课堂所可能采取的形式也是多样化的。也就是说，判断翻转课堂的依据不是课前媒体形式，而是课堂结构一定程度的翻转。在一个课堂上，只要是教师不再是中心，学生成为教学的中心，我们都可以把它视为某种形式的翻转课堂。这样的思路，可以纠正我们当前对翻转课堂所持有的僵化的乃至形式化的理解。

还需要指出的是，翻转课堂和混合式学习这两个名词常常互换使用。混合式学习是结合传统学习方式与 E-Learning 的优势，既发挥教师的主导作用，又充分体现学生的主动性、积极性和创造性。[②]或者可以说，混合式学习是翻转课堂的指导思想，而翻转课堂则是混合式学习的具体实施方案。

三、翻转课堂的核心要素

美国 Flipped Learning Network 网站指出，教师单纯通过让学生在课外阅读课文、观看视频或解决更多的问题来“翻转”课堂，这仅仅是一种表面形式。为了让学生真正投入翻转学习，教师必须在实践中

① The University of Queensland, Institute for Teaching and Learning Innovation. What is Flipped Classroom. [EB/OL]. [2015-03-06]. http://www.uq.edu.au/tediteach/flipped-classroom/what-is-fc.html.

② 何克抗．从 Blending Learning 看教育技术理论的新发展（上）[J]．电化教育研究，2004,（3）：1−6.

整合和优化以下四大支柱或要素：①

第一，灵活的学习环境。

灵活的学习环境，表现为多样化的学习方式、灵活的学习进程和评价。翻转学习允许多种学习方式，教师对不同类型的学习单元安排灵活的学习空间，以支持小组学习和个人独立学习；学生对学习时间和学习地点的选择是自由的；教师对学生学习进程的预期及其学习评价是灵活的。

第二，以学生为中心的学习文化。

在传统的以教师为中心的教学模式中，教师是主要的信息来源。相比之下，翻转学习模式特别关注以学生为中心的学习，在课上时间创造丰富的学习机会，让学生深入探讨某一主题，主动参与知识的建构。

第三，精心设计教学内容。

教师要持续不断地思考如何利用翻转学习模式帮助学生习得知识和技能。教师要决定他们需要教什么，以及学生应该自己探究什么。依年级和学科内容的不同，在设计翻转学习体验时，为最大限度地利用课堂教学时间和运用多种主动学习方法，教师要仔细考虑将哪些内容移出课堂，又将哪些内容保留在课堂。

第四，教师作为专业教育者。

教师始终是翻转学习发生的核心要素，教学视频等不能取代训练有素的专业教师的指导者角色。与传统课堂相比，翻转课堂对教师的要求更高：教师要不断观察学生，提供及时反馈，评价学生学习，同时善于在教学实践中进行教学反思和教学改进。

---

① Flipped Learning Network. What is Flipped Learning?[EB/OL].(2014-03-12)[2015-05-19]. http://www.flippedlearning.org/cms/lib07/VA01923112/Centricity/Domain/46/FLIP_handout_FNL_Web.pdf.

四、翻转课堂促进学生学习成果的研究

在翻转课堂研究中有关同伴教学法（Peer Instruction）和即时教学（Just-in-Time Teaching）的研究成果相对较多。同伴教学法和即时教学既可以单独使用，也可以联合使用。大体的做法是：学生被要求在课前完成课本阅读和网上测验，课堂上课伊始进行测试，然后学生与邻座同学一起检验自己的答案。在学生对正确答案有重大分歧时，教师启用微型讲座和同伴互助教学，余下的时间则用于小组学习活动。相关研究表明，翻转课堂同伴教学在生物、物理、计算机以及人文学科等课堂都能有效提高学生学习成绩，学生对于翻转课堂的喜欢程度显著高于传统讲授课堂。

以弗里曼（Scott Freeman）的同伴教学为例。弗里曼是华盛顿大学一位广受学生欢迎的教授。尽管他所教授的“生物课 180”很受学生好评，但他决定对该课程 17% 的不及格率做出改变。他认识到可能的问题在于学生不能在课堂上对所学习的知识进行批判性应用。他尝试采用翻转学习模式，其大体的做法是：学生在课前完成课本阅读并完成网上测验，在课堂上手持 Clicker（一种课堂应答系统）对教师测试进行应答，测后与邻座同学讨论和检验答案。学生在这门课程上的学习效果非常好，因为学生不及格率从 17% 降至 4%，且学生优秀率从 14% 上升到 24%。实施翻转课堂之后，弗里曼教授继续获得学生的好评，例如有同学这样评价说：“说实话，这是我在华盛顿大学所修全部课程中最令我耳目一新的一门课，我不但在这门课上学到了很多东西，而且我还在考试后记住了很多东西。”[①]

翻转课堂促进学生有效学习的研究来自诸多学科，例如数学、工

① Flipped Learning in Higher Education[EB/OL]. [2019-09-16]. https://flippedlearning.org/wp-content/uploads/2016/07/HigherEdWhitePaper-FINAL.pdf.

程学、英语、现代教育技术、计算机等。拉赫等人有关经济学翻转课堂的研究比较具有代表性。他们的研究显示，翻转课堂教学与学生的学习风格匹配良好，学生认为他们在翻转课堂上的收获大于传统课堂，他们喜欢动手实践、小组活动、与同伴互动，而且感觉在非正式的翻转课堂上进行提问更为舒适。①

对学习数学的学生来说，他们在传统讲授课上的最大挑战是解决实际问题，因为他们在课堂以外无法获得同学和教师的帮助。有鉴于此，密歇根大学安娜堡分校数学系微积分课程采用了翻转课堂模式。为保证学生真正理解微积分的核心概念，教师设计了一个由 22 个问题组成的概念测试，考查学生对基本概念的理解。当学生做练习时，教师给予指导和纠正。在课堂上，学生展示答案并开展小组学习。研究发现，翻转课堂上学生的学习收获比传统课堂学生高出一倍。②

翻转课堂的优势同样体现在大课堂上。加拿大英属哥伦比亚大学的物理课教师为更好地激励大班课（250 人以上）本科生积极投入学习，决定开展翻转课堂教学实验。在实验中，在学期的最后一周，一位教师在其中一个班上仍然采用传统讲授法，另一个班的教师则采用翻转课堂模式。在翻转课上，学生在课前需要阅读课文并参与在线测验，在课上与同伴讨论并回答问题，完成小组主动学习任务，并接受教师反馈。实验结果表明，翻转课堂既提高了学生的学习成绩，也提高了学生学习参与度：实验组学生在翻转课堂部分的出勤率提高了 20%，且参与度增长了 40%，多项选择题测验分数比控制组学生高出一倍。学生很喜欢这一翻转实验，有 90% 的学生表示他们喜欢最后一

① Lage M J, Platt G, Treglia M. Inverting the Classroom: A Gateway to Creating an Inclusive Learning Environment[J]. Journal of Economic Education. 2000, 31(1): 30−43.

② Flipped Learning in Higher Education[EB/OL]. [2019-09-16]. https://flippedlearning.org/wp-content/uploads/2016/07/HigherEdWhitePaper-FINAL.pdf.

周的翻转学习。[①]

宁可为、顾小清和王炜等人对国内外70篇采用随机实验或准实验的相关研究文献进行了元分析，研究结果表明：相较于传统教学模式，翻转课堂模式在学习成绩、认知技能以及情感态度等方面均能产生积极的影响；翻转课堂更倾向于被应用在理工科和医科，且在操作性较强的工科和医科中的应用效果要优于在抽象逻辑思维能力较强的理科中的应用效果；翻转课堂的应用效果与学习者的年龄段和实验周期均成正相关。[②]

无独有偶，王翠如和胡永斌也采用元分析方法，对国内外38项翻转课堂对学习成绩影响的实验与准实验研究进行了量化分析。研究发现：翻转课堂对学习成绩有中等偏小的积极影响；与其他学科比较，翻转课堂应用于数学教学对学习成绩影响最大，具有更好的应用前景；翻转课堂应用于小规模教学相较于中、大规模教学对学习成绩的影响更大；与低学习成就学生相比，高学习成就学生的成绩进步更为显著；翻转课堂应用于中学和大学对学生的学习成绩有改善和提升作用。[③]

可以看出，翻转学习模式虽然未必是促进有效教学的唯一方法，但它的确能够更好地促进有效教学的实现。然而，并非所有有关高等

① Deslauriers L, Schelew E, Wieman C. Improved Learning in a Large-enrollment Physics Class[J]. Science, 2011, 332(6031): 862−864.

② 宁可为，顾小清，王炜．翻转课堂教学应用效果的元分析——基于70篇采用随机实验或准实验的相关研究文献[J]．现代教育技术，2018,（3）：39−45.

③ 王翠如，胡永斌．翻转课堂真的能提升学习成绩吗？——基于38项实验和准实验研究的元分析[J]．开放教育研究，2018,（4）：72−80.

教育翻转学习的研究都报告其有积极的效果。①② 究竟哪些因素影响了翻转课堂有效教学，谁会从翻转课堂模式中受益，是否存在学科、年级和性别的差异等，这些问题还需要进一步深入的研究。

第二节　翻转课堂的理论基础

支持翻转课堂的理论众多，很多理论都为翻转课堂提供了丰富的思想精髓。这里重点阐述掌握学习理论、建构主义学习理论、以学生为中心的教学理论和斯金纳的程序教学理论。

一、掌握学习理论

（一）华虚朋与掌握学习

掌握学习理论源于美国教育家华虚朋（C. W. Washburne）。华虚朋曾是芝加哥市郊文纳特卡镇的学校负责人，他于 1922 年采用了新的教学形式，即为大众所熟知的文纳特卡制。文纳特卡制的核心是掌握学习，掌握学习的基本理念是，只要教学条件能够满足学生的需要，那么所有学生都能实现掌握学习目标，即任何学生都不会掉队或成绩不佳。

华虚朋所倡导的掌握学习完全颠覆了传统教育理念和制度。按照传统的教育理念和制度，用于学习的时间是常量，学生对概念的理解程度则是变量，这突出表现为教学内容需要在固定的课时内完成，时间一到则必须转入下一个教学内容。在华虚朋看来，在教育中的常量

① Vanderbilt University, Center for Teaching. Flipping the classroom [EB/OL]. (2013-01-22)[2015-07-16]. http://cft. vanderbilt.edu/guides-sub-pages/flipping-the-classroom/.

② Strayer J. How Learning in an Inverted Classroom Influences Cooperation, Innovation and Task Orientation[J]. Learning Environments, 2012, 15(2): 171.

应该是学生对知识和概念的高水平理解，而变量则是学生为理解问题所花费的时间。华虚朋所提出的掌握学习，有助于学生按照个人节奏实现对知识的同等水平的掌握：学得快的学生可以做一些巩固练习，而学得慢的学生可以通过单独辅导、寻求同龄人帮助或者完成额外的家庭作业的方式来赶上进度。[①]

在20世纪20年代，文纳特卡制获得了极大关注，一些具有创新意识的教师和学校曾在课堂上试用这种新教学模式。但遗憾的是，掌握学习在后来很快淡出人们关注的视野并被彻底抛弃，主要的原因在于经济成本问题（如教科书、练习册和各种教学材料价格昂贵）、教师再培训问题和传统教育理论的压制等。

（二）布卢姆与掌握学习

到了20世纪60年代，掌握学习这一理念在美国心理学家、教育家布卢姆（Benjamin Bloom）的倡议下再一次进入了人们关注的视野。布卢姆指出，教师在新学期开始时，常常抱有这样一种预期：班上有三分之一左右的学生可能会学得很好，三分之一左右的学生可能会学不好，另外一些学生可能会学得尚可。这种预想通过教学和评分制度传给了学生，结果成了一种“自我实现的预言”——对学生的分等接近于原先的预期。布卢姆认为，这种预期把教师和学生的目标都固定下来了：好学生总是好学生；差学生仍然是差学生。教师在给学生评分时也一般使用正态曲线，在每个班级中，如果得高分的学生多了或少了，就会感到评分松了或紧了，同样，教师也准备给一定数量的学生不及格。这种高分或不及格往往是由学生在班级中的等第次序决定的，而不是由学生掌握这门课程的知识技能的程度决定的。根据这种

① 可汗．翻转课堂的可汗学院：互联时代的教育革命[M]．刘婧，译．杭州：浙江人民出版社，2014：21.

相对标准，有些学生注定要失败。

布卢姆认为，教育是一种有目的、有意图的活动，如果教学富有成效的话，学生成绩分布应该是与正态分布完全不同的。[①]在布卢姆看来，即便学生的能力倾向是正态分布的，而且确实与学生的学习水平有关，那么，只有在给所有学生完全相同的教学（同样的教学时数、教学质量以及学生用于教学的时间）的情况下，并采取适当的测量方法，学生成绩最终才有可能呈正态分布。反之，如果学生的能力倾向是正态分布的，而教学的种类和质量、学生用于学习的时间量都适合每一个学生的特征和需要的话，那么，大多数学生都能掌握这门学科，能力倾向和学习成绩之间的相关会接近于零，学生成绩分布呈偏态曲线。

布卢姆掌握学习的原理实际上是建立在卡洛尔（J. B. Carroll）的学习模式的基础之上的。卡洛尔认为，学习程度是学生实际用于某一学习任务上的时间量与掌握该学习任务所需的时间量的函数，即

$$\text{学习程度}=f\left(\frac{\text{实际用于学习的时间量}}{\text{需要的时间量}}\right)$$

实际用于学习的时间量是由这样三个变量组成的：①机会，即允许学习的时间；②毅力，即学生愿意积极从事学习的时间；③能力倾向，即在理想条件下掌握该任务所需要的时间（这是因教学质量和学生理解教学的能力而变化的）。

需要的时间量也是由三个变量组成的：①教学质量，教学质量是教学内容各要素（线索、参与、强化和反馈—矫正，其中，线索是指要学生学习什么以及在学习过程中做些什么的指导）的呈现、解释和排列秩序对学生均臻最佳程度，也即是说教师以最佳方式呈现教学内容；②学生理解教学的能力，是指学生理解学习任务的性质和他在学

① 施良方．学习论 [M]．北京：人民教育出版社，1994：364．

习该任务时所要遵循的程序的能力；③能力倾向，即学生在适应教学质量、理解教学之后，学习所需的时间。

这样，前面的模型具体转化如下：

$$学习程度=f\left(\frac{允许学习的时间；毅力；能力倾向}{教学质量；理解教学的能力；能力倾向}\right)$$

在布卢姆看来，只要恰当注意教学的主要变量，或者说只要提供最佳的教学质量并给以足够的时间使学生在认知和情感上做好准备，就有可能使绝大多数学生（90% 以上）都能达到掌握水平（得 5 分）。[①]

而掌握学习就是要探讨达到这一目的的途径，制定相应的策略。具体而言，在集体教学中，教师要为学生提供经常的、及时的反馈以及个别化的帮助，给予他们所需要的学习时间，让他们都达到课程的目标要求。

从掌握学习结果看，布卢姆较早观察到，学生在一对一互动中所接受的持续反馈和矫正，能够显著促进学习和提高学业成绩。从认知成绩来看，掌握学习实验班约 80% 的学生达到了优或优良的成绩，而控制班上只有 20% 的学生能够达到这一水平。在开始教学前这两个班学生的以往学习水平、态度和能力测验成绩等方面都是基本相同的，但实验班学生所需要的学习时间比控制班学生大约多 10%—15%。两个班的课堂教学时间基本一致，多余的时间通常是指在课外进行的、对有些学生所做的矫正性工作，而且，始终采取掌握学习策略的话，那么在以后的学习中所需要的时间将越来越少。[②]

布卢姆在掌握学习中提出的几个变量以及对这些变量的分析，无疑是值得我们思考的。在新的科学技术背景下，随着计算机的普及与

① 施良方．学习论 [M]．北京：人民教育出版社，1994：366．

② 施良方．学习论 [M]．北京：人民教育出版社，1994：372．

技术发展，掌握学习所需要的成本得以大幅度降低。只需要一台计算机，学生就可以根据个人的学习节奏制订学习方案。

（三）可汗与掌握学习

在新的时代背景下，翻转课堂直接吸收了掌握学习的思想精髓。可汗学院的创始人可汗紧紧抓住历史机遇应用掌握学习这一教学模式，并前所未有地获得了广泛的社会效益。

可汗指出，掌握学习是指学生在进入更高难度的学习阶段之前，应充分理解之前所学习的概念。[①]可汗对于掌握学习的精辟运用生动体现在他所提出的“瑞士奶酪式学习”这一概念上。可汗指出，一般来说学校并没有按照每个学生掌握的速度来安排学习计划，而是根据对每个知识点的学习时间来决定学习进度，在按照分配的时间讲完一个知识点后，教师对学生进行测验并开始进入下一个知识点的学习。对于一个打了总分的75%的成绩来说，它意味着学生有1/4的知识点没有掌握，而这1/4并没有理解的知识点会给后面的学习造成困惑，对此可汗打了两个形象的比喻：

如果你的车只有3个轮子，你能出发进行长途旅行吗？又比如说，你会在建造自己的梦想中的房屋时只打好75%或80%的地基吗？[②]

可汗进一步指出，每个学生都可能成为“瑞士奶酪式学习”的受害者，尽管从外部来看这块奶酪是坚硬而完整的，但里面却布满了小洞，而学生的学习状况就像这块奶酪一样漏洞百出。[③]

① 可汗．翻转课堂的可汗学院：互联时代的教育革命[M]．刘婧，译．杭州：浙江人民出版社，2014：20.

② 可汗．翻转课堂的可汗学院：互联时代的教育革命[M]．刘婧，译．杭州：浙江人民出版社，2014：59.

③ 可汗．翻转课堂的可汗学院：互联时代的教育革命[M]．刘婧，译．杭州：浙江人民出版社，2014：60.

基于以上质疑，可汗在对传统教育模式进行重新审视后指出，以讲课为主、对所有学生的学习进度都“一刀切”的教育模式实际上是事倍功半的。在可汗看来，翻转课堂是克服传统教育模式弊端的一大利器，让掌握学习的实现如虎添翼。翻转课堂模式将教育技术融于学习和教学之中，既有助于学生按照自己的学习进度在家中听课，然后在课堂上与教师和同学一起解决疑问，也有助于将教师从烦琐的教学中解放出来，而无须再对学生进行枯燥冗长的授课，反而能够将精力放在有针对性地帮助每一个学生上。①

总之，翻转课堂为掌握学习的落实提供了支持与保障。在翻转课堂中，时间成为一个重要的变量。一方面，翻转课堂为学生提供课前的直接教学，让学生按照自己的步调进行课前自主学习，为课上主动学习活动的有效开展做好认知和情感上的准备；另一方面，翻转课堂把课堂时间释放出来，有助于提供更多的课堂师生互动和生生互动，也有助于教师把更多的时间用于辅导、激励和帮助学生。

二、建构主义学习理论

在历史上对建构主义学习理论做出突出贡献的学者有杜威（John Dewey）、皮亚杰（Jean Piaget）、维果茨基（Lev Vygotsky）等。当代西方的建构主义是在充分吸收以上学者的基本主张的基础上，又融合了后结构主义、解释学、批判理论等哲学思潮以及认知心理学的最新成就。

杜威对教育中的灌输式教学和被动吸收式的学习进行了深刻批判，提出“教育即生活”“学校即社会”“从做中学”“儿童中心”等基本观点。杜威认为，学习不是知识的传递而是一种积极的体验，真

① 可汗．翻转课堂的可汗学院：互联时代的教育革命 [M]．刘婧，译．杭州：浙江人民出版社，2014：84.

正学习的发生要关注学生的需要、兴趣和经验，要把学生看作是参与者而不是观众，教师是推动学习过程的促进者，教师开发和设计主动作业，学生则主动参与其中。

皮亚杰提出，儿童认知发展的过程是儿童在与周围环境相互作用的过程中逐步建构起关于外部世界的知识，从而使自身认知结构得到发展。儿童通过对新信息的不断同化（利用已有图式将新知识纳入原有知识体系来理解事物）和顺应（为适应新情境以致必须改变原有图式）等认知过程来增加或调整已有图式，以完成对知识的主动建构，推动认知的不断发展。

维果茨基提出个体特有的心理结构和思维过程来自个体与他人的社会互动。维果茨基高度重视社会文化和历史对儿童认知发展的重要作用，认为一切都应从历史、社会文化及相互关系中加以理解。维果茨基既像皮亚杰一样考察儿童凭借自身解决各种任务的行为，又特别考察儿童在他人帮助下完成各种任务的行为（也就是最近发展区）。

为进一步理解形形色色的建构主义性质，可以从“个体—社会”维度将建构主义大致划分为个体建构主义和社会建构主义。个体建构主义来源于皮亚杰的研究。它从个体的角度对学习和认知进行深度探究，关注个体对意义的理解，强调个体自我的认知建构。这一观点将学习描述为：具有一定认知结构的个体能动地与外部环境交互作用，从而变革并建构认知结构的过程。学习的过程就是认知的重组过程。这种个体建构主义将注意力集中于个体的同时，并不否认社会交互作用的重要性，但不可否认的是，个体建构主义对于个体知识建构的关注大于对交互作用的关注。社会建构主义源于维果茨基的研究，特别是受到其社会文化观和最近发展区理论的影响。它并不像个体建构主义那样认为知识的生成只是单纯个体的内部事件，而是强调社会互动、文化工具和合作对塑造个体学习和发展的关键意义。[①]在社会建构主义者看来，认知活动主要是在社会共同体中展开的，并借助语言和基于语言的相互沟通来维持。

具体而言，建构主义学习理论的基本观点体现为其独树一帜的知识观、学生观和教学观。在知识观上，建构主义对知识的客观性和确定性提出了质疑，认为知识不是对现实的准确表征和关于问题的最终答案，它只是一种解释和假设，它会随着人类认识的进步而不断地更新、被推翻或取代。在学生观上，建构主义强调学生经验世界的丰富性和差异性，强调学生的巨大潜能。每一个学生进入学习情境时都并非一张白纸，每一个学生都有着不同的知识和经验。教学不能一味地从外部输入知识，而是要把学生已有的知识和经验作为新知识和新经验的生长点。在教学观上，建构主义强调以学生为中心，认为学习在本质上是学习者在一定情境下通过协作活动而实现的意义建构过程。在整个教学过程中，教师起组织者、指导者、帮助者和促进者的作用，利用情境、协作、会话等学习环境要素充分发挥学生的主动性和积极性，最终达到学生的意义建构之目的。

总之，在建构主义学习理论看来，学生不是被动等待接受知识的容器，而是一个积极寻求意义的知识建构者和创造者。学生是通过自己的经验或他人对问题的理解来协商和共同建构意义的。虽然没有一个统一的建构主义学习理论，但很多建构主义流派都认为学习应该具备以下五个条件：①复杂且具有挑战性的学习环境和真实任务；②社会协商和合作建构；③对同一内容的多种表征形式；④理解知识是建构而来的；⑤学生是学习的主体。[②]

① 伍尔福克．教育心理学 [M]．伍新春，等译．北京：机械工业出版社，2015：278．

② 伍尔福克．教育心理学 [M]．伍新春，等译．北京：机械工业出版社，2015：278．

对于翻转课堂而言，翻转课堂将知识传递放在课前完成，把课堂时间释放出来用于开展学生主动学习，这充分体现了学生学习的个体建构特征。无论是在课前学习还是课上学习阶段，教师都是促进者和指导者，学生都是学习的主体和中心，知识由学生自己建构。在课前，学生观看视频讲座或阅读文献，在知识的识记和理解层面完成知识的初步自我建构，在课堂这一集体学习空间他们有备而来，在教师创造的问题情境下通过师生协作和会话进行积极主动的学习，最终达致知识的意义建构。

三、以学生为中心的教学理论

以学生为中心的教学是现代教育的基本理念，其理论基础来源于儿童中心主义、人本主义和建构主义等。在20世纪初，杜威第一次明确提出“儿童中心主义”。在20世纪中叶，罗杰斯受到杜威儿童中心主义思想的影响，进一步明确提出了以学生为中心的教学思想。以学生为中心的教学思想的提出与发展，对世界教育产生了深远影响。

自20世纪90年代中期以来，以学生为中心的教学理念开始广泛地影响高等教育教学实践。在1995年，巴尔（Robert B. Barr）和塔格（John Tagg）发表《从教到学：本科教学新范式》，这篇论文被认为是美国以学生为中心的本科教学改革中里程碑式的论文。梳理这篇论文的基本观点，有助于我们在一定程度上理解什么是以学生为中心的教学。该论文将传统的占主导地位的范式称为“传授范式”，认为在这一范式基础上大学创造了复杂的结构，提供了主要的教学活动——50分钟的授课，一所大学的使命即是提供教学。传授范式的对立面是学习范式，在学习范式中大学的使命不是教学，而是让每一个学生都以最好的方式学习。由于使命和目的的定位不同，导致两种范式在成功的标准、教学结构、学习理论、生产效率和拨款、角色的本质等方面表现出迥然不同的特点。[①]

关于使命和目的，在传授范式中大学的使命是提供教学，大学的目的是向学生传授知识，提供课程和学位。在巴尔和塔格看来，传授范式是误把手段当作目的，它采用了所谓的“教学”方法，使之成为大学的目的，但是，“说大学的目的是提供教学，就像说通用汽车公司的业务是经营装配线，或者医疗保健的目的是要填满医院的病床”[②]。在学习范式中，大学的使命不是教学而是创造学习；大学的目的不是传递知识而是创造学习环境和学习经历，即让学生发现和建构知识，使学生成为探索和解决问题的学习共同体的一员。

关于成功的标准，在传授范式中大学关注资源、输入以及教师的教学表现，而在学习范式中，学生学习成果受到更多关注，学习成果包括了学生在学习经历中所做的一切，例如学生写作的页数、读书的数量、用在电脑上的时间或解决数学问题的数量，这些都是实实在在的学习成果证据，远比教师“教了什么”和“怎么教”来得具体和真实。

关于教学结构，在传授范式中大学的教学结构是原子式的，“原子”是一个 50 分钟的讲授课，“分子”是一个教师、一个教室和 3 学分的课程；“大学教育”即学生所经历的一系列离散的、基本无关的、有 3 个学分的课程的总和；教学过程由不变的时间来决定，由此，学生成长的边界是由时间表而不是由学生学习的标准来定义。与传授范式不同，在学习范式中课程结构和课堂结构都是弹性化的，学期、讲座、实验、课程计划等成为学生的一种选择，而不是被动接受和具有强制性的。在如何组织学习环境和创造学习经验等方面，学习范式支

① Barr R B, Tagg J. From Teaching to Learning—A New Paradigm for Undergraduate Education[J]. Change, 1995, 27(6): 13-25.

② Barr R B, Tagg J. From Teaching to Learning—A New Paradigm for Undergraduate Education[J]. Change, 1995, 27(6): 13.

持能够提升学生学习成果的任何学习方法和结构。

关于学习理论，传授范式是从原子式的视角设计学习，这种范式中的知识被定义为是由教师所传递的内容构成的。教师是中心，学生被视为被动接受知识的容器。学习被认为是一个知识累积的过程，当学生接受了一定数量课时的教学时就被授予学位。学习范式则是从整体上设计学习，认为学生是教学的中心，学生是他们自己知识的主动发现者和建构者；知识是由学习者构建的知识框架构成的，知识并不是累积的和线性的——这一框架如同砖砌的墙，它是知识的嵌套和相互作用，当这些知识框架被用来理解和行动时，学习就发生了。

关于生产力和拨款，在传授范式中生产力被定义为每个学生每课时教学的成本。按照这一观点，生师比的任何增加都会威胁到教学质量。在学习范式下生产力被重新定义为每个学生每学习单元的成本。按照这一定义，不增加成本也会促进学生的学习成果。巴尔和塔格指出，以新方法替代传统的基于学期和基于课堂的讲授法，能够提升学生学习成果，其中一些新的替代方法的成本较低，许多方法以同样的成本却产生了更多的学习。在巴尔和塔格看来，没有什么比资助学习和与学习相关的院校结果（而非多少个小时的教学）更能促进向学习范式的转换。

关于角色的本质，在传授范式中教师被视为通过讲授来传授知识的学科专家。在学习范式中，教师则被看作是学习环境的设计者，他们研究并应用最好的方法来创造学习并促使学生学习成功。如果说传授范式中的教师角色是“演员”或“讲台上的圣人”，那么学习范式中的教师则是与团队互动的教练。如果说传授范式的模式是授课，那么学习范式的模式则是设计和参与团队游戏，也就是说，新的教师角色是：他不但设计游戏，而且还不断地创造和改进新的游戏，也就是创造更多更好的学习。

以上便是巴尔和塔格以学生为中心的教学理念的基本框架。事实上，当我们在使用诸如基于问题的学习、基于项目的学习、同伴教学、合作学习、协作学习等诸多主动学习策略或方法时，我们其实就是在讨论和实施以学生为中心的学习了。如图 1–1 所示[①]，主动学习包含了基于问题的学习和同伴互助学习（Peer-Assisted Learning），而基于问题的学习和同伴互助学习二者之间是一种交叉关系。同伴互助学习包含合作学习（Collaborative Learning）和同伴辅导（Peer Tutoring），合作学习和同伴辅导二者之间亦存在交叉关系。协作学习（Cooperative Learning），内在地包含于合作学习之中。[②]

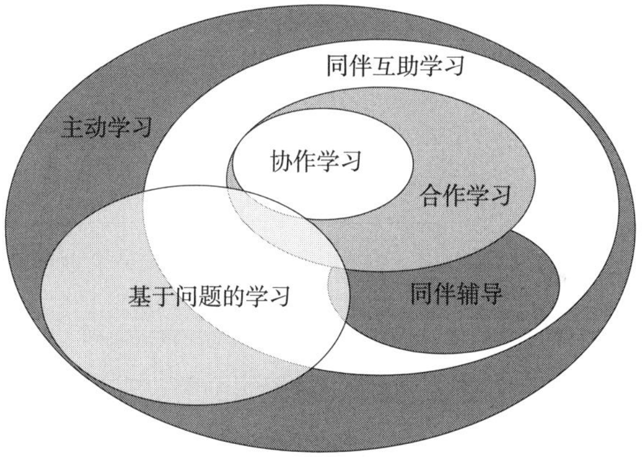

图 1–1　几种以学生为中心的学习理论和方法的维纳图

① Bishop J L, Verleger M A. The Flipped Classroom: A Survey of the Research[J]. ASEE National Conference Proceedings, Atlanta, GA, 2013, 30 (9): 7.

② 协作学习（Cooperative Learning）和合作学习（Collaborative Learning）虽然经常被互换使用，但也存在些微的不同，例如有学者认为：协作学习活动通常是结构良好的，且具有明确的学习结果期望，小组学生在一起学习、共同解决问题。而合作学习是弱结构化的，每一个学生承担小组任务的不同部分。从目标看，协作学习更多指向于学科基础知识，而合作学习则指向于应用和扩展知识。参见：Roehling P V. Flipping the College Classroom: An Evidence-Based Guide[M]. New York: Palgrave Macmillan, 2017: 51.

主动学习的功效是非常强大的。图 1–2 所示的戴尔学习金字塔模型（修正版）展示了各种学习活动类型与学习成果之间的关系。[①]具体而言，读能够记住 10%，听能够记住 20%，看能够记住 30%，视听能够记住 50%，说和写能够记住 70%，做能够记住 90%。由此可见，主动学习和被动学习所可能取得的学习成果是极为不同的。对于被动学习而言，它包括读、听、看和视听等学习活动类型，所对应的学习成果是定义、举例、描述、解释、演示、应用和实践等。而主动学习包括说、写和做，所对应的学习成果是分析、定义、创造和评价等。很明显，主动学习实现的是教学目标分类体系中的高阶目标。

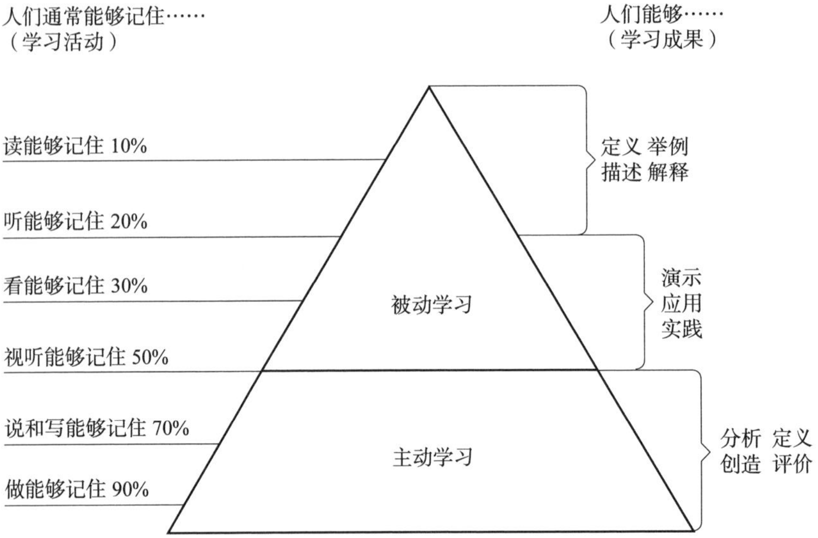

图 1–2 戴尔学习金字塔

① Budhai S S, Skipwith K B. Best Practices in Engaging Online Learners Through Active and Experiential Learning Strategies[M]. New York: Routledge, 2017: 4.

翻转课堂明显是一种以学生为中心的教学模式，有利于促进学生的有效学习。翻转课堂关注学生的学习需要、学习起点、个体差异、学习兴趣和学习经验，学生成为学习的主人，教师从“讲台上的圣人”转变成为“学生身旁的指导者”。翻转课堂由两大结构构成，一是以看视频讲座为主的课前学习，二是课上主动学习活动，这两大结构都充分体现了以学生为中心的教学理念。在课前学习中，学生可以自主决定学习的时间和地点，自主决定学习内容和学习进度、视频的观看次数以及回放次数，自主控制视频的播放速度，真正实现按需学习。在课堂学习中，翻转课堂模式有利于创造一个以学生为中心的课堂，因为通过把直接教学翻转到群体学习之外，有利于解放和释放课堂时间，增加知识应用，也增加一对一的个性化学习，课上关注学生的“做”或活动，关注让学生积极参与学习过程。

四、斯金纳的程序教学理论

斯金纳（Burrhus Frederic Skinner）是美国心理学家，他在20世纪五六十年代提出程序教学（也称为机器教学）。程序教学是行为主义心理学在教学上最具代表性的应用。行为主义心理学把刺激—反应作为行为的基本单位，认为学习即刺激—反应之间联结的增强，教学的艺术在于如何安排强化。

（一）操作性条件作用

斯金纳的程序教学以操作性条件反应和强化原理作为理论基础。斯金纳认为，行为并不是简单的刺激与反应之间的联结，在复杂的周围世界中人并不是总在被动地等待刺激，而是积极地操作环境，并在这一过程中不断地改变自身的行为方式。斯金纳把由已知刺激所引起的反应行为称为应答性行为，把有机体发出的反应称为操作性行为。操作性行为是人对环境的一种有意识的积极操纵。一种包含了操作性行为的学习过程即为操作性条件作用，人正是在对环境实施操作的过程中习得了特定方式的行为。

在斯金纳看来，人们可以安排各种各样的反应结果，以决定和预测有机体的行为。教学目标就是对学生学习结果在个体行为变化上的一种预期。斯金纳认为学生的反应是受行为结果影响的，若要学生做出合乎需要的行为反应，必须形成某种相倚关系，即在行为后有一个强化性的后果；倘若一种行为得不到强化，它就会消失。这里涉及的一个重要概念是强化。强化即在一个反应之后呈现强化物的做法，而所谓强化物就是那种能使它所跟随的反应的发生频率增加的刺激或事件。①

斯金纳操作性条件作用的基本原理可以概括为：一个伴随着强化物的反应将会被增强，进而更有可能再次出现。换言之，受到强化的反应的频率可能增加，而这种频率的增加（一种行为的改变）意味着学习正在发生。操作性条件作用的重要条件有三个：一是强化物必须在反应之后出现；二是在理想情况下，强化物应紧随反应之后呈现；三是强化物必须与反应相倚，即强化物最好只在个体出现积极反应时才给予。

（二）程序教学

在斯金纳看来，程序教学的设计即是为了保证学生在学习中把错误率减少到最低限度，同时又要合理地设计教材，使每个问题（即每一小步）都能体现教材的逻辑价值。斯金纳的程序教学流程如图 1-3 所示：②

① 奥姆罗德. 学习心理学 [M]. 汪玲，李燕平，廖凤林，等译. 北京：中国人民大学出版社，2015：44-45.

② 施良方，崔允漷. 教学理论：课堂教学的原理、策略与研究 [M]. 上海：华东师范大学出版社，1999：57.

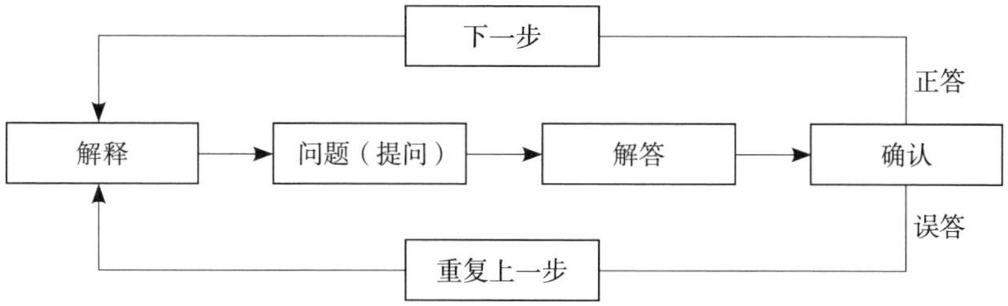

图 1-3 斯金纳的程序教学流程图

在这一流程中，教师把材料分成一系列连续的小步子，每步一个问题，整个系列由浅入深地进行安排。具体而言，程序教学的设计和实施，一般要遵循以下几个原则：

第一，积极反应原则。程序教学要求学生始终进行各种学习活动，学习结果不断得到强化，如此使学生始终处于一种积极反应和主动学习的状态。

第二，小步子原则。程序教学所呈示的教材通常是被分解成一步一步的，而且每一步之间难度的增加也是非常小的。学生在完成了前一步并得到肯定性反馈之后，才能进入下一步内容的学习。这有助于学生学习积极性和学习信心的增强以及知识的巩固。

第三，即时强化原则。程序教学特别强调即时强化或反馈，即在学生做出反应之后，应使学生立即知道其反应是否正确。即时强化有助于知识的保持和巩固，也有助于增进学生的学习信心。

第四，自定步调原则。程序教学是一种个别化的教学，不追求统一进度，而是鼓励每个学生按照适合自己的学习速度、学习能力和学习习惯来自定学习步调和稳步向前迈进。

斯金纳的程序教学理论催生出美国 20 世纪五六十年代的程序教学运动，并影响了世界教学改革运动。斯金纳的程序教学理论重视教学个别化，强调小步子、积极反应和自定步调，有利于学习的掌握、巩固和强化，对信息技术时代的教学尤其是翻转课堂富有启示意义。

翻转课堂每一个微视频只讲述一个教学知识点，时间一般控制在10—15分钟以内，简明扼要地概述知识点，这在一定程度上遵循了小步子原则。学生可以按照自己的步调进行学习，也是一种自定步调原则。在学习视频过程之中或之后的测验、练习或作业——尤其是在部分平台上对客观题还有自动批改功能，在学习平台上围绕视频以及测验、练习或作业引发的师生之间的讨论、反馈和交流，在某种程度上遵循了即时强化原则和积极反应原则。

第二章

高校翻转课堂教学设计

如果教师能学会更有效地设计他们的课程，学生就更有可能获得有意义的学习经历，也就是当今社会很多方面需要的那种学习经历。

——芬克[①]

教学设计指将学习与教学的原理转化为教学材料、教学活动、信息资源和教学评价计划的系统化和反思化过程。[②]教师在翻转课堂教学设计中需要考虑：本课程一整套的教学目标是什么？设计怎样的课程内容？设计怎样的课前学习资源？设计怎样的课上主动学习活动？设计怎样的反馈与评价？所有这些因素之间需要彼此配合和相互支持。

① 芬克．创造有意义的学习经历——综合性大学课程设计原则 [M]．胡美馨，刘颖，译．杭州：浙江大学出版社，2006：27.

② 史密斯，雷根．教学设计 [M]．庞维国，等译．上海：华东师范大学出版社，2008：4.

第一节　教学目标与教学内容设计

翻转课堂教学设计的第一步是教学目标与教学内容设计，教师需要思考：学生在课程学习结束或某一阶段学习结束后，在知识、能力和情感等方面要有怎样的变化？为更好地实现学习目标，应该让学生学习哪些主题和内容？

一、教学目标的设计

在设计教学目标时，需要考虑它与课程目标的一致性。课程目标需要进一步细化和具体化为教学目标。教学目标是教学过程中学生预期达到的学习成果和标准。由于教归根到底是为了学，所以教学目标实际上也就是学习目标。

（一）教学目标框架

教学目标包括所有有价值的学习经验，涵盖所有的学习成果。发展至今，学者们提出了诸多有借鉴价值的目标框架。深入理解这些框架，有助于教师在此基础上形成自己的教学目标体系。

美国心理学家布卢姆等人提出了认知、情感和动作三大领域的教育目标。其中，他们把认知领域目标由低到高分为六类，即知识、理解、运用、分析、综合和评价，这一目标分类在教学理论和实践中得到广泛应用。后来，安德森（L. W. Anderson）小组修改了布卢姆分类法，将认知学习领域教育目标按知识与认知过程两个维度分类。他们认为知识只是思维发生的背景，一方面将“知识”变成独立的维度，知识被细分为事实性知识、概念性知识、程序性知识和元认知知识，另一方面将“知识”作为动词变成“记忆”，同时把“综合”改为“创造”且置于等级的最高位置。由此，修正后的目标由低到高变为：记忆、理解、运用、分析、评价和创造。[①]那么，这些认知目标的具体所指又是什么呢？具体而言，记忆，指的是从长时记忆系统中提取有关信息；理解，指的是从口头、书面和图画传播的教学信息中建构意义；运用，指的是在给定的情境中执行或使用某程序；分析，指的是把材料分解为它的组成部分并确定各部分之间如何相互联系以构成总体结构或达到目的；评价，指的是依据标准或规格做出判断；创造，指的是将要素加以组合以形成一致的或功能性的整体，或者将要素重新组织成为新的模式或结构。[②]

关于布卢姆和安德森等人的教学目标分类框架举例，详见表2-1。

表2-1　基于布卢姆与安德森等人的分类法的教学目标举例[③]

级别	学生应该能
知识/记忆	·定义抑扬格五音步 ·陈述牛顿运动定律 ·识别主要的超现实主义画家
理解	·用自己的话语描述曲线图的走势 ·归纳《苏格拉底的申辩》 ·把伏尔泰的《老实人》翻译成英语
运用	·描述一次检验光和光量对光合作用的希尔反应的影响的实验 ·标出一首诗的格律和韵脚 ·用阿基米德定律算出不规则形状物体的体积

① 安德森，等. 学习、教学和评估的分类学[M]. 皮连生，主译. 上海：华东师范大学出版社，2014：29.

② 安德森，等. 学习、教学和评估的分类学[M]. 皮连生，主译. 上海：华东师范大学出版社，2014：28.

③ 尼尔森. 最佳教学模式的选择与过程控制：第3版[M]. 魏清华，陈岩，张雅娜，译. 广州：华南理工大学出版社，2014：26.

续表

级别	学生应该能
分析	·列出同意和反对克隆人的论点 ·决定控制实验的变量 ·讨论全球经济下孤立主义的基本原理和作用
评价	·评估依据数据和统计分析得出结论的有效性 ·用证据批判性地分析一部小说以支持某一评论 ·基于最近的公司绩效和项目价值推荐股票
综合 / 创造	·依据海明威的风格写一篇小故事 ·构思反驳他人支持自杀的符合逻辑的论点 ·制造氦氖激光器

美国当代教育心理学家加涅（Robert Mills Gagne）提出了五种学习成果，即智力技能、认知策略、言语信息、态度和动作技能。智力技能意味着获得做某事的能力，通常也被指称为程序性知识，包括辨别、概念（具体概念和定义性概念）、规则与原理以及问题解决四个类型。认知策略是支配个体自身的学习、记忆和思维行为的能力，即学会如何学习和学会如何思维。认知策略包含特定知识领域（如几何和诗歌）的认知策略和更一般的认知策略，而后者有时被称为执行性的或元认知策略，它独立于特定知识领域，其功能是支配其他策略的使用，普遍运用于信息加工过程。言语信息是“知道什么”或“陈述性知识”，即能用言语陈述的事实、概括性知识和有组织的知识。态度是指习得的影响个人对特定对象做出行为选择的内部组织状态（情感、态度、价值观）。动作技能是指执行身体运动的行为表现，如绘图、操作设备、操作电脑、唱歌、打拳、舞蹈等。①

芬克（L. Dee Fink）提出了一个有意义学习的分类法，这一分类法在高等教育领域有着非常广泛的影响力。芬克认为，高等教育所涉及的个人和机构所表达的一些新的重要的学习需求，如学会学习、领

① 加涅，韦杰，戈勒斯，等. 教学设计原理：第5版[M]. 王小明，庞维国，陈保华，等译. 上海：华东师范大学出版社，2007：57.

导才能和人际交往技巧、道德、沟通技巧、品质、宽容和应变能力等，超越了布卢姆的认知领域分类法，甚至超越了认知领域本身。为此，芬克创造了一个新的分类法，把它命名为有意义学习的分类法。在芬克看来，有意义学习在过程上意味着学生学习投入和课堂充满活力，在学习结果上意味着课程给学生带来真正有意义的变化和具有生活价值，即课程给学生带来的有意义的变化在课程结束甚至在学生毕业后还能持续下去，并使他们做好进入不同社会群体或者是工作领域的准备。具体而言，芬克归纳出六类教学目标，包括基础知识、应用、综合、人文维度（了解自己、了解别人）、关心（情感、兴趣、价值观）和学会学习。[①] 芬克的这一目标体系是在布卢姆分类法的认知过程之外纳入了大学教学的其他目标，涵盖了认知、情感和社交等三个维度。而且，其目的并不是将学习类别排序，而是帮助学生认识到它们之间的内在联系和相互作用，关注学习与动机之间的相互关系。

（二）教学目标的叙写

在课程与教学目标的叙写方面，比较流行的是对行为目标的叙写，它通常是对具体的、可操作的行为进行陈述，指明课程与教学结束后学生身上所发生的行为变化。一般来说，有关基础知识和基本能力的培养，适用于行为目标，而有关批判性思维、个性化和创造性的培养，适用于生成性目标和表现性目标。如果说行为目标是在教育过程之前或教育情境之外所预先制定的，那么生成性目标则是在教学情境中随着教学过程的展开而自然生成的目标，其最根本的特点即是过程性。再看表现性目标，它是指每一个学生在与具体教育情境的种种“际遇”中所产生的个性化表现，旨在培养学生的创造性，强调个性化。关于表现性目标的制定，课程论专家艾斯纳（E. W. Eisner）曾给

① 芬克．创造有意义的学习经历 [M]．胡美馨，刘颖，译．杭州：浙江大学出版社，2006：24．

出一些例证，如“解释《失乐园》的意义”“考察与欣赏《老人与海》的重要意义”“参观动物园并讨论那儿有趣的事情”。①

在实际教学实践中，为了清晰而明确地表达课程教学目标，教师在叙写教学目标时最好包括一项可观察的行为以及该行为发生的条件和行为水准，或至少应该包括行为和内容两个方面，如此，才有可能避免笼统和模糊之嫌，不会导致学生对学习目标及其标准的理解和达成失去方向。可以使用美国课程论专家泰勒（Ralph Tyler）所建议使用的由“行为”和“内容”构成的二维模式，例如：“（行为）写出（内容）加涅学习成果框架的基本内容”。也可以使用包含行为主体（audience）、行为动词（behavior）、行为条件（condition）、标准或表现程度（degree）的ABCD模式。按照ABCD模式，一个完整的教学目标可以这样表述为：“（行为条件）以观赏‘公平与正义’视频公开课第一讲为基础，（行为主体）学生（表现程度）能在15分钟内（行为动词）写出以学生为中心的教学的基本特征。”

应该说，教学目标应尽可能明确具体，便于落实和检测。目标越具体，它就越容易被测量。在课程教学中，部分教师常使用比较抽象的词汇编写目标，如了解、理解、欣赏、掌握、喜爱、相信等，但这些词汇并不是让人容易理解的词。而以下一些词汇，如写出、叙述、辨别、分类、解决、构思、建立、比较、对比等，都是能够让人明确理解的词，它们具有可操作性并且是可以观察的。

为更好地让学生实现学习目标，教师还需要对阶段性学习目标进行设计。开发学生学习成果的逻辑序列是，首先制定期末或最终成果目标，然后逆向推导：学生要取得最终成果，必须具备何种技能？阶段性成果有哪些？例如，如果教师想要学生能够在学期末完成一篇调

① 张华. 课程与教学论[M]. 上海：上海教育出版社，2000：174–179.

研报告，他们需要一步步预先做好其他几件事，如设计研究问题或假设、论证研究意义、撰写文献综述、设计研究计划、收集资料、整理资料、撰写报告等。

二、教学内容的选择与分配

在制定好教学目标之后，就可以开始选择有助于学生达成教学目标的合适的教学内容。选择和限定符合教学目标的教学内容，可以参考优秀教材的目录、其他教师的课程大纲以获得帮助。

首先，需要限定教学内容。设计课程有点像计划一次长途旅行，课程主题如果过多过细，恰如负重的旅行一般，其实对学生的学习并没有好处。教师在选择课程内容时，要考虑以下因素：这项内容对学生来说是重要的吗？有趣吗？这项主题内容是最大限度地联系其他主题的综合性主题吗？这项主题内容是经典或经久性主题吗？这项主题内容是前沿性知识内容吗？为此，教师在把所有主题都列入初步的目录后，要进一步区别必须掌握的内容和可选择的附加内容，强调核心概念和基本原理，并为学生提供一个包含主要观点和客观知识的概念框架或知识地图。

其次，将每一个主题的内容分配到每一次课。一次课的要点选择是非常重要的。有关研究表明，无论学生上什么课程，他们在一堂45或50分钟的课堂上仅能吸收3—4个要点。① 在教学实践中一个比较常见的现象是，教师虽然在理论上是赞成重点阐述基本要点，但在实际教学中却又常常热衷于对内容的覆盖和对细枝末节的滔滔不绝的讲解，似乎认为假如不覆盖内容，就会有人怀疑他们的教学质量，认为他们的教学质量差或肤浅。如果教师讲课内容求多，可能造成讲课仓

---

① 罗曼. 掌握教学技巧：第2版[M]. 洪明，译. 杭州：浙江大学出版社，2006：84.

促和有失深入。对于翻转课堂而言，无论是课前还是课上，如果内容太多，反而会增加学生的认知负担，削弱学生的有效学习。

第二节 课前学习资源设计

翻转课堂的有效实施，离不开丰富的课前学习资源的支持。实施翻转课堂所需要准备的学习资源一般包括微视频、课件、针对性练习、作业或测验、导学文档、学习任务单、知识地图以及各种文本资料等。这些资源往往被放置在各种类型的学习平台之上，能够为学生学习提供支架，指导学生更好地开展自主学习和合作学习。学生的课前学习如果有疑难问题解决不了，也可以在平台上与教师和同学进行互动交流。

一、微视频

微视频是有效实施翻转课堂的基础。一个微视频往往集中阐释一个知识点，也就是说它不是一节课的浓缩版，也不是对原有课件的简单分割或重复，它本身就是一个针对某知识点的完整的教学设计，具有完整的教学结构。按照表达内容及应用目的，可以把微视频分为理论讲授型、推理演算型、答疑解惑型、情感感悟型、技能训练型、实验操作型等。

借助于现代数字化技术，微视频可以方便地整合图、文、声、像等要素来展示教学内容，将抽象的概念形象化，将看不见摸不着的运动变化轨迹和过程可视化，这有助于吸引学生的注意力，也有助于增强他们对知识的理解与建构。由于视频短小精悍，也有利于学生按照自己的步调随时随地进行碎片化学习。但需要注意的是，学生能够自己通过阅读教材理解的内容，并不需要教师制作微视频。

一个好的微视频，应具有以下几个方面的特征：

· 聚焦：每个微视频只讲述一个知识点，学习目标明确，重点难点突出；
· 简要：每个微视频的时间控制在 15 分钟以内，简明扼要地概述知识点；
· 切入：避免冗余信息，切入主题迅速；
· 清晰：微视频所讲授的内容清晰明了，逻辑性强，通俗易懂；
· 热情：教师富有教学热情，能够感染学生；
· 方法：针对不同的教学对象、目标和内容，采用适当的方法，让学生易于理解；
· 留白：避免独白式讲解，适当“留白”，引发学生思考；
· 亲和：教师语言亲切，展现一对一的辅导风格，增强对话感或互动感；
· 技术：语言图像清晰，无杂音噪音干扰。

教师既可以直接使用别人的视频，也可以按照需要录制自己的视频。对一线的学科教师而言，借助笔记本电脑、平板电脑或数字拍摄设备，也可以很容易地制作高质量的微视频。教师可以尝试学习以下两种简便易行的微视频录制方式。①

使用 PowerPoint 录制微视频。可利用 PowerPoint（2010 版本以上）自带的录制功能录制微视频。其一般流程是：第一步，制作某一知识点的 PPT 课件；第二步，使用幻灯片放映选项中的“录制幻灯片演示”功能逐页录制解说；第三步，使用文件中的“另存为”功能，可以保存多种格式的视频文件，如 Windows Media、MP4、WMV 等格式。

① 柯清超．超越与变革：翻转课堂与项目学习 [M]．北京：高等教育出版社，2016：84-85.

使用录屏软件录制微视频。录屏软件是指能够把电脑屏幕内容与教师讲解音频同步保存下来形成视频的工具软件。常用的录屏软件以Camtasia Studio为代表，它可以帮助录制PPT的演示和讲解音频或直接录制电脑屏幕的演示操作，最后导出教学视频。而且，对于已经录制好的视频还可以再进行剪辑和编辑，对声音进行降噪或重新配音，功能比较强大。使用Camtasia Studio制作微视频的一般流程是：第一步，制作某一知识点的PPT课件；第二步，在电脑屏幕上打开录屏软件，戴好耳麦，调整好话筒的位置和音量，打开要讲解的PPT课件，调整好PPT界面和录屏界面的位置后，单击录制按钮开始录制屏幕，一边演示幻灯片一边讲解；第三步，利用Camtasia Studio软件对录制好的视频进行适当的编辑和美化；第四步，导出微视频。借助软件的后期编辑功能，还可以为微视频增加交互式的练习。具体操作是：选择"编辑录制"进入微视频编辑状态，选择"工具"下的"测验"增加练习题，最后选择"制作并分享"生成微视频。

二、学习任务单

激发学生课前自主学习（含观看微视频或阅读文献等）的积极性的一个办法是，让学生完成具体的学习任务。也就是说，微视频最好不要单独发放，而是配合课前自主学习任务让学生有序学习。学习任务的设计通常以学习任务单为载体。学习任务单是教师设计给学生，让学生通过自主学习完成学习目标的支架，它通常以表单的形式呈现。从结构上看，学习任务单的核心内容是学习目标、学习任务、学习成果和疑难问题等。

一个好的学习任务单，是"任务驱动"和"问题导向"的，能够将教学的重点、难点和其他知识点转化为问题，让自主学习变得明确具体，并提供引导学生进行有效学习的路径。单单布置给学生笼统的自主学习任务，很多学生都会觉得自主学习无从下手。问题是自主学习的向导，从解决问题入手，能够帮助学生理解概念、原理和掌握方法，具有举一反三的意义。教师不但可以利用学习任务单提供任务清单，还可以提供方便的资源链接（资源网站链接和配套微视频的链接）。

学习任务单没有标准的格式，其任务规定可以包括：阅读哪些材料？观看哪些视频？完成哪些作业练习？设计什么样的实验？不懂的问题是什么？以下引用了多种样式的学习任务单。其中，第一个包含学习目标、学习任务、学习成果和疑难问题等内容，第二个包含观看视频、练习和实验设计，第三个包含内容摘述、提问和反思／应用，第四个包含以问题形式呈现的主题学习内容以及以 PPT 和 Word 形式呈现的提交物的翔实的标准要求。

学习任务单设计案例①

主题	光的反射与平面镜成像
学习目标	理解光的反射和平面成像的特征
学习任务	通过观看教学视频，思考如下问题：什么是光的反射现象？平面成像有什么特征？
学习成果	（由学生填写）
疑难问题	（由学生填写）

戴维南定理学习任务单②

1. 课前观看 SPOC 关于戴维南定理的 7 个视频，并完成相应的讲间练习。
2. 设计实验，内容为：自行设计电路测定一节干电池的戴维南等效电路，要求有仿真，有 myDAQ 实测，并要求写出完整详细的实验设计报告，对结果进行分析。

① 王奕标．透视翻转课堂——互联网时代的智慧教育 [M]．广州：广东教育出版社，2016：121．

② 于歆杰．以学生为中心的教与学——利用慕课资源实施翻转课堂的实践 [M]．北京：高等教育出版社，2015：171．

课前学习任务单（人本学习论）①

请在课前阅读讲义册中人本学习论资料，然后回答下列问题：

（一）内容摘述（summary）

1. 人本学习论（主要概念）
2. Maslow需求阶层理论与Rogers学生中心理论（主要概念）

（二）提问：针对本周探讨的主题，你有什么问题想问?

（三）反思/应用：本周探讨的主题

1. 对你反思理解自己的成长/学习经验，有什么启发？
2. 对你未来在教学上了解学生成长/学习方面有什么帮助？

第____次翻转课堂教学任务单②

课程学习时间<u>（3周）</u>　　**翻转课堂时间**________

课程学习内容：

MOOC课程第1讲　计算机、计算与计算思维

MOOC课程第2讲　符号化、计算化与自动化

MOOC课程第3讲　程序与递归：组合、抽象与构造

需要关注点：

第1讲：什么是自动计算？

（1）什么是自动计算？（2）自动计算需要解决什么问题？（3）计算系统的几大部分是什么及怎样发展的？（4）什么是计算思维？

第2讲：符号化与自动化有怎样的关系？

（1）为什么要语义符号化？（2）数值型信息如何01化？（3）非数值型信息如何01化？（4）基本逻辑运算；（5）怎样用门电路表达逻辑运算并实现自动计算？

第3讲：什么是组合与程序？为什么需要递归？

（1）计算系统为什么需要程序？（2）为什么说程序是组合—抽象与构造，怎样进行？（3）什么是递归？为什么需要递归？（4）递归与迭代的差别？（5）递归程序的执行过程模拟。

提交物：

整理好自己的学习笔记，包括PPT文件和Word文件。

PPT文件和Word文件均以<“hit”+学号+“第i讲学习笔记”>命名。

---

① 来源于台湾大学王秀槐教授在北京理工大学所作讲座的PPT。

② 战德臣，王立松，王杨，等．MOOC＋SPOCs＋翻转课堂：大学教育教学改革新模式[M]．北京：高等教育出版社，2018：124．

PPT 文件包含若干张胶片：(1) 有归纳与总结的胶片，即将所学习的内容以线索图的形式整理出来，以展示学习的范围和用功程度。(2) 有金子标注的胶片，在胶片中以特定标识标注出所找出金子的编号及位置（金子的详述在 Word 文档中）。(3) 有反映重要原理或重要思维的胶片。PPT 的关键点是"如何将学习的内容和金子放在胶片的适当位置，并建立起与其他内容和金子之间的联系"，其上标注词条的多少及其关系将是其他同学对你评价的依据。(4) 胶片页数最低要求。

Word 文件包含：(1) 学习笔记。(2) 每一个金子的详细描述。(3) 每一个关键概念或原理的阐述。(4) 提出两个问题：需要有题干说明你提问题的背景，然后再提出问题。问题须是问答题或叙述题，不能是选择题。同时须提供这两个问题的参考答案。该问题用于在课堂上由其他同学回答。(5) 文档最少字数要求。

提交地点＿＿＿＿＿＿　　　**最晚提交时间**＿＿＿＿＿＿

教师可以根据自己的教学目标和喜好自由设计学习任务单。但无论怎样设计，都势必要联系教学目标，把它建立在教学目标的理论框架基础之上，如可以运用布卢姆教学目标框架来检视课前任务的目标定位。应该说，课前学习的主要任务是初步发现问题而不是彻底解决问题。通过课前学习，发现的问题越多，课堂研讨活动就越有价值和意义。课前学习的目标定位要适当，课前学习的目标不能过高，任务不能过重，更不能将课堂应该完成的探究任务移到课前完成，这会造成学生课外负担过重，也会造成课堂任务量不足。但同时，课前学习的目标也不能过低，因为这可能会导致任务不足以支持课堂上的协作探究。

如果学生不按要求完成课前学习任务单，该如何做是好呢？可行的解决办法是，教师可以把学生课前任务的完成计入课程成绩，或者也可以在课堂上用学生的课前作业作为案例来进行讲解，这样也有助于激励学生学习。如果能有课程学习平台，学生在做课前作业遇到问题的时候可以在平台上向老师和同学请教，这也会在一定程度上让学生愿意完成课前学习任务。课前学习的意义同样不容忽视的一个点是，教师在上课前收集学生对课前问题的回答以获取反馈信息，这有助于在之后的实体课堂上进一步开展有针对性的教学。

三、学习平台的选择与建设

除准备以上资源外，教师还需要选择合适的在线学习平台来放置学习资源和构建课前学习。常用的学习平台和工具有MOOC平台、SPOC平台、雨课堂、QQ、微信等。在平台上，学生可以获取和下载教学视频、课件、教案、相关教学材料、前沿的学术资料等课程资源。平台上一般都设有讨论区，这个平台讨论区是质疑和解惑的重要手段。对于难以解决的疑问，学生可以在线提出，在平台的班级讨论组展开交流，不但教师、助教能够在线查看学生的困惑和思考并给予及时反馈，而且班级任何学生都可以做出回答或回应。教师也可以在讨论区设置与教学内容相关的讨论话题，让学生有话可说。讨论区也有助于教师获取学生对教学内容与教学方法的认识，了解学生关注的兴趣点，了解学生学习过程的难点和困惑点，并进而改进教学过程和教学方法。

学习平台具有及时诊断与反馈的功能，可以随时记录和分析学生观看微视频的情况，了解学生已经掌握哪些知识点，哪些还存在困难，学生完成了多少练习，正确率如何等。通过学习平台的评估检测系统，教师可以全面地了解每一个学生的学习速度和掌握情况，从而了解每一个学生的真实水平，为其后对学生进行有针对性的指导提供基础。学生通过在线及时反馈，也可以在一定程度上把握自身的学习状况。

第三节　课堂主动学习活动设计

课堂主动学习活动是翻转课堂内在固有的一个核心结构。教师需要基于教学目标、教学内容和课前学习资源等方面的设计，进一步设计主动学习活动，推进课堂师生面对面环境下的概念探究、意义建构和知识应用。

一、什么是主动学习

传统课堂的基本特征是以教师为中心，学生被动学习。传统课堂更多代表的是教师教了什么或做了什么，而不是学生学了什么，甚至有可能学习并没有在真正意义上发生，学生能够记住的东西很少，也很难把学到的知识应用于现实生活之中。由于长期以来学生一直都是被动接受知识，他们不必对自己的学习负责，不必探究自己的想法，也不必与其他同学进行合作。

然而，所有真正的学习都是主动而不是被动的。学习是一个发现的过程，学习的主体是学生而不是教师。学习并不是一种旁观活动。学生不只是坐在课堂上静听教师讲授，熟背教师布置的作业答案。他们必须谈论他们所学的东西，写些什么，并把它与自己过去的经验相结合，把它应用于日常生活。他们必须把所学习的东西内化成为自己的东西。[①]

自20世纪90年代以来，“主动学习”开始作为一种教学理念，越来越受到西方学界的广泛关注。关于什么是主动学习，比较有代表性

① Chickering A W, Gamson Z F. Seven Principles for Good Practice[J]. AAHE Bulletin, 1987, 39(7): 3.

的定义可列举如下：

主动学习指的是让学生参与做并思考他们正在做什么的教学活动。①

主动学习是指学生在课堂上所参与的任何学习活动，而非学生被动地听教师讲。②

主动学习通常被定义为学生为建构知识和理解所进行的活动。活动尽管是多种多样的，但都要求学生发展高阶思维。其中，元认知——学生对自己学习的思考——是主动学习一个非常重要的因素，它有助于在活动与学习之间建立起关联。③

主动学习是指为学生提供机会，让他们围绕课程内容、观点、问题和重点进行有意义的听说、写作、阅读和反思。④

主动学习涵盖能够让学生参与学习过程的任何一种教学方法。主动学习的核心要素是学习过程中的学生活动和学习参与。⑤

可以看出，与被动学习不同的是，主动学习强调学习过程中学生的“做”或“活动”，例如阅读、写作、讨论、解决问题等，而不仅仅是“听”。关于主动学习的基本特征，邦威尔（Charles C. Bonwell）和艾森（James A. Eison）总结如下：①学生在课堂上更多的是扮演参

① Bonwell C C, Eison J A. Active Learning: Creating Excitement in the Classroom[R]. ASHE-ERIC Higher Education Report No. 1, George Washington University, Washington DC, 1991: 2.

② Faust J L, Paulson D R. Active Learning in the College Classroom[J].Journal on Excellence in College Teaching, 1998, (9): 4.

③ Brame C J. Active Learning—Vanderbilt University[EB/OL]. (2016-07-11) [2019-05-19]. https://cft.vanderbilt.edu/wp-content /uploads/sites/59/Active-Learning.pdf.

④ Meyers C, Jones T B. Promoting Active Learning Strategies for the College Classroom[M]. San Francisco: CA Jossey-Bass Inc, 1993: 6.

⑤ Prince M. Does Active Learning Work? A Review of the Research[J]. Journal of Engineerning Education, 2004, (7): 3.

与者而不是听众；②更关注学生技能的发展而非信息的传递；③学生参与分析、综合、评价等高阶思维活动；④学生参与阅读、写作、讨论等课堂活动；⑤关注学生的态度和价值观的发展。[①]

需要指出的是，主动学习并不与传统课堂完全对立，它是对传统课堂的修正与革新，是在传统课堂中融入新的理念，打破教师单向的知识传递，为学生创造一个更好的学习环境，促进学生主动参与学习，促进学生对知识的深度理解和应用，培养学生的创造性思维和解决现实问题的能力。

在我国，主动学习作为一个统称，并不是一个广为学界所惯常使用的学术术语。以“主动学习”作为题名在中国期刊网进行查询，仅有几篇论文是在主动学习的理论层面上进行研究的[②③④]，而其余论文的题名基本上是在传统的意义上使用“主动学习”一词，意为“让学生积极主动地进行学习”，并没有把它作为一个专门的学术术语来使用。如果教师能够从理论或理念层面系统和整体地把握主动学习，这将有利于他们在课堂实践中积极主动地采用适合自己情况的多样化的主动学习方法。

二、主动学习方法连续体

在了解了主动学习的定义之后，需要进一步明确的是主动学习

① Bonwell C C, Eison J A. Active Learning: Creating Excitement in the Classroom[R]. ASHE-ERIC Higher Education Report No. 1, George Washington University, Washington DC, 1991: 2.

② 陈雨青，杨波．主动学习及其有效教学策略分析 [M]．教育导刊，2007,（4）：26–28.

③ 陈雨青，杨路明．主动学习的教学策略研究 [J]．教育与现代化，2007,（2）：21–27.

④ 杨志娇，张海，杨絮，等．美国大学主动学习教室案例及启示 [J]．中国信息技术教育，2019,（20）：86–88.

的具体方法或策略。邦威尔和萨瑟兰（Tracey E. Sutherland）提出了一个包含了广泛策略的主动学习连续体概念框架，如图 2-1 所示。① 在这一连续体上，一端是简单的任务，另一端是复杂的任务。他们认为，这一连续体的每一端都不能被认为比另一端更好。简单的任务是持续时间短、相对非结构化的任务，而复杂的任务则是持续时间长、结构化的任务。举例来说，连续体的一端可以是使用“停顿”的课堂，而另一端可以是运用“拼图式讨论”的合作学习课堂。

简单任务 ———————————————————— 复杂任务

图 2-1 简单任务—复杂任务的连续体

按照简单任务—复杂任务这样的思维框架，有研究者进一步勾勒了如图 2-2 所示的主动学习方法连续体。② 在这一连续体上，分布了从简单到复杂渐进的 19 个主动学习方法。这些方法基本涉及了倾听、讨论、写作和评价等各种学生活动和学生参与。例如，就讨论而言，包括各种样式的讨论，如思考—合作—分享式二人小组讨论、三人小组讨论、大组讨论和拼图式讨论等；就学生评价来说，包括了个体自我评价、同伴互评以及学生对小组表现的评价。事实上，除了这些方法，还有很多主动学习方法（例如，基于问题的学习、基于项目的学习等③）并没有显示在图 2-2 所示的连续体之中，这些方法大体位于

① Bonwell C C, Sutherland T E. The Active Learning Continuum: Choosing Activities to Engage Students in the Classroom[J]. New Directions for Teaching and Learning, 1996, (67): 5.

② How Can You Incorporate Active Learning Into Your Classroom?[EB/OL]. (2016-08-25) [2019-05-19].https://crlt.umich.edu/sites/default/files/resource_files/Active%20Learning%20Continuum.pdf.

③ 本书将在第五章专门讨论基于问题的学习和基于项目的学习。

连续体右边复杂的一端。限于篇幅，下文重点介绍停顿、分钟作文、思考—合作—分享、拼图式讨论和角色扮演等五个主动学习方法，外加一个图 2-2 之外的秀成果—矛碰盾—解疑惑。

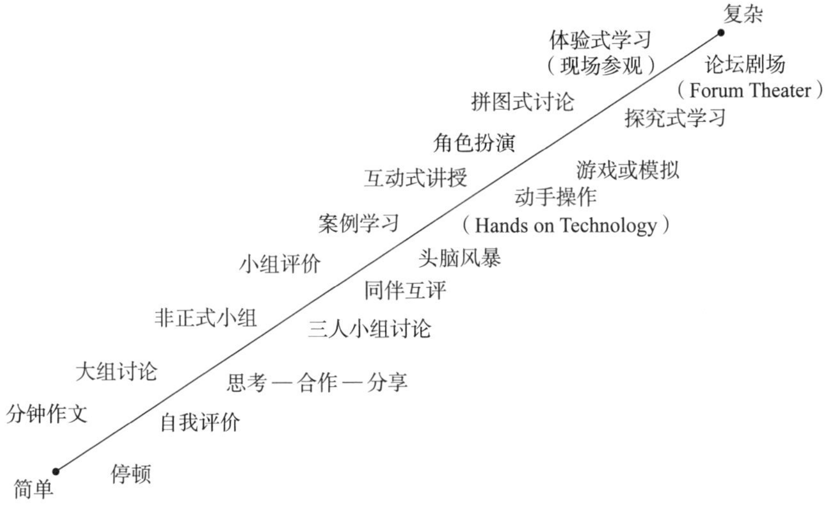

图 2-2　主动学习方法连续体

（一）停顿

一项研究结果显示，讲授课上学生的注意力大约可维持 15 分钟，在那之后开始急剧下降。在课堂上，学生在前 10 分钟记住了 70% 的信息，在最后 10 分钟记住了 20% 的信息。[①] 很明显，学生的注意力能够集中的平均时间有限，但教师每次讲课的时间范围却一般在 45—50 分钟，如果教师不停歇地讲个没完没了，就会显然遭遇二者之间严重的不匹配。那么，当教师不得不讲课时，又该如何做是好呢？当前很多研究支持和呼吁停顿式授课这一理念。所谓停顿式授课，即是说在讲了 15—20 分钟后应该停下来，可以让学生做一些活动，如回答客观

① Hartley J, Davies I. Note Taking: A Critical Review[J]. Programmed Learning and Educational Technology, 1978, (15): 207-224.

选择题、解决一个难题、对比或是填充笔记、询问一个小的案例、做思考—合作—分享的练习或小组讨论等。在某种意义上，停顿式授课也是一种互动，即在课堂上实现学生与课程内容的互动、师生互动和生生互动，这有利于提升学生在课上学习的注意力和警觉性，促进学生的理解和记忆。可以说，停顿式的互动式课堂，在任何班额的课堂上都是可行的。

（二）分钟作文

分钟作文在收集学生学习书面反馈上操作快捷而简单。教师通常在下课前几分钟停止讲课时使用分钟作文，让学生简单回答类似于如下的两个问题：①你今天所学的最重要内容是什么？②本堂课结束时你头脑中最感困惑的问题是什么？这两方面的来自学生的总结和问题能够帮助教师快速了解学生对于课程内容的领会程度，决定是否有必要对教学进度进行调整，提示教师在下次课上有必要复习和阐释哪些内容。分钟作文的形式虽然简单，但其评价的学习目标并不仅限于回忆。为了回答第一个问题，学生首先需要对自己能够回想起来的内容进行一番梳理和评价，而为了回答第二个问题，学生必须进行自我评价，询问自己对课上所学内容的理解程度如何，还有什么困惑之处。分钟作文能够帮助学生进一步理解本课程的事实、概念与原理，培养学生整合知识的能力。分钟作文除了可供教师在临近下课时使用以起到总结的作用，还可以在开始上课时使用以起到热身的作用。分钟作文非常适用于定期向学生展示大量新信息的课程中。由于操作快捷和易于分析，分钟作文也完全适用于班级人数众多的课堂。

（三）思考—合作—分享

思考—合作—分享是小组讨论的一种形式，其目的在于促进学生更加流畅地分享和讨论对某一具体话题的意见。此方法既可以随时运用于学生未做课前准备的课堂，也可以运用于学生在课前已做认真准备的课堂。教师针对课程重点提出一个具有一定难度的问题，首先让每个学生独立思考1—3分钟，再与邻座伙伴讨论这一问题2—5分钟并达成共识，然后教师可随机邀请若干组学生向全班分享他们共同的答案，最后教师再进行总结和反馈。

（四）拼图式讨论

拼图式讨论的大体做法是，教师可以把一个概念分为若干个主题，每个学生成为这些主题之一的“专家”，学生需要花时间在课前或在课上学习其选择的主题，以发展所需的专业知识。同一个主题的学生“专家”组成小组，进行讨论，提出问题，探索彼此对这一主题思考中的异同。当这些学生“专家”汇总了他们的想法后，人员进行流动，组成新的小组，这些小组包括每个主题的学生“专家”代表。每一个学生“专家”都需要轮流带领其他人讨论他们的主题。这些新的小组依次理解该主题并进行表达，最后汇总成为一个大的总结，也就是对于这一概念的总结。

（五）角色扮演

在角色扮演方法中，教师向学生展示问题情境以及各种角色，学生从角色立场出发进行实质性的互动，如辩论和合作等。角色扮演有助于学生更好地体验有争议的或复杂的问题情境，更好地把理论与实践关联起来。事实上，角色扮演也是一种解决型讨论，可以和案例学习相结合，可以运用于所有课程的教学。角色扮演练习既可以聚焦于个人层面，也可以聚焦于复杂的小组互动。聚焦于个人的角色扮演，如道德哲学课教师可以提出类似这样的问题：“假设你是一个电车司机……该如何做是好？”“假设你是一个急诊科医生……该如何做是好？”聚焦于复杂的小组互动的角色扮演，学生在不同的课程上可以扮演不同的人物角色，例如，在教育学课上学生可以扮演教师、学生、家长、政府官员和社会人士等。学生的角色扮演需要提前做好各种细节的准备。在角色扮演后，教师要引导学生进一步深入反思角色扮演活动与课程抽象概念之间的关联。

（六）秀成果—矛碰盾—解疑惑[①]

秀成果—矛碰盾—解疑惑是展示—评价—释疑型的课堂学习活动的三个组成部分。“秀成果”主要检查学生课前学习成果，包括两个方面：“亮功夫”和“找金子”。“亮功夫”是指学生通过学习笔记的形式展示其学习成果，强调学习内容的记录和整理，强调展示的条理性、归纳性、特色性、扩展性和完整性。“找金子”是指学生在学习过程中挖掘出的有价值的内容，展现的是学习效果和学习深度。所谓的金子即是指课程内容的亮点、重点、创新点、对学生学习有影响有启发的知识点等。金子需要深入挖掘，不仅挖掘其表层意义，还要挖掘其深层意义与集成意义。对所挖出的金子，学生需要制作 PPT，展示自己对金子的深入理解。如果是采取了小组学习形式，每组可分配 5 分钟主讲时间。“矛碰盾”约 10 分钟，是指学生相互之间以质询—答辩形式进行交流，学生在线下准备好拟质询的问题，同时准备好可能应询问题的答辩要点。矛碰盾可采取现场开放问答的形式，亦可采取笔试回答的形式，后者，可覆盖所有学生，便于时间控制。[②]“解疑惑”约 50 分钟，是教师答疑的环节，教师可根据各个小组汇总的问题集中进行答疑，也可以讲解本次课程的思路和要点等。

① 以哈尔滨工业大学“大学计算机——计算思维导论”为代表的计算机课程在翻转课堂课上学习部分采取了秀成果—矛碰盾—解疑惑的教学活动模式。参见：战德臣，王立松，王杨，等. MOOC+SPOCs+ 翻转课堂：大学教育教学改革新模式 [M]. 北京：高等教育出版社，2018：119-120.

② 笔试回答形式的矛碰盾：学生事先需要仔细学习 MOOC，并准备好拟于小班研讨上提出的问题（每个学生提出 2 个问题，签字提交）。小班研讨时，教师将 30 个学生分为 5 个组，每组 6 个人，按照 1-2-3-4-5-6-1 的次序前者交给后者问题，后者回答问题并评价提问的水平，回答后签字交付。然后再按 1-6-5-4-3-2-1 的次序返回给提问者，由提问者评价回答的满意度。

解疑惑环节可分散进行（即在每组同学完成后进行），也可集中进行（即在所有组同学都完成后进行）。

三、主动学习方法的选择：一个框架

当教师决定要在课堂上使用主动学习方法时，就面临一个具体方法的选择问题，也就是要决定自己所要选择的学习活动可能落在主动学习连续体的哪一个位置上，是靠近左边简单任务一端，还是任务复杂程度居中的位置，抑或是靠近右边复杂任务的一端。邦威尔等人提出，教师在选择主动学习方法时，需要全面考量课程目标、教学风格、承担风险的意愿、角色感知和学生经验等五个方面的因素。①

（一）课程目标

课程目标涉及了以下三个方面的内容：一是教师想要学生知道什么（知识），二是教师想要学生能够做什么（技能），三是教师想要学生感受到什么（态度）。关于课程目标连续体，可以用图 2-3 来表示。②课程性质本身会影响课程目标落在这一连续体的哪一个位置上，例如理科的专业概论课可能更多地靠向知识这一端，而非专业的概论课则可能更为关注促进技能和态度的发展。就知识而言，虽然多数教

知识获得 ———————————————————— 技能 / 态度获得

图 2-3　知识获得 — 技能 / 态度获得的连续体

---

① Bonwell C C, Sutherland T E. The Active Learning Continuum: Choosing Activities to Engage Students in the Classroom[J]. New Directions for Teaching and Learning, 1996, (67): 3−16.

② Bonwell C C, Sutherland T E. The Active Learning Continuum: Choosing Activities to Engage Students in the Classroom[J]. New Directions for Teaching and Learning, 1996, (67): 15.

师都希望学生在课堂上能带走的知识越多越好，但研究表明，在课堂上学生能够学到的知识是有一定限度的。教师除了需要考虑课程本身的性质（例如是否是专业课），还要考虑本门课程与其他课程的关联是什么，哪些信息是希望学生在课外获得的，进而把课堂有限的时间更多地用于主动学习。

（二）教学风格

教师个人的教学风格影响教师教学中所可能感觉舒服的师生互动和生生互动水平。邦威尔等人用互动连续体来表征教师的教学风格特点，如图 2-4 所示。教师的教学风格大体是由教师的性格特征、对课堂掌控水平的舒适度和对特定教学方法的偏爱这三个方面所共同决定的。梅耶 — 比格斯性格类型框架根据心理过程（感觉、直觉、思考、态度）和心理态度（外向性、内向性、判断、感知）把教师性格划分为 16 种类型。[①] 也许很难讲教师的哪一种性格类型更适合使用哪一种类型的主动学习策略，但教师选择适合自己性格类型的策略确实造成了教师教学之间的差异。就课堂掌控水平而言，一些教师对非结构的自由讨论并不感觉自在和安心，对他们来说，关注特定时间里特定话题的结构化学习活动可能更为适合。就教师对某种教学方法的偏爱而言，因为受到传统教学文化或者说受到教师在学生时代学习经验的影响，以至于试图做出彻底的改变也许并不现实，但教师渐进式地做出小的改变是有可能在未来显著影响课堂教学成效的。

有限互动 ———————————————— 广泛互动

图 2-4 有限互动 — 广泛互动的连续体

① Bonwell C C, Sutherland T E. The Active Learning Continuum: Choosing Activities to Engage Students in the Classroom[J]. New Directions for Teaching and Learning, 1996, (67): 9.

（三）承担风险的意愿

在采用主动学习教学策略上，教师对于失败的恐慌是一个值得重视的因素。如果教师对主动学习理论是什么以及如何实施主动学习不甚了解，也会使他们心存抵抗心理。那么，该如何减轻教师的恐慌、抵抗心理或者说降低教师所可能承担的风险呢？对此，邦威尔等人提出了三点建议：一是通过控制用于任务时间的长短——时间越短的活动，其风险越小；二是认真规划学习活动；三是提供充分的结构以确保学生能够始终关注任务。[①]

（四）角色感知

教师在选择令自己感觉舒适的主动学习策略时，教师对自己在课堂中的角色的感知和定位也是一个重要的因素。有研究表明，多数教师将自己的角色定位于为学生提供必要的信息以理解学科，也正是由于这样的角色认知，教师会认为课堂上并没有多余的时间可用于主动学习活动。[②]所以，唯有教师首先调整自己的角色定位，才有进一步采用主动学习方法的可能。

（五）学生经验

学生对不同的主动学习策略拥有多少经验，也是教师需要考虑的一个重要因素。在上课伊始，教师一方面要了解学生对不同的主动学习策略有多少经验，另一方面也要了解他们在多大程度上掌握了必要的学科技能。对这两个问题的回答，决定了课程学习进程中学习活动所需要的结构化程度，也决定了教师在多大程度上需要给学生提供支

① Bonwell C C, Sutherland T E. The Active Learning Continuum: Choosing Activities to Engage Students in the Classroom[J]. New Directions for Teaching and Learning, 1996, (67): 11.

② 同上。

持。教师所感知的学生经验连续体如图 2–5 所示。[①]

缺乏经验 ———————————————————— 经验完备

图 2–5 缺乏经验—经验完备的连续体

总之，教师对于主动学习方法的选择，要考虑以上五个方面的因素：是否有助于实现课程目标，是否自己感觉舒适和自在，是否拥有勇于突破自己的勇气和勇于承担风险的意愿，是否调整好自己的角色定位，是否关照到学生的经验。应该说，这五个方面是互相作用和互相影响的。倘若一门课程的目标是为了促进学生获得知识，学生对课程内容非常缺乏经验，而且教师的教学风格是喜欢控制而非互动，那么教师就可以选择主动学习连续体上落在简单任务一端的主动学习活动。反之，倘若一门课程的目标是为了发展学生的实践能力，学生是高年级学生且对课程内容熟悉，而且教师对高水平的课堂互动和学生自由学习活动感觉舒适，那么教师就可以在主动学习连续体中选择复杂任务的一端。不管怎样，只要在开课前做好充分的准备，并拥有突破自己的勇气，相信每一个教师都能找到让自己的课堂教学更为成功的系列方法。

第四节　反馈与评价设计

在高校翻转课堂教学中一个重要的问题是：课前学习和课上学习所指向的低阶和高阶目标是否得到实现？我们该如何进行判断？换

① Bonwell C C, Sutherland T E. The Active Learning Continuum: Choosing Activities to Engage Students in the Classroom[J]. New Directions for Teaching and Learning, 1996, (67): 11.

言之，教师真正在教自己所要教的东西吗？教师真正走在自己预期的教学目标之路上吗？这便涉及对学生的学习成果进行反馈与评价的问题。反馈与评价需要与学习目标和学习活动相互支持和相互体现，否则，学生的有效学习就会失去根基和可能性。表现性评价在更高程度上整合了学习目标、学习活动、反馈与评价，具有高度的情境性和过程性，有利于学生高阶学习目标的实现。教师在教学中可以采取多种形式设计反馈与评价，并确保反馈的经常性和及时性。

一、反馈与评价的问题与意义

（一）一个需要反思的反馈与评价问题

高校教学的中心目标是促进学生学习，离开了学习，任何教学及其效果都无从谈起。在高校教学实践中，一些教师想当然地认为学生所学的就是他们所教的，当他们在给学生的考卷和学期论文打分时，却经常失望地面对学生糟糕的学习成果。显然，在教师所教和学生所学之间存在着相当大的差距。

一个随之而来的问题是，尽管多数课程可能会有比简单的“内容覆盖”更高的教学目标，却并没有得到落实和体现。例如，假设某教师对自己所教授的某门课程考虑了教学的高阶目标（例如批判性思考能力），但在课堂上却几乎全部采用讲授法进行教学，学生未能得到任何有关批判性思考能力的训练和反馈，在这种情形下我们设想：如果教师在考卷上设计了批判性思考类问题，考试将会精确地反映他定下的学习目标，但学生的表现可能会不尽如人意，因为教学活动并没有为学生提供任何进行批判性思考的练习实战。如果教师选择在考试中不包括批判性思考类问题，这样一来评价可以恰当地反映教学活动，但却不能支持学习目标。这事实上意味着目标、活动与反馈和评价之间出现了断裂，三者之间不能形成统一的整体，不能相互反映和支持。

芬克在《创造有意义的学习经历——综合性大学课程设计原则》一书中指出，综合性课程设计的基本特征即是指在充分考虑情境因素（教学情境、课程性质、师生特点等）基础上，学习目标、教学活动、反馈与评价三者之间要互相体现和互相支持（如图2-6所示）。[①]在某种意义上，目标、活动与评价已经合而为一，水乳交融，你中有我，我中有你。为更好地整合学习目标、教学活动以及反馈与评价，教师在设计反馈与评价时，要设定适当高度和具有挑战性的评价标准，设计有利于达成学习目标的不同类型的、丰富多样的教学活动，评价既包括终结性评价，也包括诊断性评价和过程性评价。

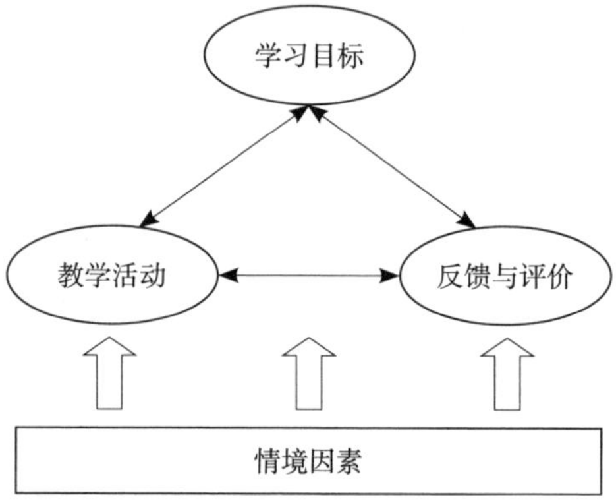

图2-6 综合性课程设计的关键因素

（二）过程性反馈与评价的意义

关于反馈与评价，很多教师在教学中是以终结性评价方式为主导，往往到了课程结束时才意识到预期目标与学生实际学习成果之间的差距，但想要改变却为时已晚。由此可见，为确保高质量的学习成果，教学中更需要的是过程性反馈与评价。

如果说终结性评价的主要目的是结果评定，即给学生打分和分等，

① 芬克．创造有意义的学习经历——综合性大学课程设计原则[M]．胡美馨，刘颖，译．杭州：浙江大学出版社，2006：48.

那么过程性评价的主要目的则是为了促进学生学习，获得对教学过程更好的控制。过程性评价的结果主要不在于形成判断，而在于引发行动。过程性评价强调对教学的过程进行评价，即评价伴随着教学活动的每一个步骤而展开。过程性评价不是看教师教得有多好，而是看学生学得有多好，看教师为学生创设的教学条件是否适宜和有效。就促进学生学习而言，过程性评价能够发挥以下两个方面的功能：一是为教师提供有关学生学习进展和诊断学生学习困难和症结所需要的信息，教师通过这种反馈信息做出教学改进；二是着眼于在教学过程中为学生提供反馈信息，以此提高学生的自我认识、自我反思和学习动机。

以下引用的是学生视角的一个学习评价观，是笔者所讲授的“课程与教学论”课上某名学生（化名茶心）在课程学习过程中写给教师的一封电子邮件，写于开课后第一周，从学生个体的视角谈及了有关成绩评定和如何促进学生学习的建议和体会。

学生视角的学习评价

老师：

关于期末考核中开卷考核这一部分，我的想法是如果我们主要是为了测学生平时的自学情况而在期末去考核，其结果是大家更多地关注课本上的知识点的记忆和存储。这种存储也可以在较短的时间里由几个人共同完成，而这种学习是基于外在的动力的，没有主动探究的意识，必然会导致学而不精、流于表面，测验成绩当然会很不错，因为没有人愿意让自己拿低分，分数的度量已经成为他们骨子里最脆弱、最骄傲和最苦恼的东西。

课程的评价我觉得不应该以卷面成绩为度量手段，至少在研究生阶段不能再重复“考试—分数—知识遗忘”这一模式，或者我们太需要纠正过去的遗毒了。我感到再也不能用标准化的试卷去考查学生了，这样的考试只能让学生成为做题高手，沦为观点的堆砌者而缺少自己精深思考之后的见地。

我想更好的评价要着眼于过程，着眼于每一次的课堂讨论和发言，着眼于大大小小的论文，着眼于思考和探究的方式，着眼于学生的改变和创造。重点不是课程评价，而是学生和教师在经历课程的过程中思维和观点能有升华，整个过程是享受的，充满包容和理解的。

以上只是我一些不成熟的想法，可能过于理想，操作性不够强，但是我真切地感受到如果不变革，只能是思维受限，机械训练，盲目地做知识的奴隶。当然，我觉得自己看问题的角度总是不全面的，希望和您多沟通，向您多学习。

学生：茶心

如此真实、如此有见地的学生视角的学习评价观，是令人感动的、温暖的。更重要的是，这也进一步印证了过程性评价的重要意义，印证了目标、活动和评价密切融合的相关理念。应该说，这样的评价正是翻转课堂所追求的，或者说翻转课堂可以让这样的学习评价理念的操作和落实如虎添翼。就翻转课堂而言，只有自然而然地经由这样的反馈与评价而真正翻转了学习，才能真正促进翻转课堂学生的有效学习。作为教师，不能一边打着翻转课堂的旗号，一边却死守着传统课堂的那一套评价方式，这会造成一种分裂和撕扯。而且，也容易让人有“新瓶装旧酒”“徒有翻转之名”的嫌疑。在此刻重温和倾听学生内心真实的声音，是否能够让作为教师的我们再一次反躬自问自身的教学理念和学生学习评价呢？作为教师的我们，有没有在某一时刻单纯地从教师的角度出发而忘记了学生的存在，忽视了学生的声音，忘记了我们为什么要教学呢？

（三）设计表现性评价

在翻转课堂上，课程内容的覆盖不再成为主要的关注点，课堂教学的实施更为强调任务性、过程性和方法性。在这一意义上而言，表现性评价（或真实性评价）是一个很好的评价方法和理念。表现性评价改变了过分关注事实性知识再认和回忆的做法，有助于实现对学生高阶思维能力的评价。

当前高校教学在学业评价方面所存在的一个突出问题是，以传统纸笔考试为主，一般只是考查学生能否在脱离上下文语境的情况下把学过的内容辨认和回忆起来，缺乏对学生实际能力的考核，这会导致应用、分析、评价和创造等更为高阶的教学目标的实现不可避免地成为空中楼阁。这种评价实质上是一种回顾性评价，它是以内容为中心的评价方式，即在一段时间的教学后，教师会向学生提出这样的问题："我们已经上了X、Y、Z，你们都懂了吗？记住了吗？"

与回顾性评价相对应的评价是表现性评价。20世纪90年代以来，表现性评价逐渐引起人们的关注。在表现性评价中，教师要评价的是学生在学了X、Y、Z以后将来能做什么，全面考查学生解决复杂学习任务或现实生活问题的能力，关注思考的过程与方法。在一定意义上，表现性评价也就是关注学生表现的真实性，即学生面对的是真实性任务。表现性评价的最早提出者维根斯（Grant P. Wiggins）对表现性评价的问题、测试和作业设计提出了如下建议：①

- 现实性。任务应该模仿检验人们的知识和能力的真实情境。
- 提出判断、创新要求。学生应该在任务中灵活、有效地运用知识和技能来解决尚未清晰化的问题，比如在制订一个计划的时候，解决问题的方法不能只是遵循常规做法。
- 要求学生运用课程知识去做事情。学生不能只是背诵、陈述或者是抄袭课程内容和既有知识，他们必须开展一些探索活动。
- 模仿那些考验成人的工作场合、社会生活和个人生活情境。
- 测试学生高效率、有效地运用知识体系来分析复杂事物的能力。
- 给学生提供恰当的排练、练习、咨询的机会，并对其表现成果予以反馈。

可以看出，表现性评价的核心在于通过提供给学生生活中或与现实情境相似的真实性任务，让每个学生充分应用相关知识、技能以及

① Wiggins G P. Educative Assessment: Designing Assessments to Inform and Improve Student Performance[M]. San Francisco: Jossey-Bass, 1998: 22-24.

策略，通过自己的创造性活动展现其综合解决问题的能力。表现性评价在更高程度上整合了学习目标、学习活动、反馈与评价，具有高度的情境性和过程性，有利于学生高阶学习目标的实现。

表现性评价可以采取许多形式，例如：设计并开展实验，报告研究成果；写一篇需要反复思考、整合、应用相关信息的文章；与他人合作完成任务；展示使用某一设备或技能的能力；在现实世界和虚拟空间构建模型；绘制、诠释和使用流程图；搜集信息；撰写书面报告、论文；评论作品；发表演讲或课堂展示；弹乐器或者唱歌；参加口试；研发系列设计；给别人讲课；推销产品；设计产品；做任务计划；解决问题；解析案例；自由写作；研讨；等等。

二、反馈与评价的形式

设计反馈与评价，教师首先需要关注高阶学习目标。如果教师致力于帮助学生发展高阶学习目标，那么在布置作业和考试时应该给学生提供一些机会让他们进行相应的思维训练，向学生提出证明他们自己的知识、分析能力、写作能力和创造力的期待和标准。其次，教师应该把学习目标、学习活动和反馈与评价三者加以整合，把它们融于有效的主动学习教学策略和方法之中。最后，反馈与评价应该是经常性的、及时的。艾宾浩斯遗忘曲线告诉我们，遗忘的规律是“先快后慢”。回应这一记忆遗忘曲线的一个简单快捷的有效方法是，针对学生学习成果，教师可以采取兴趣 / 知识 / 技能清单、最难理解点、一句话总结、应用卡片和定向释义等多种比较容易操作的反馈与评价形式，让学生重述、重温和记住更多的课程内容。①

① 按照学习目标、学习活动和反馈与评价的三位一体理念，前面所述的主动学习方法和策略事实上也是一定意义上的反馈与评价活动和形式。

（一）兴趣 / 知识 / 技能清单

兴趣 / 知识 / 技能清单指的是由教师针对课程所要涵盖的主题以及学好该门课程所必须加强的技能而列出一份清单，让学生就清单内容做出恰当回答，以此评定学生对各个主题的兴趣等级和应对这些主题的知识或技能水平。该方法有助于增强教师备课与上课的针对性，有助于促进学生的自我评价能力与意识。这一方法在开课之初或是尚未开课前使用效果最佳。在课程教学进行到一半或结束前也可以使用这一评价方法，以便了解学生对他们自己的兴趣、知识和技能的评价有何变化。这一调查可以采取头脑风暴形式，教师可以提出若干计划中的课程主题，然后让学生选择和建议最感兴趣的主题，据此做出最后的决策。以心理学的一门课程“大四高级研讨课”为例，教师在开学前拟定了一份兴趣 / 知识 / 技能清单，要求学生在报名前填好并提交。教师根据学生的回答确定了课程计划，并整理了一份十分详细的阅读材料清单，在研讨课上建立了三个研究小组。[①]

（二）最难理解点

最难理解点专门用于了解学生感到不清楚和困惑的内容，教师在下课时要求学生以书面形式简单回答这样一个问题：今天课上所学的最难理解的知识点是什么？为回答这一问题，学生必须快速梳理、识别并清楚地表达自己感到困惑的内容。教师利用这一反馈信息可以了解学生觉得最难领会的知识点有哪些，进而指导自己接下来的教学决策：更需要重视哪些知识点？这些知识点还需要花多少时间？该方法常用于每堂课都要介绍大量新信息的课程，尤其适用于低年级大班课堂。以政治学的一门课程“苏联的衰落与解体”为例，教师采用了“最难理解点”这一方法来评价学生对一部关于苏联解体原因的录像

① 安吉洛，克罗斯. 课堂评价技巧：大学教师手册：第 2 版 [M]. 唐艳芳，译. 杭州：浙江大学出版社，2006：239.

片的理解情况。教师通过浏览学生的答案，发现有近一半的学生提到了同样的“最难理解点”，即片中演讲者的主题——20世纪80年代的“输入性通货膨胀”是摧毁苏联经济的罪魁祸首。该教师针对这一关键点做了详细准备，在下一堂课上向学生进行了更深入细致的解释。①

（三）一句话总结

一句话总结指的是教师先给出一个话题，学生针对以下提示作答：谁对谁做了什么、怎样、何时、何地、为什么。学生需要用一个内容丰富、语法正确的概括性长句来做出回答。这一话题可以涉及任一学科领域，如历史事件、故事或小说情节、化学反应、机械过程、生物现象等。一句话总结是一项功能强大的方法，它评价的是学生简洁连贯地概括主题的能力。为作出回答，学生需要将复杂的课程内容提炼、简化、识别、综合和细化成更容易操作和记忆的小块单位，然后再使用长句对所概括的信息进行组织。学生用这种方式进行概括，有助于发展整合信息与思想的能力，也有利于信息的回忆和保持。以政治学的一门课程“美国政府导论”为例，教师围绕上一堂课的主题“总统预选”要求学生回答“谁何时、何地、如何、因何、对谁做了何事”这一问题，以此概括总统预选的要点。②

（四）应用卡片

应用卡片指的是在学生学习一个重要的理论或方法之后，教师发给学生一张索引卡，要求针对所学内容写出至少一个可能的现实应用实例。应用卡片是一种十分简单和快捷的方法，它评价的是学生将课内所学内容运用于现实生活或其他特定领域的迁移技能。为了提出现

① 安吉洛，克罗斯. 课堂评价技巧：大学教师手册：第2版[M]. 唐艳芳，译. 杭州：浙江大学出版社，2006：140.

② 安吉洛，克罗斯. 课堂评价技巧：大学教师手册：第2版[M]. 唐艳芳，译. 杭州：浙江大学出版社，2006：65.

实中的应用实例，学生需要把试图运用的知识同自己已有知识关联起来，这有利于进一步巩固学习成果，而且由于加强了理论与现实的关联，也有助于提高学生的学习兴趣和动机。以物理学的一门课程“物理学基础”为例，教师用于评价学生学习的应用卡片问题实例如下：牛顿在《数学原理》一书中提出了许多重要观点，尤其是第三定律，其核心内容是“作用力与反作用力总是大小相等、方向相反”。请给出牛顿第三定律在日常生活中的三个应用实例。①

（五）定向释义

定向释义指的是学生用自己的语言将某一概念或程序向某一特定对象解释清楚。由于释义具有“定向性或指向性”，有特定的受众和特定的使用原因，这使定向释义无论是对学生还是教师而言都比简单的释义难度更大。定向释义既可以采用书面写作形式，也可以采用口头形式陈述释义（由班级里其他学生扮演听众的角色）。定向释义评价的是学生对一个概念或程序的理解，评价他们是否有能力将所学知识转化成课堂以外的人都能理解的形式。应该说，受众对象越真实，定向释义就越能起到更大的作用。该方法可以让教师快速且较为详细地了解学生对某一部分课程内容的理解程度，进而为课程内容及大纲的修订指明方向。例如，计算机学科的“数据库系统”可以布置给学生这样的定向释义：用简单清楚的语言，在五分钟内，向一家大型保险公司负责数据库安全的副总经理阐释你所了解的一些计算机病毒的知识。你的目的是说服他投入时间和资金对公司名下的数千个电脑工作室采取“重新预防接种”的措施。②

---

① 安吉洛，克罗斯．课堂评价技巧：大学教师手册：第 2 版 [M]．唐艳芳，译．杭州：浙江大学出版社，2006：202.

② 安吉洛，克罗斯．课堂评价技巧：大学教师手册：第 2 版 [M]．唐艳芳，译．杭州：浙江大学出版社，2006：199.

第五节　课程大纲的形成

一旦有了合理的翻转课堂教学设计，翻转课堂课程大纲就自然形成了。课程大纲是课程学习计划的简明纲要，是学生学习课程知识的路线图和学习指南。课程大纲虽然通常只有几页，但其所能发挥的意义却非常重要。

一、课程大纲的意义与构成

有一项研究指出，一份写得好的课程大纲能够带来如下好处：建立学生和教师之间的联系；为课程定好基调；描述教师对学习、教学与评价的信念；让学生熟悉课程结构；包含详细的任务描述；定义学生为了成功学习课程而应该承担的责任；帮助学生确定他们对课程的准备；陈述这一门课程如何满足课程培养方案；描述可用的学习资源；表达课程的技术要求；包含很难获得的阅读材料；描述有效的学生学习习惯；包括支持课外学习的材料；作为一份学习合同。[①]

在一定意义上，大纲包含的材料宁多勿少。因为一般来说，大纲包含的内容越多，教师授课时要临时补充或决定的材料就越少，要回答学生的问题就越少，可以最大限度地减少学生对作业期限、评分标准以及其他课程政策的误解，减少他们最初对课程的焦虑。如果课程大纲包含详细的任务和用以区分学生学习质量的标准，那么整个课程都能节省时间。

事实上，一份内容充实的课程大纲也向学生表明了教师对待课程教学的认真态度。教师一定要提前规划好课程时间表，包括所有任

① Grunert J. The Course Syllabus: A Learning-Centered Approach[M]. Bolton, MA: Anker Publishing Company, Inc., 1997: 14−19.

务、考试和放假的时间，思考如何切实可行地做出取舍，以便在规定的时间、地点、学生和资源条件下达成最为重要的学习目标。而且，还需要格外注意分散整个学期的任务和考试，以避免让学生因任务超载而疲于应付。

应该说，课程大纲虽然没有标准的样式或模式，但其大体包含的内容如下：提供基本信息；描述学习该课程必需的条件；对课程目标进行综述；提供课程日历和时间表（即按日期排列的主题），描述课程教学形式和教学活动；具体说明教材和文献的作者和版本；列出要布置的作业、学期论文和考试；说明如何对学生学业成绩进行评定；列出其他课程要求，如小组学习等；说明课程政策，如有关到课、迟交作业、缺考、补考、加分、延期申请、病假、作弊和剽窃等政策；列出补充材料，如课程涉及的专业术语表、如何学习的建议、可看的视频讲座等信息。

在第一次课上，教师最好就发放给全班学生详细的课程大纲，并鼓励学生阅读课程大纲，或师生共同对大纲内容进行讨论，以明确即将开始的旅程：让学生直接感知该课程要讲些什么，希望他们做些什么，对他们的表现会怎样评价，教师打算如何利用上课时间，学生在这门课上该如何预习和学习，他们应该花多长时间进行课前学习等。

在一定意义上，课程大纲也是教师与学生进行交流的产物。所以，在第一堂课上，教师也可以征询学生对于课程的期望性意见，如完成简要的学生问卷：你对本门课程有什么期望？有什么学习目标？你对本门课程知道多少？在询问之后，教师可以介绍暂定课程大纲的大体内容，或在下次课上把考虑了学生意见的正式大纲发给每个学生。

二、翻转课堂课程大纲设计样例

对于翻转课堂来说，其课程大纲的形式与非翻转课堂的区别不是很大。应该说，大体的构成要素是趋同的，如课程基本信息、课程目标综述、课程主题及教学日历、教学方法、学业评价构成与评价标准、参考书等。

这里给出一门“经济法”课程和一门“计算机专业导论”课程的翻转课堂设计样例。

“经济法”翻转课堂课程大纲节选[①]

一、学习内容

第五章“法律与合同”之第二节“法律与购销合同”。

二、步骤一：学生自主学习

1. 学生通过阅读教材了解合同的内容与合同订立的程序。

2. 学生提出问题：

（1）不同类型合同的内容有什么差异？

（2）政府采购合同与购销合同有什么差异？

3. 学生查阅指定法律文件（可节选内容）：

（1）《合同法》第二章、第九章、第十章；

（2）《政府采购法》第一至五章；

（3）《政府采购货物和服务招标投标管理办法》。

4. 学生思考指定问题

（1）阅读问题5-7《国家测绘地理信息局政府采购合同范本》的结构和条款，以及问题5-12（2）、问题5-13（3）、问题5-15（2）案例的合同条款，比较这些合同条款内容的差异。

（2）为什么政府采购合同的内容和订立程序都比较复杂？

三、步骤二：教师讲授

教师根据学生提出的问题，重点讲授：

（1）合同的一般条款和特别条款；

（2）私人购买和公共采购的差异；

（3）《合同法》与其他交易法的关系。

本部分可以结合视频材料，介绍政府采购合同的订立流程。

四、步骤三：学生研讨

1. 教师提问相关案例中合同条款的差异，学生个人表达。

2. 教师提问政府采购合同的当事方和合同订立程序，学生个人表达。

3. 教师指导学生分组学习：

（1）讨论具体案例中哪些条款可以删除，哪些条款必须保留。

① 宋彪．经济法：翻转课堂教学方法与实践[M]．北京：中国人民大学出版社，2015：9-10.

（2）分角色谈判一份购销合同的争议条款。

（3）分角色演示政府采购合同订立的流程。

4. 教师评价学生个人表达和讨论情况，提出需要进一步关注或者思考的问题。

“计算机专业导论”翻转课堂课程大纲节选①

<table>
<tr><td colspan="2">课程名称</td><td colspan="2">计算机专业导论</td><td>授课学时</td><td>32学时</td></tr>
<tr><td colspan="2">授课班级</td><td colspan="4"></td></tr>
<tr><td colspan="2">教材</td><td colspan="4">《大学计算机（第2版）·计算与信息素养》，战德臣</td></tr>
<tr><td colspan="2">MOOC + SPOC</td><td colspan="4">MOOC：“大学计算机·计算思维导论”，战德臣，中国大学MOOC
MOOC+SPOC（即同步SPOC）：“计算机专业导论”，×××，中国大学MOOC</td></tr>
<tr><td>序号</td><td>授课日期</td><td>学时</td><td>授课方式</td><td>授课内容</td><td>慕课课程</td></tr>
<tr><td>1</td><td></td><td>2</td><td>师讲生听</td><td>第0讲 课程内容与学习方法
第1讲 计算机、计算与计算思维
重点与难点：机器自动计算，机器如何自动计算？
问题：（1）人计算与机器自动计算的差别？（2）自动计算需要解决的三个问题：如何表示—如何自动储存—如何自动执行？（3）什么是计算思维？</td><td>慕课自学：MOOC第1讲完整内容</td></tr>
<tr><td>2</td><td></td><td>2</td><td>师讲生听+以练代讲</td><td>第2讲 符号化、计算化与自动化
重点与难点：由符号化，到计算化，到自动化的过程。进位制与编码，基本逻辑运算，用门电路符号表达的逻辑运算。
问题：为什么要符号化？机器怎样进行运算（由基本逻辑运算，到门电路实现基本逻辑运算，到组合基本逻辑运算/门电路实现复杂运算）？
重点练习：基本逻辑运算与用门电路符号组合表达逻辑运算</td><td>慕课自学：MOOC第2讲完整内容</td></tr>
</table>

① 战德臣，王立松，王杨，等．MOOC + SPOCs + 翻转课堂：大学教育教学改革新模式[M]．北京：高等教育出版社，2018：112.

续表

序号	授课日期	学时	授课方式	授课内容	慕课课程
3		2	师讲生听＋以练代讲	第3讲 程序与递归：组合、抽象与构造 重点与难点：计算系统与程序和递归的关系。体验程序构造过程与执行过程。体验并理解组合、抽象、递归/迭代等程序构造手段。 问题：为什么需要程序？为什么需要递归/迭代？ 重点练习：程序构造练习与递归/迭代构造练习	慕课自学：MOOC第3讲完整内容
4		2	生讲生评	翻转课堂组同学汇报学习成果	覆盖第1—3讲
5		2	师讲生听＋以练代讲	第4讲　冯·诺伊曼计算机——机器级程序及其执行 重点与难点：冯·诺伊曼计算机的执行机构，机器级程序的表达、存储与自动执行。 问题：机器级程序是怎样的？机器级程序是怎样被执行的？ 重点练习：程序执行过程模拟	慕课自学：MOOC第4讲完整内容
6		2	师讲生听＋以练代讲	第5讲　现代计算机——复杂环境下程序执行 重点与难点：CPU—内存—外存：存储体系与操作系统？存储体系环境下程序的执行过程。 问题：如何理解与把握复杂系统：分工—合作—协调？如何“化整为零”和“还零为整”？ 重点练习：化整为零和还零为整的处理技巧	慕课自学：MOOC第5讲完整内容
7		2	师讲生听＋以练代讲	第6讲　由机器语言到高级语言——程序编写编译 重点与难点：高级语言程序的构成要素，高级语言程序的编译与执行。 问题：高级语言程序的基本构成要素有哪些？没有循环是否可以？ 重点练习：高级语言程序编写与模拟执行	慕课自学：MOOC第6讲完整内容

续表

序号	授课日期	学时	授课方式	授课内容	慕课课程
8		2	生讲 生评	翻转课堂组同学汇报学习成果	覆盖 第4—6讲
9		2	师讲生听+以练代讲	第7讲　算法——程序与计算系统之灵魂 重点与难点：用程序流程图或自然语言表达算法，理解算法类问题求解的框架以及算法复杂性概念。 问题：算法和程序的差别是什么？有哪些算法策略？什么是算法的复杂性？ 重点练习：用自然语言/程序流程图表达算法，算法复杂性简单分析	慕课自学：MOOC第7讲完整内容
–		2	慕课 自学	第8讲　怎样研究算法——受限资源约束下的算法研究 重点与难点：无限资源下的算法与受限资源约束下的算法。 问题：不同问题（例如结构化数据和非结构化数据，网页重要度）如何排序？不同环境下（例如内存够用和内存不够用）怎样排序？	慕课自学：MOOC第8讲完整内容
10		2	师讲生听+以练代讲	第9讲　怎样研究算法——难解性问题求解算法研究 重点与难点：NP类问题与NPC类问题，难解性NPC类问题的求解思路。 问题：什么是可求解问题？什么是难求解问题？难解性NPC类问题的求解思路是什么？ 重点练习：算法的表达与算法复杂性的分析	慕课自学：MOOC第9讲完整内容
11		2	师讲 生听	第10讲　系统与怎样研究系统 重点与难点：面向对象程序构造与面向过程程序构造的差别，软件构造方法的演变。 问题：软件构造方法是怎样演变的？	慕课自学：MOOC第10讲完整内容

续表

序号	授课日期	学时	授课方式	授课内容	慕课课程
12		2	生讲生评	翻转课堂组同学汇报学习成果	覆盖第 7—10 讲
13		2	师讲生听	第 11 讲 计算机科学与技术学科 (1)计算机科学与技术学科;(2)哈工大计算机科学与技术学科。	慕课自学:SPOC 第 1 讲完整内容
14		2	师讲生听	第 12 讲 计算机科学与技术专业 (1)计算机科学与技术专业;(2)哈工大计算机科学与技术专业及其培养体系。	慕课自学:SPOC 第 2 讲完整内容
			慕课自学	第 13 讲 Linux 操作系统及其使用	慕课自学:SPOC 第 3 讲完整内容
15		2	生讲生评	信息安全方向研讨课 + 生物信息方向研讨课	网络检索与准备
16		2	生讲生评	软件工程方向研讨课 + 物联网工程方向研讨课	网络检索与准备
注：第 10 讲及更多内容，可选择“中国大学 MOOC”平台上的“软件工程专业导论”课程进行学习。					
授课教师	战德臣，聂兰顺		教研室主任（签字）		

这两份样例鲜明展示了翻转课堂课程大纲独具特色的两大表现：一是需要说明学生课前自主学习学什么和怎么学；二是需要说明学生课上主动学习学什么和怎么学。

在翻转课堂上也有教师讲授，教师讲授可以跨越课前（各种教学视频或 PPT）和课上。教师在课上讲多少，这里涉及教师翻转课堂的“翻转”程度有多大。

前引“经济法”课程大纲涉及课程大纲的核心内容构成：主题及教学活动。前引“计算机专业导论”课程大纲涉及课程大纲主体教学日历，包含了教学内容（含知识点与问题）、教学方式、课前 MOOC

学习内容以及时间分配。可以说，这样的课程大纲规划了课程的“跑道”和“路线图”，在其后的学生学习进程中，教师作为向导带领学生整装待发。在这段既定的旅程中，让学生用眼用心充分体验和融入各种不同的风景，充分体验旅行的幸福和喜悦。

总之，课程大纲是围绕什么样的信息能够帮助学生学好这门课程这一问题而制定的。为制定一份好的课程大纲，教师需要具体规划教学主题和日历，理解学生的需求和兴趣，展示有关的学习目标、学习的观念与设想，同时也展示有关课程内容和结构所意欲追求的价值观和旨趣。

第三章

基于 SPOC 和雨课堂的高校翻转课堂

我们提出 SPOC 是为了将 MOOC 的潜能更好地发挥出来，让 MOOC 资源可以应用于单一学校甚至是班级这样的小规模用户群。简单来说，它是将 MOOC 资源用于小规模、特定人群的教学解决方案，其基本形式是，在传统校园课堂采用 MOOC 的讲座视频或在线评价等功能辅助课堂教学。SPOC 的目标是实现 MOOC 与校园课堂教学的有机融合。

——福克斯①

在免费、共享和开放等教育理念的影响下，大规模开放在线课程即 MOOC（Massive Open Online Course）迅速崛起。SPOC（Small Private Online Course）是 MOOC 的新的发展，它专门面向小规模的特定学生，融合线上线下学习各自的优势，实现 MOOC 与传统校园教学的有机融合。借助翻转课堂模式将优质 MOOC 课程资源与课堂教学有

① 徐葳，贾永政，福克斯，等. 从 MOOC 到 SPOC——基于加州大学伯克利分校和清华大学 MOOC 实践的学术对话 [J]. 现代远程教育研究，2014,（4）：17-18.

机结合，既能充分发挥 MOOC 的优势，又能有效地弥补 MOOC 的短板与传统教学的不足，这便是 SPOC 的魅力所在。

如果说 MOOC 是一本完整的书，那么雨课堂就可以让教师把书一页一页撕着发给学生。①雨课堂将 PPT、MOOC 和手机微信融为一体，利用师生使用率极高的手机，以微信公众号的形式，整合课前推送课件、课堂幻灯片同步、课堂习题应答系统、弹幕式课堂讨论、数据采集和分析等多个功能。雨课堂的诞生，预示着高校教学信息化进入了一个新的发展阶段。

第一节　SPOC 和雨课堂概述

一、SPOC 概述

MOOC 是信息技术时代教育领域出现的一种新型教学模式。MOOC 的最早运用始于 2007 年美国犹他大学。而 MOOC 这一专有名词是在 2008 年由加拿大爱德华王子岛大学研究者戴夫·科米尔和布莱恩·亚历山大所提出。2011 年年底，国际上已建成 Coursera、edX 和 Udacity 三大 MOOC 平台。三大平台在 2012 年逐步风靡世界，2012 年也因此被称为“MOOC 元年”。MOOC 的迅猛发展给高等教育领域带来了巨大冲击，逐渐成为一种教育现象并引起全球范围内的广泛关注。

MOOC 具有易于使用、覆盖人群广以及学习资源丰富等诸多优点。MOOC 建立在人本主义、掌握学习、建构主义、程序教学和有意

① 于歆杰. 以学生为中心的教与学——利用慕课资源实施翻转课堂的实践 [M]. 北京：高等教育出版社，2015：63.

义学习等众多学习理论基础之上，教学内容基于碎片化的教学思想进行设计，课程大纲以知识点为单位进行编排，每一个知识点的讲解都配有微视频和习题。一般来说，MOOC 由微视频讲座、课程测验和师生互动—生生互动活动三个部分组成。[①] MOOC 在视频回放、在线讨论、在线作业自动评测方面具有优势，有助于提升学生主动学习体验和学习质量。

MOOC 作为大规模开放在线课程，可以被喻为是一所没有围墙的名校，在这所名校里有名师提供的免费名课，每一门课程的学习者都可以遍布全球，数量巨大。MOOC 具有强大的自主选择性，学习内容、学习时间和学习进度可以完全实现由学习者自我把控，反映的是以“学习”为本的教学价值取向。

SPOC 是 MOOC 的继承、发展与超越。SPOC 即小规模私密在线课程，由美国加州大学伯克利校区的阿曼多·福克斯（Armando Fox）最早提出。SPOC 的发展源于 MOOC，旨在解决 MOOC 教学中所出现的弊端，例如不利于个性化学习，学习者参与度不够，无规模限制，无正式学分认证，缺少师生互动，缺乏有效评价，完成率不高等诸多问题。

SPOC 将 MOOC 教学资源如微视频、学习资料、训练与测验、机器自动评分、站内论坛等应用到实体校园（不限于校内）。SPOC 的课程模式可以被简化为：SPOC = MOOC + Classroom。它旨在综合翻转课堂和 MOOC 各自的优势，既能够发挥翻转课堂关注讨论互动的结构优势，又能解决制作课前视频材料中所存在的质量和制作成本等问题。相对于 MOOC 的“大规模”，SPOC 小众化和限制性准入的特点有助于提升学生的学习参与度，增强互动性，赋予学

① 李曼丽．MOOCs 的特征及其教学设计原理探析 [J]．清华大学教育研究，2013，34（4）：15.

生个性化的、完整的和有深度的学习体验，也使教师有更多精力洞悉学生各方面的信息，有利于实现个性化教学目标，提高校内教学质量。

正是为了更好地促进MOOC与高校教学的结合，高校与MOOC平台合作建立了SPOC平台。目前国内外各大MOOC平台均有对SPOC服务的支持，如edX、清华学堂在线、中国大学MOOC和Coursera等。基于SPOC服务，高校教师可以在MOOC平台上创建自己的SPOC。

（一）SPOC的特点

与MOOC平台相比，SPOC平台具有以下特点：

其一，SPOC有助于增强教师设计课程的自由度。

如果教师直接基于MOOC课程进行课堂翻转，对于MOOC课程的安排是无法调节的。但是，SPOC可以让教师在一定程度上自主设计课前学习内容。在一个理想化的SPOC平台，教师可以按照自己的课程安排来设计视频的上线，自主设定视频的上线时间、视频的数量和视频的顺序。教师可以根据学生实际自主设置习题及其上线和截止时间，也可以直接在线组织考试。

其二，SPOC有助于加强师生互动。

教师利用SPOC可以及时向学生推送通知和信息，可以通过SPOC讨论区开展师生和生生之间的交流和讨论。教师可以了解学生的知识短板进而突出实体课堂的讲授重点。

其三，SPOC有助于提高翻转课堂的效率。

教师利用SPOC平台可以对学生的课前学习过程进行全面跟踪，了解学生观看视频的数量和时间，了解学生做题的速度和回答正确的比例，了解学生参与线上讨论的活跃程度。教师可以基于整个班级的数据来判断班级的整体水平，合理调整授课进度。根据SPOC所提供的数据，教师可以更有针对性地开展实体课堂有效教学，提高课堂效率。

其四，SPOC 起到连接线上线下教学环节的纽带作用。

虽然线上的 SPOC 教学环节不能完全替代线下的实践环节，SPOC 平台的部分功能仍然能够促进线下实践环节的质量提升。通过 SPOC 平台，教师可以将实践环节的预习和准备工作在线上布置，并在线上组织讨论，为学生制定实践目标并及时得到学生的反馈，由此尽可能地提升线下教学环节的效率。

（二）SPOC 的类型

根据对 MOOC 的引用方式，可以将 SPOC 划分为关联型 SPOC、复制型 SPOC 和独立型 SPOC。

关联型 SPOC。关联型 SPOC 即同步 SPOC，是指基于某一 MOOC 建立 SPOC，这一 SPOC 要求校内开课时间与正在开设的一门 MOOC 保持大致同步。在这一类型的 SPOC 中，MOOC 与 SPOC 既相互独立又密切关联。在学生的学习界面，可同时看到 MOOC 和 SPOC 的教学内容。MOOC 教学内容由 MOOC 教师维护，SPOC 内容则由 SPOC 教师维护。SPOC 教师可共享 MOOC 教师的全套教学资源和全程教学服务，在此基础上开展校内的小范围教学。学生可参与 MOOC 的“大班”学习获得 MOOC 教师的辅导，也可参与 SPOC 的“小班”学习获得本校 SPOC 教师的个性化指导。学生可参与所关联的 MOOC 课程的讨论互动，也可以参与 SPOC 课程的讨论互动。学生可参加 MOOC 测试与考核，也可参加 SPOC 测试与考核。①

SPOC 关联 MOOC 有以下三个作用：一是提供了广度更广、深度更深的教学内容，让课程班里爱学习或学习好的学生可自主学习到

---

① 战德臣，王立松，王杨，等．MOOC + SPOCs + 翻转课堂：大学教育教学改革新模式 [M]．北京：高等教育出版社，2018：71-72.

更多的教学内容，有效解决同一课程班分层次教学的实施问题；二是 MOOC 教师可协助 SPOC 教师解决学生的疑难问题；三是可实现跨校学生的大规模交流与讨论，大幅度提高 SPOC 学生的参与度和接触面。

复制型 SPOC。教师使用已有的 MOOC 教学资源，根据自己所授课程的实际情况，将 MOOC 课程内容复制到自己课程的 SPOC 中所形成的 SPOC，可称为复制型 SPOC 或异步 SPOC。复制型 SPOC 中的 MOOC 课程内容不一定保持其独立性和完整性，它在 SPOC 中是可以被 SPOC 教师加以重新组织和调整的。

独立型 SPOC。独立型 SPOC 是教师完全自建的 SPOC，教师自主进行课程设计，完全采用自己设计、开发和制作的教学资源——包含以知识点讲解为主的 SPOC 微视频，辅之以案例、项目、实验、作业、在线答疑、在线测试、在线统计等学习资源。

二、雨课堂

雨课堂是清华大学在 2016 年推出的智慧教学工具。雨课堂将 PPT、MOOC 和手机微信融为一体，利用师生使用率极高的手机，以微信公众号的形式，整合课前推送课件、课堂幻灯片同步、课堂习题应答系统、弹幕式课堂讨论、数据采集和分析等多个功能。雨课堂的诞生，预示着高校教学信息化进入了一个新的发展阶段。

在安装雨课堂后，雨课堂成为内置在 PPT 中的一个插件，打开 PPT 可以在导航栏中找到雨课堂。通过雨课堂制作的手机课件可以添加习题、视频、语音等材料。通过群发公告，教师可向班级学生发送图文通知、网页文章、在线视频、云盘链接及附件文件等。

雨课堂既支持课前异步学习，允许每位学生根据自身情况自主学习教师推送的内容，也支持同步探究，学生可以在教师的引导和帮助下在课堂上围绕重点和难点问题展开合作学习和探究。教师也可以随时查看学生预习完成情况，并在手机端对学生提交的主观题进行打分批改。教师结束授课后，雨课堂会向教师手机端推送一个名为“课后小结”的消息，通过点击查看此消息，教师能够精确地了解本次课程的数据。具体而言，雨课堂具有以下三个基本功能：

其一，支持课前异步学习。

教师用微信创建虚拟课堂，借助雨课堂上传相关的课前学习资源。虽然雨课堂本身没有提供下载服务，但学生可以通过手机直接观看课前学习课件和 MOOC 视频，实现知识的初步建构。如果在自主学习过程中遇到问题或产生困惑，学生可直接标记为“不懂”或在雨课堂的讨论区留言，这些信息会及时反馈到雨课堂的教师端，成为其后实体课堂同步探究的依据。

其二，支持课上同步学习，创新师生互动。

在课堂上学生可通过扫描二维码从手机直接进入雨课堂。在课堂上使用雨课堂能将传统学习活动与手机终端学习结合起来，赋予传统学习以新的表现形式，尤其是限时答题、发送弹幕和随机点名等功能，可以提升学生的学习体验。由于 PPT 与课堂讲授同步，学生不再拍照和抄写，可以专注听课思考。课堂测试或练习可以直接使用雨课堂进行，教师为此需要提前在 PPT 课件中插入测试题。雨课堂支持单选、多选、投票、填空题和主观题。教师在课上可随时发起限时小测，这既有助于教师在第一时间掌握学生的学习情况，也有助于增强学生的注意力。教师可直接给学生答案打分并展示学生答案至大屏幕。习题投屏时，教师可以在选择隐藏正确答案后将学生的作答情况柱状图直接投影至屏幕。在主观题和投稿板块中，教师可以将某位同学的答案或想法与全班分享。尤其值得一提的是，发送弹幕是雨课堂的一个十分有特色的功能。在课堂中，学生可以利用雨课堂的“弹幕”按键进行提问、表达观点甚至吐槽，弹幕会即时从教室前公屏上飘过。

其三，全景式地记录学习行为数据。

雨课堂可以全景式地从课前、课中到课后自动采集和记录所有学习行为数据（如表 3–1 所示），方便教师监测、评估和量化学生学习成果，进而在此基础上实现精准教学。比如在学生点开 PPT 预习的瞬间，教师的手机就能实时看到有多少学生进行了预习，每个学生看了多少页 PPT，选择题有多少人答对。

表 3–1　雨课堂在课前 — 课上 — 课后设置的数据采集环节①

课前	1. 老师推送预习材料到学生微信（可附上语音讲解）； 2. 老师能看到每个学生预习的情况；
课上	3. PPT 同步到学生微信，学生上课不再忙于抄写、拍照； 4. 随堂限时测试，学生听课更专注； 5. 弹幕功能，即时讨论，随时开关； 6. 没有听懂时可匿名反馈给老师；
课后	7. 收集学生的答题数据； 8. 推送复习题。

总之，雨课堂功能全面，操作便捷，不需要硬件投入，师生只需一台装有 PPT 且可以上网的电脑或能使用微信的手机，就能将传统学习活动与移动学习活动结合起来。这样的雨课堂，让手机从“低头的工具”变成了“抬头的利器”。在雨课堂这一智慧教学工具箱中，教师可以选择和搭配自己感兴趣的工具，进行多屏互动、实时答题、弹幕讨论、课堂投稿和投票等，使“课前 — 课上 — 课后”的每一个环节都能营造出一个互动和高效的学习环境，让学生最大限度地投入和参与学习。

① 于歆杰．以学生为中心的教与学 —— 利用慕课资源实施翻转课堂的实践 [M]．北京：高等教育出版社，2015：63.

第二节　基于 SPOC 的翻转课堂教学案例

基于 SPOC 的翻转课堂可以运用于文、理、工等不同的学科。本节以哈尔滨工业大学的两门计算机课和北京科技大学的一门外语课为例，简要刻画基于 SPOC 的翻转课堂的大体运作。

一、基于“MOOC+SPOC”的大班计算机翻转课堂

哈尔滨工业大学“C 语言程序设计”课程在教学中实施基于“MOOC+SPOC”的大班翻转课堂。主讲教师是苏小红等人。该课程班学生均应通过 SPOC 平台学习 MOOC 和 SPOC 中相关的内容，并完成相关的作业和考核。对本课程班学生特有的要求，在 SPOC 中发布。学生按照 SPOC 中发布的课程基本要求选择 MOOC 中的视频、文档进行学习，完成作业与练习，参与 MOOC 讨论，进行线上预习和自学。线下课堂教学方式包括课堂授课、课堂随机小翻转和课堂大翻转三种形式。针对程序设计课程实践性较强的特点，课堂讲授采取了“以练为主、讲练结合”的方式，教师对重点、难点进行深度解析，其间穿插课上练习，让学生在课堂上动起来。平时课上练习采用随机小翻转的形式，包括快问快答、纸上练兵、你写我评、奇思妙想、问卷调查等。期末进行课堂大翻转，通过“我的课堂我来讲——课堂大翻转、创意大比拼”对学生的学期成果进行展示，旨在培养学生的自主学习能力、语言表达能力、系统设计和实现能力、创新实践能力和小组合作能力等。具体实施方法引用如下。①

① 苏小红，王甜甜，张羽，等. 基于大班翻转课堂的混合教学模式探索与实践[J]. 中国大学教学，2017,(7)：54-62.

平时课堂授课和课堂小翻转主要采取的是“一探二讲三演练”分三步走的方式：

第一步是探一探，采用投石问路的方式（例如随堂测验）检验学生的课前自学情况。考试不仅能把学生“赶上线”，还能帮助教师了解学生的学情和课前自学效果。与随机提问相比较，随堂测验更适合大班翻转课堂，因为随堂测验可以覆盖100%的学生，能让所有学生都动起来。

第二步是教师讲一讲和回头看，针对随堂测验中发现的共性问题，或者针对由随堂测验向深度引申和拓展出现的问题进行剖析，通过将重点和难点内容改头换面和穿针引线，帮助学生增进学习的深度和广度。所谓穿针引线是指通过综合实例对MOOC课程里的碎片化知识进行前后贯穿和归纳总结，让学生形成系统化的认知，完成知识的内化。所谓改头换面是指通过换角度、换方式、换例子等方式让学生对学习内容保持新鲜感，从生活中挖掘一些有趣的问题（如宅度计算、凯撒密码、微信红包和打怪等），找到学生的兴趣点、关注点和“乐”学点，投其所好，吸引和抓住学生的课堂注意力。

第三步，通过设计一些形式多样、活泼有趣、富有启发性的课堂互动活动，激发课堂的活力，鼓舞学生课堂参与互动的热情和积极性，例如通过“摇号”的方式进行课堂上的快问快答，通过“打擂台”的方式进行课上练兵，在随堂测验后让邻座的学生交换试卷进行互评等。

课堂大翻转的教学环节，在最后一次课上进行，主要是通过“我的课堂我来讲”让学生进行程序创意的大比拼。这种翻转方式的核心是基于“自主学习—同伴分享—互动评价”的同伴教育模式，更注重同伴之间的互学互评。最大的优点在于，通过这种方式使学生体验到个体自学、同伴助学、网络拓学、实践研学、展示互学和教师导学等多种学习方式带来的乐趣，并在学习中获得成就感和满足感。具体活动办法如下：

（1）准备工作。在最后一次课的前两周，教师发布任务设计要求，要求学生综合运用所学知识和模块化程序设计思想，在课外完成一个与众不同、有创意的综合应用程序，在课上展示和答辩，以获得附加分。学生可以个人独立完成任务，也可自愿组成2—3人的小组共同完成任务，可根据个人兴趣自主选题，通过网上查阅资料进行自主设计和自主实验，通过小组合作完成一个创新实践大作业。

（2）参与方式。学生提前报名参加课堂大翻转，每个报名的小组准备一个6分钟左右的PPT，如果报名人数较多，则采用随机抽签的方式确定参与翻转的小组。每个小组现场讲解并演示程序6分钟，要求重点讲解自己的设计思路和算法原理，尤其是要突出讲解本设计的特色和亮点。然后有2分钟左右的时间由台下同学提问或点评。

（3）评分方式。利用课堂剩余的几分钟时间，由全班同学根据每个小组的现场表现、选题设计的新颖度和难度以及个人的喜好进行现场投票，每张选票最多投两个组。现场计票后按票数对每个小组进行排序，并依据票数多少给予1—10分不等的附加分。只要报名翻转，至少加1分。每个小组的得分作为每个小组组长的得分，小组成员的得分在组长分数基础上乘以一定的系数，系数由组长确定。

（4）奖励方式。报名参与翻转和现场提问的同学，都有机会参与抽奖，获得一定的物质奖励。

二、基于“SPOC+小课堂”的大学英语翻转课堂

北京科技大学王娜老师等人自2015年秋季学期开始，应用中国大学MOOC平台初步建立“SPOC+小课堂”大学英语翻转课堂教学模式。“SPOC+小课堂”大学英语翻转课堂教学模式融“线上自主学习”“线上协作学习”“线下社团实践”和“移动微学习”四位于一体，为大学英语有效学习及深度学习的发生创设条件与环境（如图3-1所示）。①

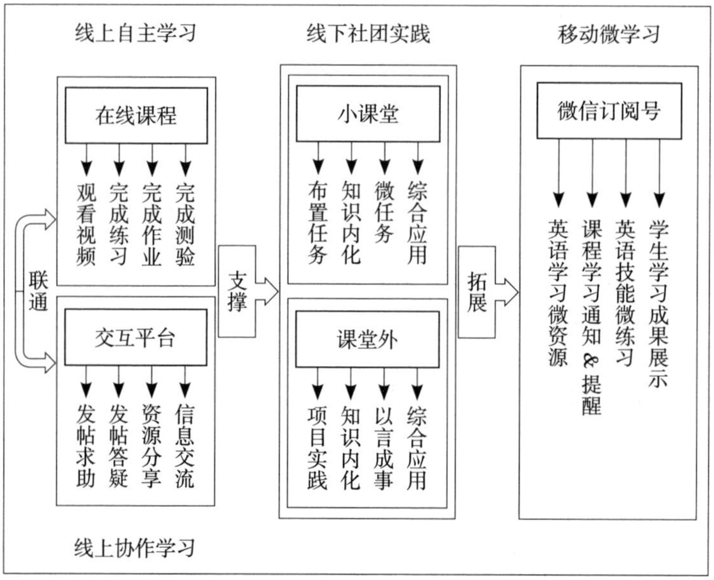

图3-1 “SPOC+小课堂”大学英语翻转课堂教学模式设计框架

① 王娜，张敬源．基于“SPOC+小课堂”的大学英语翻转课堂教学模式设计研究[J]．中国大学教学，2016,（9）：57-63.

“线上自主学习”与“线上协作学习”是学生课前获取语言知识的环节，是支撑“线下社团实践”的前提条件。“线下社团实践”包括“小课堂”和“课堂外”两个部分，为学生提供语言知识内化、语言技能提升的时空。“移动微学习”利用微信订阅号定期向学生推送与“线上自主学习”和“线上协作学习”以及“线下社团实践”高度相关的英语学习微资源、课程学习通知和提醒、英语技能微练习、学生学习成果展示。

“线上自主学习”的主要内容包括视频课件资源、视频问题、单元作业、单元练习、单元测验、补充资源六大部分。线上自主学习为不同学习风格、不同能力水平的学生达到同一个教学目标提供了“自适应”“自定步调”式学习的时间与空间，使学生有机会根据自己的学习需求，观看课程视频，完成课程练习、课程作业、课程测验。

“线上协作学习”主要是利用在线课程平台的讨论区功能，为学生建构一个在线学习社区。在线学习社区由三个群组构成，包括学生、助教、教师。在学生线上自主学习过程中，无论是观看课程视频，还是完成课程练习、作业，遇到任何问题都可以随时在讨论区发帖求助，既可以向教师提问，也可以等待同伴或助教的解答。除了答疑解惑，线上协作学习还为学生提供了资源分享、信息交流的交互协作时空。

“线下社团实践”由两部分构成，即“小课堂”和“课堂外”语言社团实践。社团实践过程中的互动交流、协商为学生提供了一种实际的英语交际环境，为学生体会“以文成事”和体验“以言成事”提供了机会。线下社团实践促进语言知识的内化，通过多样的小组任务和团队项目，促使学生在完成任务和项目的过程中应用线上自主学习和协作学习所获得的语言知识输入，在输出的过程中内化输入。在该模式中，小课堂上进行的活动主要包括布置任务/项目、知识内化（重点难点解析）、微任务、综合应用（小组展示、辩论、讨论等），课堂外进行的活动主要包括项目实践（解决问题）、知识内化（用中学）、以言成事、综合应用（组内及组间合作）。

移动微学习部分借助微信公众平台推出“贝壳英语”微信订阅号，结合“小课堂”及“课堂外”英语社团实践，同时关照线上自主学习及协作学习内容与结果，向参与课程学习的学生定期推送课程学习通知和提醒（如已开设的专栏“SPOC 课程公告”）、英语学习微资源（如已开设的专栏“文史哲艺”“SPOC 单词库”“SPOCwiki”“听音乐学英语”“看电影学英语”）、英语技能微练习（如已开设的专栏“悦读乐谈”“贝壳英语—新闻听力”），同时也为学生学习成果的展示与传播提供平台（如已开设的专栏“贝壳光影”“小贝壳说”）。

三、基于“MOOC+SPOCs”的多校共建共享翻转课堂

基于一门 MOOC，可以建立多校共建共享翻转课堂教学模式。“大学计算机——计算思维导论”是哈尔滨工业大学战德臣老师主讲的一门 MOOC 课程。当前，这门课程已经建立起“MOOC+SPOCs”众多高校共建共享教学资源的新模式。

在 MOOC 和多门 SPOC 如何融合问题上，战德臣提出以下几种“MOOC+SPOCs”的应用方法：①

其一，SPOC 可以与 MOOC 内容保持一致。

这种情况可被认为是在 MOOC 基础上做加法。可以用公式表达

① 战德臣，王立松，王杨，等. MOOC + SPOCs + 翻转课堂：大学教育教学改革新模式 [M]. 北京：高等教育出版社，2018：79-80.

为如下亚类型：

· SPOC = 学生管理 + MOOC 所有单元

· SPOC = 学生管理 + MOOC 所有单元 + 特色化作业 / 测试单元

其二，SPOC 可以与 MOOC 部分内容一致。

这种情况可被认为是在 MOOC 基础上做减法，即减掉 MOOC 中的若干单元，在减掉的基础上也可增加一些特色化单元和特色化作业。可以用公式表达为如下几个亚类型：

· SPOC = 学生管理 +（MOOC− 若干单元）

· SPOC = 学生管理 +（MOOC− 若干单元）+ 特色化作业 / 测试单元

· SPOC = 学生管理 +（MOOC− 若干单元）+ 特色化单元

其三，SPOC 可以将 MOOC 作为广度学习内容来使用。

这种情况是在 SPOC 中收缩教学内容，即可能单元不会减少，但每一单元的广度会收缩。学习好的学生可通过关联 MOOC 学习到更广的教学内容。

其四，SPOC 可以将 MOOC 作为深度学习内容来使用。

这种情况是在 SPOC 中减小教学深度，即可能单元不会减少，但每一单元的深度可能会减小，以适应基础较为薄弱的学生。学习好的学生可通过关联 MOOC 理解更多具有深度性的内容。

各高校的 SPOC 根据自己学校情况做加减，形成了以下各具特色的课程形态：

· 既强化思维理解又兼顾软件技能训练的 MOOC+SPOC
= 学生管理 +（MOOC− 若干单元）+ 软件应用技能训练单元

· 既强化思维理解又强化 Raptor 编程训练的 MOOC+SPOC
= 学生管理 +（MOOC− 若干单元）+ 基于 Raptor 的实践单元

·既强化思维理解又强化 Python 编程训练的 MOOC+SPOC

=学生管理+（MOOC−若干单元）+基于 Python 的实践单元

·计算机（专业）导论课程的 MOOC+SPOC

=学生管理+（MOOC−若干单元）+学科/专业介绍单元

下面，给出哈尔滨工业大学、南京航空航天大学和西南科技大学等三所学校“大学计算机——计算思维导论”专属课程层面的 SPOC 简介：①

哈尔滨工业大学 SPOC 建立了针对计算机专业学生的 SPOC 特色化教学资源。在共享资源的基础上，主要增加了“计算机科学与技术学科”“计算机科学与技术专业”“Linux 操作系统简介”“Python 语言介绍”“利用 Python 求解算法问题”等总计 5 讲 39 段短视频，其中有 3 段短视频面向计算机专业学生重新讲授，扩展了课程覆盖面。在 SPOC 中开展了以学生互评为主的开放式作业实践。

南京航空航天大学 SPOC 建立了与“大学计算机——计算思维导论”MOOC 形成互补的实验系列课程资源。在共享 MOOC 资源的基础上，主要增加了“利用 Raptor 进行编程训练”等 8 段短视频。另外也有部分 MOOC 的内容面向本校学生重新讲授的视频，及相应的教学课件。

西南科技大学 SPOC 建立了面向本校学生的软件应用系列课程资源。在共享 MOOC 资源的基础上，考虑到由于本校学生基础还不能完全舍弃技能训练方面的教学内容，增加了以技能训练为主的系列化教学短视频 10 段，演示利用各种软件完成不同类型的应用任务。

① 战德臣，王立松，王杨，等. MOOC + SPOCs + 翻转课堂：大学教育教学改革新模式 [M]. 北京：高等教育出版社，2018：144.

这种多样化的教学模式，其最明显的好处有二：一是通过MOOC保证教学水平，在各学校师资水平存在差异的情况下，让学生都能学习到高质量的课程，促进教育公平的实现；二是通过SPOC实现不同层次学生的差异化教学和特色化教学，能够充分调动学生学习的积极性和主动性。

第三节　基于雨课堂的翻转课堂教学案例

“组合数学”是清华大学信息科学技术学院计算机科学与技术系开设的一门研究生选修课，课程是48课时，3个学分，主讲人是马昱春老师。在2017年秋季学期，课程总选课人数达到200人，属于典型的大班课。在学生人数众多和课时有限的情况下，马老师采用基于雨课堂的部分翻转式教学。我们对该课进行了一个学期的课堂观察，并对马老师进行了一次面对面的深度访谈。本节从课程设计、平台与工具、课上学习等三个方面对“组合数学”课进行刻画，以期为基于雨课堂的研究生大班翻转课堂提供可资借鉴的范例。

一、课程设计

教师在第一次课上用了两节课时间对课程进行了概述性讲解，内容包括：是什么（即什么是“组合数学”）、学什么（即课程架构以及相应的参考书）、学到什么（即学习成果，表明学习“组合数学”后能知道什么、会做什么）、怎么学（即上课方式）和怎么评（即如何评分）等。

（一）课程目标

该课程的课程目标定位于掌握基础知识，并尽可能促进学生深度思考。前者是低阶目标，后者是高阶目标，二者主要是通过 Quiz（小测验）和 Project（小组项目）来承载。Quiz 有两种，一是课前 Quiz，二是课上 Quiz。对这两种 Quiz，教师的教学理念和课程设计初衷是："在手机雨课堂上的 Quiz 是很简单的，测验学生有没有掌握基础知识。课堂上的 Quiz 是更难的思考题，我想愿意花时间去思考的学生很少，所以，在课堂上我们用有限的时间去挑战。"高阶性学习目标更突出表现在小组项目设计上，在两次小组项目中给出的项目目标都是基于"创新"这一理念，教师始终认为创新思维是最重要的。

（二）课程内容

课程目标的实现也需要课程内容的密切支撑。教师对课程内容的规划非常明晰：组合分析（计数和枚举）和组合优化（线性规划的单纯形解法）。由于课程更为基础的理论知识需要在其他数学课上先修，所以课程里涉及得比较多的理论知识都是较为高深的定理，在应用时无法完全套用，需要举一反三。同时，课程也关注学科前沿的应用，如用机器证明四色定理等。此外，课程也注重现实性，教师在进行例题讲解时所采用的例子都是非常日常的，如着色问题和电路问题等。具体的课程内容框架如表 3–2 所示。

表 3–2 "组合数学"课程内容框架

第 1 周	课程简介	第 9 周	广义容斥原理
第 2 周	排列组合	第 10 周	鸽巢原理
第 3 周	全排列	第 11 周	放假
第 4 周	初探母函数	第 12 周	群论
第 5 周	Fibonacci 序列	第 13 周	Polya 定理
第 6 周	线性常系数齐次递推关系	第 14 周	线性规划（一）
第 7 周	神奇的序列	第 15 周	线性规划（二）
第 8 周	容斥原理	第 16 周	复习

课程内容并没有拘泥于普通的数学计算。课程内容关注每个知识点的历史背景，尤其关注数学家（如伯努利、拉普拉斯、波利亚、高纳德等）与知识发展之间千丝万缕的联系，这有利于学生建立起对知识的宏观认识，能够从历史发展的视角看数学科学的进步。此外，教师也会设计面向真实情境或现实的思考题来启发学生思考，如第一次课后教师留下思考题："安卓和苹果系统的手机分别能够设置多少种不同的密码？哪一种更多？"这是基于组合数学和真实情境的非常独特的思考题，该思考题在网络学堂中的讨论度是四次思考题中最高的。此外，课程还有关于袜子问题、着色问题和鸽巢问题等诸多生活化的题目。

（三）课程学习评价

教师构建了一套非常完整的目标导向评价体系，同时给予学生选择的权利和自由。具体而言，学生的最终成绩由雨课堂课前作业、课堂小测、网络学堂思考题、小组项目和期末考试构成，如表 3-3 所示：雨课堂课前作业占 10 分；课堂小测占 20 分，共有 5 次，每次小测满分为 5 分（为避免个别学生因缺勤或未做好准备而失分，教师只选择其中的 4 次最高成绩计入总分）；在网络学堂上公布的思考题，只要完成一半即可以拿到 20 分的平时成绩；期末考试占 40 分；小组项目 1 是必做，占 10 分，需要提交小论文但不需要进行展示，小组项目 2 是选做，占 5 分，也需要提交小论文（如果学生想申请期末考试免考的话，还需要进行展示）。小组项目需要小组在课下合作完成。把小组项目 2 的成绩计算在内，课程成绩的总分是 105 分，这在一定程度上可以平衡学生在课程学习过程中所出现的意外失利。可以明显看出，课程极其重视形成性评价，学生的平时成绩分数会极大地影响到最终成绩。

表 3-3 “组合数学”课程学习评价构成

评价形式	分数	备注（要求）
雨课堂课前作业（Quiz）	10 分	
课堂小测（Quiz）	20 分	5 次小测，取 4 次成绩，每次小测 5 分
网络学堂思考题	20 分	需要完成一半
小组项目（Project）1	10 分	必做
小组项目（Project）2	5 分	选做
期末考试	40 分	

二、平台与工具

“组合数学”课程使用的平台和工具主要是雨课堂（作为课前学习和课上学习的智慧教学工具）、网络学堂（作为资料传递和回答思考题的平台）和微信（课下交流的主要工具）。这些学习平台和工具上的学习资源是非常丰富的，按照课程进度及时更新。网络学堂有教师主讲的同门课程 MOOC 课程资源以及其他文字性资源。教师利用雨课堂这一智慧教学工具，有选择性地对更适用于本课程的 MOOC 视频进行筛选，作为学生的课前学习内容。在 MOOC 视频中可以看到，教师有着极强的教学魅力，讲解清晰明了，教学热情充沛，这非常有助于吸引学生的注意力，让学生成功完成课前学习，从而做到课堂学习有备而来。从整体上说，学习平台非常便捷，尤其是“雨课堂”这一学习工具，直接与微信连接，让学生能够随时随地查看教师的课件和视频，及时完成学习。

（一）雨课堂

雨课堂是本课程非常重要的翻转课堂学习工具。该工具可以利用微信实现手机和电脑的互通。教师提前将不同资源整合在一次雨课堂授课文件中，这些资源包括教师同门课程的 MOOC 视频和 PPT 等内容。通常的课前学习是教师在“雨课堂”上传 8—10 页的 PPT 内容，学生在观看 PPT 和 MOOC 视频后完成作业和练习。

雨课堂能够监督学生的完成情况。通常情况下，课程有 160 名以上学生能够完成课前学习，也就是说会有 40 名左右的学生并没有进行课前学习。虽然雨课堂无法考查学生是否独立完成作业和练习，但由于在之后的线下课堂还会有 Quiz，学生还是非常重视课前学习的。整体来说，该课程的课前学习对大多数学生而言是有效的。

（二）网络学堂

网络学堂是清华大学在线教学辅助平台。学生可以在网络学堂中查看相关的公告（如期末考试时间通知、教材通知等）和学校教务通知。学生可以进入相应的课程页面及时查看每一门课有几个未交作业和有几个新课件上传，从而能够及时地跟进课程进度。本课程主要使用的板块是课程公告、课程作业、课程文件和课程讨论。具体而言，网络学堂具备以下几个功能或作用：

第一，作为课件及相关资料上传下载的工具。

在课程文件板块，教师每节课的课件和相应的预习视频都能及时上传。这些课件资料和雨课堂上的课件资料是相同的，只是雨课堂无法下载课件，这里却提供了下载方式。同时，PPT 和 MP4 文件都可以在线播放。在考试前两周，前几年的考试样题也会上传供学生参考。

第二，作为作业提交和成绩查看的工具。

除了下载课件，该平台最重要的功能是提交作业，而且 5 次 Quiz 的分数也可以在课程作业板块中进行查询。学生的平时成绩一般在作业提交或课堂测验后的两日内上传到学生页面。

第三，作为互动和讨论的工具。

网络学堂主要的互动区域是课程讨论板块。在该板块中，教师和学生都可以发帖进行讨论和互动。“组合数学”课程总计开展了 4 次思考题互动，都是主讲教师开帖，学生进行回复和回应。

（三）微信

微信是本课程课下交流的主要工具。微信群内包括学生、教师和助教，总计有 195 人。从开课到期末，微信群几乎每天都有互动，这种互动方式在目前的授课平台中是最为及时和充分的。

教师的通知会在第一时间发到群里。课下，学生可能会发起讨论某一个作业题目的思路，其他学生能很快参与讨论，教师也会适时做出反馈。学生也会在群里发一些论文资源。成绩较好的“大牛”学生也会帮助解答其他学生提出的问题。在课程内容中，鸽巢原理比较难，学生会在微信群里发鸽子的图片进行调侃。师生也经常就“袜子分不分左右”“N 面体的着色”“铺路用大三角形正着放反着放算两种吗”等问题在微信群里展开讨论。

课后，教师也会在微信群里留言，如有一次课时间有点赶，教师就留言道:“由于时间关系，这次课后面的一些内容讲得比较快，如有问题欢迎随时提出。有关整点问题下次课会进一步讲解。Ramsey 数不是重点内容，期末不会考，各位了解相应八卦即可。”这种留言，既能够让学生对课程有所回顾、解决一些问题，又显得平易近人。

三、课上学习

该课程的授课地点是一个阶梯教室，教室里的讲台旁有公屏。前 6 排座位位于中央，是平行座位。后面 5 排是有高低区分的扇形座位。平行座位大约能坐 110 多名学生，其余学生分散坐在后排扇形座位。在通常情况下，学生的课堂出勤率是很高的，如果当天有 Quiz，出勤率就会更高。

（一）引发学生主动思考的讲授

由于采用了部分翻转的教学模式，实体课堂上讲授的比重稍大一些，讲授的一个鲜明特征是善于创设问题情境，以知识的“再发现”引导学生主动思考。在讲授母函数时，教师提出了一个色子投掷问题——“2 个色子投掷总数为 6 点的可能方式可以枚举出来有 5 种，那么，如果投掷 50 个色子呢？如果投掷 100 个色子呢？”从已有知识的困境出发，一步步引导学生发现大家所熟知的函数形式可以具备计数的能力，这就是知识的“再发现”。学生从浅显的问题出发，通过思路的延伸而自主解决当前的困境。

在整个课程期间的几乎每节课上，教师都会介绍一些数学家和数学史。例如，在第 2 章母函数概念的介绍中，通过对数学史的研究，将母函数定义的发展历程形象化为一个流程图，将伯努利、欧拉和拉普拉斯的工作串联起来。在这样充满故事性的概念学习过程中，教师讲得津津有味，学生听得聚精会神，数学学习充满乐趣。

（二）课堂互动与弹幕

在“组合数学”课堂上，虽然没有太多形式的课堂活动，但课堂互动仍然占有一定的比重。课堂互动形式主要表现为教师提问学生回答或是通过雨课堂配备的弹幕开展讨论。

可以观察到的是，除了偶尔没有学生回答而导致暂时冷场外，大多数情况下多数学生都能跟上教师的思维。在教师讲解时，前两排的学生和教师的互动是非常频繁的，他们或小声讨论，或共同给出题目答案。在教师讲解的过程中，偶尔会有学生打断讲解的情况出现，这时教师会与学生进一步互动，帮助学生进一步理解。可以感受到的是，教师对学生打断课堂的行为在态度上是非常欢迎的，教师给予学生的反馈与评价也很具有激励性，这也让学生喜欢提出问题。

学生通过弹幕提出了各种各样的问题和各种不同的看法。大多数是对课程内容的疑问，如“为什么不是 2（n+1）呢”等类似提问经常会在弹幕中出现。关于雨课堂的问题，学生也会询问，如第一次课上学生就发弹幕询问如何用雨课堂记笔记（当然，记笔记的功能目前是没有实现的）。在课程中谈到袜子问题时，关于袜子要不要分左右计算的问题，学生就会发弹幕提出疑惑。同时，学生也会说一些题外话，如有学生感叹某位数学家英年早逝，或感叹其他同学思维活跃很厉害，也有同学会说“到了饭点时间，饿了”等类似的生活话题，这种弹幕常常会引起师生的会心一笑。在课堂上，教师对弹幕内容并不作限制，学生可以畅所欲言。

每次上课的弹幕数量都会超过 100 条。教师对其中超过 60% 的弹幕都有相应回应，大多数回应是与课程有关系的。学生提出的问题，也会有其他学生通过弹幕的形式予以解答。应该说，弹幕作为雨课堂授课的亮点，极大地拉近了师生的距离，创设了一个氛围融洽、师生互动良好的课堂。学生通过弹幕进行提问，教师能够及时回答学生提出的问题，一些有趣的弹幕还能够起到调节课堂气氛的效果。几乎每次课都存在呼应弹幕和教师讲解的笑点，如某一节课上竟有多达 12 次左右的笑声。

课堂练习是直接使用雨课堂完成的，教师提前设置好选择题或问答题。通常一次课上会有 5 道左右的练习题。学生通过手机端提交所选项后，学生的回答情况能够及时呈现在课堂上。主观题相对复杂，需要教师通过后台筛选较好的答案予以展示。

教师语言也是活跃课堂氛围的一个非常重要的因素，如在某一次课上，教师首先讲了一道很烦琐的题目，然后问学生：“大家觉得烦吗？烦。但这不是考题，这种题太简单了。”这句话一来活跃了气氛，学生都会因教师说“题目简单”而会心一笑，二来也预告了后面的题目很重要、可能会考，让学生接下来凝神细听。

（三）课堂 Quiz

课堂上除了教师讲授外，最重要的一部分是 Quiz。一学期总计举行了 5 次 Quiz。前期 Quiz 包括了 3 种题目，即复习题、预习题和思维探究类题。教师观察到学生在微信群中对 Quiz 的抱怨很多，例如有学生写道：“我花了两天时间看了两遍预习的视频和作业题，但还是没得到满意的分数，感觉失望了。”“我只得了 1 分是为什么，感觉要退学了。”……这种抱怨的出现，让教师开始思考 Quiz 的设计是否有问题，并在第 2 次 Quiz 后进行了一次问卷调查，从第 3 次 Quiz 开始便降低难度，同时也开始只考查预习的内容。Quiz 的设定时长大约是 15 分钟，但实际上教师通常会给出超过 20 分钟的时间。学生虽然对 Quiz 的难度有抱怨，但仍然认为其形式很好，学生能够理解到“我感觉自己学会了”和“我真的学会了”的差别。

（四）Project 反馈与评价

学生分小组进行 Project。Project 1 是必做，不需要进行展示。Project 2 是选做，如果想申请免考需要进行展示。教师在最后一次课上就 Project 小论文进行了反馈。学生的 Project 论文涉及生活的方方面面，如关于共享单车、旅行商和桥牌等。

共有 50 组学生提交了 Project 2，但是只有一名学生申请通过展示进行免考。该生在最后一次课上进行了时长约 20 分钟的讲演，题目为“求第 n 个无平方因数的数”，相对较为学术，利用并扩展了本学期所学知识，其所展示的思维步骤和思维过程很是清晰。部分同学会表达“没有听懂但是很厉害”“能够吸取大神的思维”“可以更好地修改自己的论文”。教师也评价说“很高深、很数学”，认为可以打满分。

课上教师总结了全班 Project 小论文所存在的两个突出问题：一是题目太过随意；二是图表缺乏意义。教师从 90 份 Project 1 中选出了 3

份最优论文，从 50 份 Project 2 中选出了 5 份最优论文，并逐一给予奖励、合影留念。在这一环节，学生的注意力非常集中，课堂气氛也非常热烈。教师认为有一篇论文是可以修改后投稿的，这对学生的激励很大。

四、结束语

数学课对很多学生来说意味着写满了黑板的一行又一行的公式，也时常是“一个人的狂欢，一群人的寂寞”，甚至有学生戏谑道：“全靠数学给我的打击，才有了现在这么坚强的自己。”在数学课上，学生的教育背景差异很大，部分学生基础知识不牢固，抽象思维相当缺乏，这导致教师常常很难把握上课的节奏。更为残酷的教学现实是，学生常常“无备而来”，“一看就会，一做就错”。对于教师来说，如何设计数学课堂，如何让学生体会到学习数学的乐趣，让学生爱来、爱思考和爱参与，这着实是一个巨大的挑战和难题。

讲授式教学是高等教育以及大班教学中普遍采用的授课方式。[①]大班课堂上由于学生数量比较多，无法让学生以个体甚至小组的方式发表意见。这就从根本上限制了翻转课堂大班化。但解决方案是，可以利用雨课堂工具来实现大班的部分翻转课堂。对此，于歆杰指出，在基于雨课堂的大班课中，学生完成限时习题的统计结果可以立刻投影到屏幕上，所有学生都能够看到自己和别人的水平；学生用弹幕回答思考题的情况可以并行地适时在屏幕上飞过，所有学生都能看到所有人以匿名的方式发送的答案。这两个核心功能实现了翻转课堂的本质，即学生能够对当前教学给予反馈，同时这些反馈也能即时为其他学生知晓。从这个意义上来说，基于雨课堂的大班课堂实现了翻转课

① 克朗普顿，特拉克斯勒，张永胜，等. 使用移动技术促进大班面授教学学生提问[J]. 中国远程教育，2015,(7)：5.

堂。又由于课堂中依然以教师讲授为主，因此称之为大班部分翻转课堂。[①]

课堂 Quiz 正是“组合数学”课堂实现部分翻转的法宝。在一定意义上，利用好 Quiz 这一“考考考，老师的法宝；分分分，学生的命根”，让学生在课堂上“大眼瞪小眼”地开始思考，是增强数学课吸引力的一个可行的解决之道。

在我们对马老师的访谈中，她谈了很多关于 Quiz 的感想与困惑。这里不妨把她的连续的表达原汁原味地呈现如下，从而让我们更深入地理解 Quiz，理解翻转课堂与 Quiz 的关联：

我的 Quiz 的初衷是什么？我发现 Quiz 是一个好东西，它引导学生思维。在课上，我问学生们一个问题，如果有 1/10 的学生能跟我一起想就不错了，对吧？但是如果我把这个卷子发下去，放到他手边了，他肯定会想的。Quiz 的意义是什么？就是让学生有思考。翻转课堂最大的好处就是，能够激发学生这方面的潜能，让他在短时间里去发现东西。学生的思维训练需要从小培养和训练。对于大班去练，我觉得 Quiz 肯定是一种方案。手机雨课堂上的 Quiz 是很简单的，测验学生有没有掌握基础知识。课堂上的 Quiz 是更难的思考题，我想愿意花时间去思考的学生很少，所以，在课堂上我们用有限的时间去挑战。

我现在还在琢磨 Quiz 究竟怎么用才更好。其实 Quiz 并不省时间。Quiz 的真正作用不是为了把预习挪过去，然后我就省点时间。其实 Quiz 最大的用处是让学生进入不舒适区。从这个角度来说，就是让他难受，他难受了就会在那里听了。舒适是学不到东西的。我们教学的

① 于歆杰. 以学生为中心的教与学——利用慕课资源实施翻转课堂的实践 [M]. 北京：高等教育出版社，2015：274-275.

目的是什么？我们教学的目的不是告诉学生这个告诉学生那个，我们的目的还是让学生真正去学会。我们现在锻炼学生：在不舒适区的情况下能不能接受挑战？这也是我的一点私心，这也是为什么我会始终坚持Quiz，即便学生会有抱怨。

正是因为雨课堂从基因上具备提供完整的课程形成性评价的能力，所以雨课堂工具的魅力怎么强调似乎都不为过。在“组合数学”课程中，教师将反馈与评价贯穿于学习的全过程：一方面，教师设计了Quiz来考查学习目标的达成度；另一方面，随着教学活动的开展，来自教师的及时而细致的反馈与评价，也始终与活动相伴而行或融为一体。

在最后一次课上，教师展示了班上某位学生所写的一首小诗，这首诗简洁生动地表达了课程学习的关键内容和“艰难的”学习过程以及学习成果，读后让人忍俊不禁。这里，就以这首小诗为这一案例画上最后的句号吧：学习数学，痛并快乐着！

蝶恋花·心路

辛苦最怜小测约，一次入坑，次次都是玦。唯愿期末终皎洁，不辞酷暑为君悦。

无奈组合不易学，母函刚过，容斥鸽巢阙。膜罢高斯犹未歇，欧拉又语公式诀。

第四章

基于同伴教学法的高校翻转课堂

在许多语言里，动词“教学”和“学习”是相同的。实际上，人们总是以为被教了什么就学到了什么。可是实际情况往往不是这样。教育的目标应该是构建一个学生能够自我学习的环境。同伴教学法轻松地达到了这一效果。

——马祖尔[①]

同伴教学法（Peer Instruction，简称 PI）由哈佛大学物理学教授马祖尔创立。与传统课堂教学模式不同，同伴教学法要求学生在课前阅读课程内容，在课堂上教师使用专门设计的概念测试题（Concept Test），主要借助基于硬件或软件的课堂反馈系统即时获得学生答题情况反馈，进而组织学生展开互动和讨论，引导学生积极主动地参与教学过程。同伴教学法适合于各种规模的课堂，也适用于多个学科，它能够促进学生的有效学习。

① 马祖尔．同伴教学法——大学物理教学指南 [M]．朱敏，陈险峰，译．北京：机械工业出版社，2011：31.

第一节 基于同伴教学法的翻转课堂概述

一、同伴教学法的由来

马祖尔从 1984 年开始在哈佛大学讲授大学物理课。1991 年，他创立了同伴教学法。在马祖尔看来，教学上真正重要的问题是我们是否希望学生理解基本原理。学生对概念理解程度的增强，有助于他们解题能力的提升。马祖尔的同伴教学法的核心即是紧密围绕概念测试，通过学生课前学习 + 课堂参与（课上答题 + 课堂讨论）+ 教师讲授，增强学生对物理概念和原理的理解，让物理学习变得更为轻松和喜悦。

（一）马祖尔对传统教学的观察与反思

马祖尔观察到，传统的讲授几乎总是像在一个带有问题的、被动的听众面前唱独角戏，但只有个别教师能在整堂课上抓住学生的注意力，而给学生提供适当的机会，通过不断升级的辩论来批判地思考问题就更加困难了。因此，课堂教学只不过更加强化地让学生认为掌握课程内容最重要的步骤就是解题，结果就形成了一个逐步上升的循环：学生要求教师讲解越来越多的例题以此来更好地学习如何解题，如此就进一步地强化了他们的感觉，即认为成功的关键就是解题。然而，在教学中有一个不容忽视的问题是，学生中有一部分虽然掌握了解题策略，但是对于涉及的概念连最基本的理解都没有达到。有鉴于此，马祖尔提出，教学中真正的问题是：我们是否希望学生理解基本原理？①

① 马祖尔．同伴教学法——大学物理教学指南 [M]．朱敏，陈险峰，译．北京：机械工业出版社，2011：5.

在教授牛顿第三定律时，马祖尔发现所有学生都能背诵这一定律，即相互作用的两个物体之间的作用力和反作用力总是大小相等。某日，在课程已经进展到更为复杂内容的学习时，马祖尔决定测试一下他的学生们对这一概念的理解。他提出的一个问题是：怎样比较一辆大卡车和一辆小汽车在碰撞时相互之间的作用力？令他感到惊讶的是，在测试开始后还不到一分钟，一个学生提问："我该如何回答这些问题呢，是根据您教我的，还是根据我自己思考这些问题的方法？"①

马祖尔对此的反思是，学生之所以有如此表现，主要原因在于传统讲授法过于注重信息传递。马祖尔认为，学生被教了什么，未必就学到了什么；学习不能依靠死记硬背，教学也不只是信息传递，新信息需要与学生头脑中的先有知识发生联结。在马祖尔看来，教学的目标应该是构建一个学生能够自我学习的环境。

（二）课程大纲的重新设计

对上述课堂事件的反思，让马祖尔决定实施翻转的课堂。他要求学生在课前阅读课程资料，以便把课堂时间解放出来用于概念测试、讨论、同伴互动、内化和思考等。但是一个需要解决的问题是：是否需要减少课程覆盖的内容呢？一般来说，授课教师可能面临两种选择：一是课堂教学只涵盖一个学期的课程内容的一部分，二是减少一个学期中用于讨论的主题。马祖尔的选择是前者，即课堂教学内容没有完全涵盖教材和讲义中所有的课程内容。在马祖尔看来，要实施翻转课堂，确实不可能做到讲授和传统教学等量的课程内容，但可以通过把学习责任放到学生身上来补救这一问题。学生在课前阅读教材内容，教师在课堂上只讲授课程内容中的一部分，这样一来，教师的教

① 马祖尔．同伴教学法——大学物理教学指南[M]．朱敏，陈险峰，译．北京：机械工业出版社，2011：2.

学仍然可能覆盖几乎所有的课程内容。

为转变传统的课堂教学，教师首先需要判断的是，哪些是必须涉及的基础知识点。马祖尔在设计课程大纲时，考虑到在课堂上他将不再介绍课本或讲义上已有的定义、推导和例题，那么，在把这些内容略去之后，剩下的就是讲课的框架大纲了。例如，马祖尔的“流体静力学”的框架大纲是:（1）压力定义;（2）压力是深度的函数;（3）阿基米德定律;（4）帕斯卡定律。为了弥补课堂上略去的课程内容细节，马祖尔要求学生在课前阅读教材和讲义。这样，学生就能够超出课堂教学的范围，接触到和传统教学等量的课程内容。

（三）课堂结构围绕“概念测试”组织

为克服传统教学所存在的被动学习问题，马祖尔采用了一种新的教学方法——“同伴教学法”。同伴教学法由许多关于关键知识点的简短讲授构成，每个关键知识点跟有一个概念测试。

概念测试即关于所讨论的知识点的概念性小题目，一般采用多项选择题形式，例如：

火车头拉了一列货车车厢，下面哪种分析是正确的?

（1）火车向前移动，因为车头向前拉车厢的力量稍大于车厢向后拉车头的力量。

（2）因为作用力总是和反作用力大小相等，所以车头不能拉动车厢（因为车厢向后拉的力和车头向前拉的力大小相等，因此不产生运动）。

（3）车头使得车厢向前运动是通过施加给车厢一个强的拉力，这个拉力作用在车厢上的瞬间比车厢作用在车头上的力要大。

（4）车头作用在车厢上的力和车厢作用在车头上的力一样大，但是车头受到的摩擦力向前并且比较大，而车厢受到的向后的摩擦力较小。

（5）车头能够拉动车厢向前仅仅是因为它的重量比车厢大。

在马祖尔的课堂上，有1/3—1/2的时间用于概念测试，其余时间则是教师讲课。[①]每一个关键知识点最少要花十多分钟：7—10分钟讲解，5—8分钟概念测试，因此，1个小时的课堂时间可以讲解4个关键知识点。[②]

同伴教学法的成功在很大程度上依赖于概念测试题目的质量和有的放矢。概念测试至少要满足以下标准：针对单个概念；不依靠公式即可解；有适当的多项选择的答案；题意明确；难易适中。为了促进题目和数据的交流，马祖尔新开了一个互联网网站，可供全世界的教师提交或收集概念测试题。

自1998年以来，马祖尔开始运用及时教学法来配合同伴教学法。在上课之前，他要求学生阅读讲义以及课本中相应的章节。在上课前，学生需要在网上完成一个包含有3道题的作业。3道题皆为自由回答题，前2题涉及阅读中的难点，第3题则问的是：你在阅读中感到困惑的地方是什么？如果没有困惑的话，那么请具体说明你在阅读中最感兴趣的地方是什么。[③]在了解学生作业完成情况的基础上，教师可以有针对性地开展接下来的课堂教学。

为了确定学生确实做了课前作业，在每次课上都会举行一个包含3—4题的阅读测验。通过这些测验，学生在满分100分的期末考试成绩之外可获得最高10分的额外加分。[④]

---

① Crouch C H, Mazur E. Peer Instruction: Ten Years of Experience and Results [J]. American Journal of Physics, 2001, 69(9): 975.

② 马祖尔．同伴教学法——大学物理教学指南[M]．朱敏，陈险峰，译．北京：机械工业出版社，2011：19.

③ Crouch C H, Mazur E. Peer Instruction: Ten Years of Experience and Results [J]. American Journal of Physics, 2001, 69(9): 973.

④ 马祖尔．同伴教学法——大学物理教学指南[M]．朱敏，陈险峰，译．北京：机械工业出版社，2011：17.

例如，关于牛顿运动定律，3 个测验问题是：[①]

1. 下面哪个定律不是牛顿运动定律之一：

（1）作用力和反作用力成对出现

（2）$F=ma$

（3）所有物体自由下落的加速度相同

（4）没有外力存在时，物体保持静止或保持匀速直线运动

2. 惯性定律

（1）阅读作业中没有涉及

（2）表示物体有保持它们运动状态的趋势

（3）是牛顿第三定律

3.“冲量”是：

（1）在阅读作业中没有涉及

（2）力的另一个名称

（3）加速度的另一个名称

在马祖尔看来，阅读测验仅仅是为了检测学生是否做了课前阅读，并不检测学生对内容的理解，因为如果这样做的话，将会打击那些做了课前阅读但没能从阅读中掌握概念的学生。

在这一阅读测验后，马祖尔即开始进行简短的讲授，先介绍牛顿第一定律，然后进行概念测试，在简述牛顿第二定律后再次进行概念测试，最后介绍牛顿第三定律并进行概念测试。

概念测试是同伴教学法的核心。概念测试在课上究竟是如何操作的呢？首先，给学生一些时间独立思考并给出答案，然后要求他们与同伴讨论自己的答案。这一过程的意义在于：一是促使学生在不断推

① 马祖尔．同伴教学法——大学物理教学指南 [M]．朱敏，陈险峰，译．北京：机械工业出版社，2011：59.

进的辩论中思考问题；二是提供给学生一个方法来评定他们对于概念的理解。对概念测试题答案的记录，马祖尔曾采用过多种方法，如举手、答题卡、统计表和手持计算机设备等。

具体而言，每个概念测试常规的时间安排大体如下：

①提出问题约 1 分钟；

②让学生思考约 1 分钟；

③学生提交自己的答案；

④学生说服同伴 1—2 分钟；

⑤学生提交修改的答案；

⑥反馈给教师：答案的得分情况；

⑦讲解正确答案 2 分钟左右。[①]

如果有 35%—70% 的学生回答正确，马祖尔会请学生讨论他们的答案，并鼓励他们在课堂上找到不同的答案。马祖尔与助教在学生中进行巡视，并不时参与和引导学生的讨论。讨论之后，再次要求学生回答这一问题。然后，马祖尔解释正确的答案，再根据学生的答案来决定是提出另外一个相关的问题还是进入下一个主题。这种方法的好处是，它不但能够不断地调动学生的参与，而且还为师生提供了及时反馈。

如果选择正确答案的学生比例低于 30%，马祖尔将放慢讲解速度，把这一知识点讲解得更为细致，然后通过另一个概念测试来再次评估学生对这一知识点的掌握情况如何。具体流程可总结为图 4-1。[②]马祖尔认为，这种按需重复的方法能够防止教师的预期教学效果与学

① 马祖尔．同伴教学法 —— 大学物理教学指南 [M]．朱敏，陈险峰，译．北京：机械工业出版社，2011：6.

② 张萍，Mazur E. Peer-Instruction—— 哈佛大学物理课程教学新方法 [J]．中国大学教学，2010,（8）：70.

生实际理解程度之间的鸿沟不断加大，因为这样的鸿沟一旦形成，只会随着时间的推移而导致整个课程的失败。

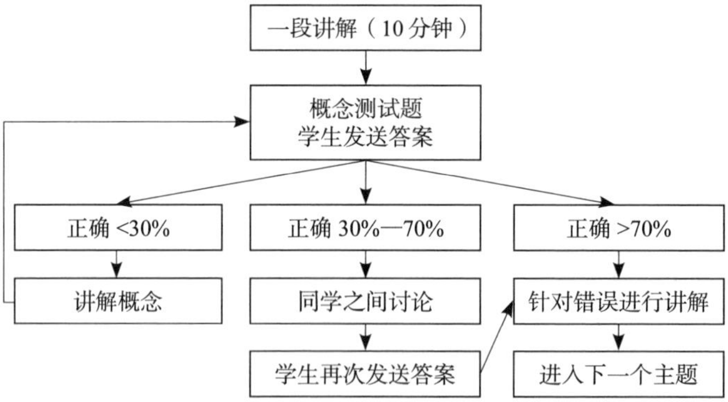

图 4-1 同伴教学法教学核心流程

概念测试的效果非常明显。例如，前面引用的关于火车头的测试题，选项（4）是正确的。讨论之前（之后）回答的统计是：(1)：14%（7%）；(2)：2%（2%）；(4)：74%（86%）；(5)：9%（5%）。讨论之前（之后）确信度的统计是：相当确信：59%（71%）；不十分确信：36%（26%）；仅仅猜测：5%（3%）。可以看出，在讨论后选择（4）即正确答案的比例提高了 12%，相当确信的比例提高了 12%，猜测率也下降了 2%。

在马祖尔的同伴教学法中，概念测试是与考试互相配合的。可以说，考试决定了学生学习的方式。考试包括传统上标准的课本题目的计算题和概念题，二者保持适度均衡。通常举行两次期中考试和一次期末考试。在一次期中考试中，7 道题中有 4 道题是概念题；在期末考试中，12 道题中有 6 道题是概念题。①

① 马祖尔. 同伴教学法——大学物理教学指南 [M]. 朱敏，陈险峰，译. 北京：机械工业出版社，2011：17-18.

二、同伴教学法的意义及其验证

（一）同伴教学法的意义

教师在课堂上运用同伴教学法，其意义体现为以下几个方面：

其一，有助于促进学生参与。在传统讲授课上，教师所提的问题只有少数学习动机强的学生才能够参与进来。同伴教学法通过把讲课分解成一个个的主题，中间穿插一个个的概念测试问题，能在极大程度上避免单调的传统式讲课，让学生主动参与课堂学习。“说服你的同伴”的交流与讨论，是产生于学生同伴之间的一种有价值的互动，这也有助于促进学生的主动参与。课堂答题的匿名性，能鼓励所有学生的参与，尤其是在大课堂上，能让那些通常不愿意当众回答问题的学生更容易参与到课堂上来。

其二，有助于促进理解和独立思考。在同伴教学法课上，学生并不是被动地吸收材料，他们必须独立思考并尝试把自己的观念和答案解释给其他同学。讨论之后，学生选择正确答案的比例往往得到提升，这明显说明了讨论的重要作用。在讨论中，已经理解的学生有效地向还没有理解的学生作解释，有时甚至解释得比教师更为有效。对此，马祖尔认为一个可能的原因是，在测试题给出时，那些理解了概念的学生，他们能够意识到弄懂这一概念存在哪些难点，因此，他们清楚地知道在给同伴讲授的过程中要着重强调什么。许多经验丰富的教师都知道，第一次讲授一门新课通常是讲得最好的，它清楚又新颖的特点在以后磨炼多次而近乎完美的版本中往往是缺乏的，这其中的原因是：随着时间的流逝，教师持续地接触课程内容，概念上的难点似乎消失了，因此在讲授时就愈加困难。[①]

① 马祖尔. 同伴教学法——大学物理教学指南 [M]. 朱敏，陈险峰，译. 北京：机械工业出版社，2011：9.

其三，有助于获得及时反馈。依据教室设备和条件，学生答案的记录可以使用多种方法，如举手、选项卡片、手持Clicker和基于智能手机的软件系统等。通过概念测试的答案分布，教师能及时得到学生对概念理解情况的反馈，进而相应地调整教学的步调和内容。同时，这些问题也为学生提供了有价值的反馈，告诉他们自己对材料的实际理解程度，以及他们相对于其他同学的进步情况。

其四，让教学变得更轻松、更有价值。对于教师来说，同伴教学法是一种非常简单可操作的方法，任何教师都可以直接利用它来改进自己的教学。运用同伴教学法可以让教材和课堂教学不同于它们在传统教学中所扮演的角色。课前阅读作业可以让学生熟悉课程内容，而课上教师精讲学生已阅读过的内容，着重讲解可能的难点，又进一步加深了学生对内容的理解。应该说，这样的同伴教学法让教师教学变得更为轻松且更有价值。虽然说，教师采用同伴教学法，在初期需要构想新的概念测试题，这需要付出相当大的努力，但一旦开发完成这些材料，采用新的教学方式就比采用传统教学方式需要更少的准备和努力。当然，如果能找到适当的别人已经设计好的习题库，就会让这一方法的尝试探索变得更为轻松可行。

（二）一项关于同伴教学法有效性的验证

同伴教学法的良好效果得到很多课堂的证实。当学生独立回答一个课堂上的概念性问题后，先与邻座同学讨论，然后再对这一问题进行回答，回答正确的比例显著提高。这样的结果可能来自讨论过程中理解的增强，但也可能来自其他好学生所施加的影响。为了区分这二者，在科罗拉多大学一门遗传学本科生课上，教师在上述练习之外增加了一个同构问题让学生单独回答。结果表明，同伴讨论确实促进了学生的概念理解，即使小组里最初并没有一个学生知道正确的答案。

在整个学期，在这门课上的50分钟时间里，学生需要回答5道Clicker问题。由于考试题目就有相似的Clicker问题，这保证学生对此会有一个端正和重视的学习态度。一个学期里总计有16次的概念测试，从中可以评价学生从同伴讨论中受益多少。大体的流程是：课堂上使用配对的Clicker问题。首先，要求学生单独回答问题Q1，然后，他们被要求与邻座同学一起讨论，然后再次回答（$Q1_{ad}$），最后，学生单独回答Q2。只有在回答Q2之后，才会呈现学生关于Q1、$Q1_{ad}$和Q2的答案分布直方图，这样，可以减少教师和同伴对个体学生独立回答Q2的影响。数据分析只包括回答了所有3个问题的学生，即总计350名学生。

结果表明，大多数学生从Q1的讨论学习中受益，如图4-2所示。[①]首先，Q2的答对率显著高于Q1和$Q1_{ad}$。其次，在未答对Q1和答对$Q1_{ad}$的学生中，有77%的学生答对Q2。此外，对Q1和$Q1_{ad}$都未答对的学生中，有44%答对了Q2，这显著高于预期的随机猜测（平均而言，每题都有4个选项）。在期末对学生进行了问卷调查，问卷结果表明，在学生看来，在小组里有没有人知道正确答案并不是必要的，例如有47%的学生认为："当我与邻座同学讨论选项时，为了推进讨论，有没有人知道正确的答案并不是必要的。""当讨论时，小组即使不知道答案也能解决问题，这样得到的答案反而比静听答案能够理解得更好。"[②]

① Smith M K, Wood W B, Adams W K, *et al*. Why Peer Discussion Improve Student Performance on In-Class Concept Questions[J]. Science, 2009, (323): 122–124.

② 同上。

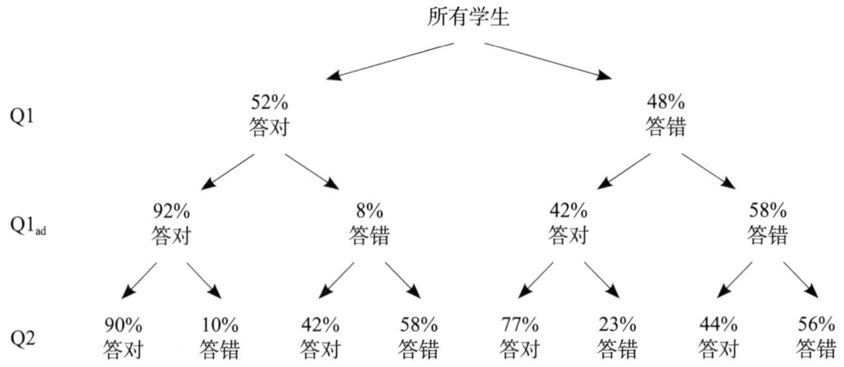

图 4-2 学生对 16 次 Q1、$Q1_{ad}$ 和 Q2 的回答统计

三、同伴教学法的学科适应性

当前，同伴教学法成功应用于许多学科，例如法律、经济学、商学、化学、工程学、数学、心理学、天文学、地质学、统计学、计算机科学、生物学、药理学、医学等。[①]马祖尔也曾指出，同伴教学法几乎可以被用于任何一个学科或课堂，它不需要对整个课程设计推倒重来，或需要付出更巨大的时间和财力，它所需要的只是概念测试题的搜集或积累，以及愿意花更多的课堂时间用于学生讨论。[②]

也许人们会有一个误区，认为理科通常有分明的对错答案，因而同伴教学法似乎更适合应用于理科而不是文科。来自澳大利亚莫纳什大学和墨尔本大学的三位教师的教学研究告诉我们，事实未必如此。这三位教师，在他们所教授的“哲学”“批判性思维”和“形式逻辑学”等哲学类课程中，采用同伴教学法取得了成功。在他们的课程教学中，同伴教学法增进了学生对概念的理解，增强了互动和参与，为师生提供了及时有效的反馈，提高了学生的注意力水平。

① Butchart S, Handfield T, Restall G. Using Peer Instruction to Teach Philosophy, Logic and Critical Thinking[J]. Teaching Philosophy, 2009, 32 (1): 13.

② Peer Instruction[EB/OL].[2019-05-19]. https://mazur.harvard.edu/research-areas/peer-instruction.

他们指出，在哲学课上是可以问以下各种不同类型的问题的：①关于理论和原理的问题，可以提问哪一个原理适用于一个给定的案例，或者哪一种情况和案例符合原理；②关于概念、定义和区别的问题，可以问这一个概念或定义是否适用于一个特定的案例；③关于论证的问题，对于一个给定的论证可以问很多问题，例如：以下哪一项最能代表论点的结论？以下哪一项是这一论点的前提？这一论点有效吗？前提或证据支持这一结论吗？以下哪一项是结论所需的假设？以下哪一项描述了这一论点中的一个缺陷？[①]

教师常常会在口头上问学生这样的问题："那么，这一理论用于这一个特定案例该讲些什么呢？"其实，教师是可以很容易地把这一问题转变成一个 PI 问题的。例如在伦理学课上关于绝对主义的道德推理和结果主义的道德推理，在明确定义了这些原理和分发了相关材料之后，教师可以介绍以下情况并提问：

有 5 个病人需要做器官移植手术。还有 1 个拥有 5 个健康器官的病人。假设外科医生偷偷杀死这一拥有 5 个健康器官的病人，取其 5 个器官，这样就可以挽救那 5 个需要做器官移植手术的病人。请问：这位医生可以杀死 1 个病人以挽救 5 个病人吗？对此，绝对主义道德推理是怎样认为的？

A. 允许的。

B. 不允许的。[②]

在这一例子中，教师可以先让学生投票决定他们是否认同外科医生可以杀死 1 个病人来挽救 5 个病人，然后再问两个相互竞争的原理

① Butchart S, Handfield T, Restall G. Using Peer Instruction to Teach Philosophy, Logic and Critical Thinking [J]. Teaching Philosophy, 2009, 32 (1): 13–29.

② 同上。

是什么，这样，就可以让学生在生动地评价哲学理论的过程中，将其与他们对具体案例的直觉思考作比较。

第二节　基于同伴教学法的翻转课堂教学案例

“模式识别”是北京理工大学面向自动化学院本科三年级学生开设的一门专业选修课，课程是32课时，主讲人是高琪老师。在2019年春季学期，该课程授课时间为第11—16周，每周2次课，每次课3课时，课程总选课人数为20人，属于小班课。为更好地实现以学生为中心的教学，高琪老师采用基于同伴教学法的翻转课堂教学模式。我们对该课程进行了一个学期的课堂观察，并对高老师进行了一次面对面的深度访谈。本节从课程设计、平台与工具、课前学习、课堂学习、课程学习反馈与收获等几个方面对“模式识别”课进行刻画，以期为基于同伴教学法的翻转课堂提供可资借鉴的范例。

一、课程设计

（一）课程目标

“模式识别”课程致力于实现以下三个方面的课程目标：一是理解模式识别的基础知识和基本原理；二是能通过编程实现常用模式识别算法；三是以团队形式分析和解决一个模式识别问题。前两个目标是基础性目标，主要是通过课前自测题和课堂小测验来实现，第三个目标是拓展性目标，主要任务是项目实践，即以2人小组为单位参与数据城堡（Data Castle）竞赛之轴承故障检测，该竞赛要求每组独立完成系统搭建、算法编程、模型训练和分类测试等任务，这让课程教学并不停留在对知识的传递上，而是通过教学方法的改革培养学生的创造性思维、高水平推理和批判性思维能力，有效完成知识的输出。

（二）课程内容

课程目标的实现需要课程内容的密切支撑。该课程的具体课程内容框架如表 4-1 所示。该课程内容没有拘泥于基础性的知识点和基础编程算法，教师还会在课程内容中加入模式识别领域的前沿知识，例如在第 12 周课上，教师通过“深度学习三巨头获得 2018 年图灵奖”的新闻消息引出“深度学习发源于线性分类器”，然后切入线性分类器的知识点讲解，这样的内容与社会生活实际密切相关，既具有前沿性，又容易引发学生的思考和兴趣。

表 4-1 “模式识别”课程内容框架

第 11 周	绪论	第 14 周	数据聚类
第 11 周	判别函数 线性分类器	第 14 周	结构模式识别
第 12 周	线性分类器设计 线性分类器的计算机实现	第 15 周	人工神经网络分类器 模糊模式识别
第 12 周	特征降维	第 15 周	深度学习
第 13 周	贝叶斯分类器	第 16 周	项目展示和评分、结课演讲
第 13 周	最近邻分类器 中期交流准备		

（三）教学方法

课程采用基于同伴教学法的翻转课堂教学模式。对于大多数习惯于传统教学的学生来说，这样的教学方法是陌生的，所以教师在第二次课上就对该门课程教学理念背后的学习理论进行了简洁而系统的介绍。从行为主义学习理论到建构主义学习理论，从布卢姆的教育目标分类到“金课”目标，从传统教学模式到翻转课堂模式，从被动学习到主动学习，同时结合同伴教学法的概念讲解和实际操作，教师一步一步地把学生带入到“模式识别”课程的创新教学模式当中。应该说，当学生已经习惯于传统教学方法时，如果教学方法发生变化，他们很自然地想要知道自身需要做出怎样的改变，这样的改变又会带来怎样的好处。所以，在课程学习一开始让学生了解教师将采用何种教学方法是非常必要的，这有助于后期教学过程中师生合作互动关系的良性发展。

（四）学业评价

教师制定了一套完整的课程考核评价体系，课程总评成绩由平时成绩（25%）、项目实践成绩（35%）和期末考试成绩（40%）三部分组成（如表4-2所示）。其中，平时成绩包括1次课后作业（5%）和4次随堂小测验（20%），课后作业需要在线完成并提交，随堂小测验在课堂当堂完成并提交；项目实践成绩包括个人报告（10%）、小组论文（10%）和最终成果展示（15%）；期末考试以开卷的形式完成（可以携带任何纸质书籍资料，但不允许使用任何电子设备），包括简答题（20%）、设计题（10%）和算法计算题（10%）。此外，还有课程成绩附加分，在项目实践中期展示中，小组第1名得附加分3分，第2名得附加分1分。可以看出，教师特别重视形成性评价，学生的平时成绩会极大地影响到课程的最终成绩。

表4-2 “模式识别”课程考核评价体系

成绩结构	分数（百分比）	细目构成（百分比）
平时成绩	25%	课后作业1次（5%） 随堂小测验4次（20%）
项目实践成绩	35%	个人报告（10%） 小组论文（10%） 最终成果展示（15%）
期末考试成绩	40%	简答题（20%） 设计题（10%） 算法计算题（10%）
项目中期展示（附加分）	3%/1%	小组第1名（3%） 小组第2名（1%）

项目实践是以小组为单位参与数据城堡竞赛——轴承故障检测。数据城堡举办的轴承故障检测训练赛是面向社会大众的线上算法竞赛，个人在注册登录成功后即可参加。训练赛的结果即线上排名，将根据参赛者的提交结果（最高得分、提交次数、最后提交时间）进行实时动态排名。该课程这一有关训练赛的项目实践，要求学生提交和完成项目实践的个人报告、小组论文和项目成果展示。

项目实践个人报告要求每位同学独立完成，报告内容包括小组项目完成情况概述、个人所完成的具体工作、所遇到的主要困难和解决思路以及个人收获体会。

小组论文要求每组针对项目实践中某一具体问题撰写一篇学术论文，具体格式要求参见“中国控制会议论文模板”（http://cms.amss.ac.cn/resources.php），内容至少包括引言、主要方法、实验及其分析以及结论等四个部分。小组论文具体评价标准包括论文结构和格式、写作水平、算法和实验以及学术价值等四个方面，如表 4-3 所示。项目实践小组论文的小组得分即为小组中每位成员的得分。

项目成果展示包含中期成果展示和最终成果展示。在期末展示部分，要求每组 2 名同学同时上台进行展示，自备笔记本电脑，提前准备好系统运行演示，可以使用 PPT、板书和其他演示手段。每组展示时间为 5 分钟，不得超时。项目成果展示主要考查演示讲解水平、项目完成情况、学术水平和测试成绩等几个方面的表现，如表 4-4 所示。测试成绩由 10 个小组在截止日的数据城堡竞赛系统中的排名先后决定，名次与具体得分如表 4-5 所示。

表 4-3 小组论文评价标准

评分项	得分要求	满分
论文结构和格式	论文结构完整，内容充实，包含了学术论文所需的所有部分，符合具体的格式要求	4
写作水平	论文各部分逻辑清晰，陈述准确，语言符合学术用语习惯和规范，参考文献标注准确	3
算法和实验	算法的理论分析正确合理，实验设计和实验结果分析客观有效	2
学术价值	论文内容有一定的创新性和学术价值	1

表 4-4 项目成果展示评价标准

评分项	得分要求	满分
演示讲解水平	演示过程逻辑清晰，主题突出，结论明确，技术手段应用恰当，能够吸引听众兴趣	5
项目完成情况	完整完成了项目要求，实现效果良好	3
学术水平	所采用的算法合理，理论分析正确，有一定的创新性或学术价值	2
测试成绩	由 DC 竞赛系统中排名决定	5

表 4-5 项目测试名次与具体得分对应表

名次	1	2	3	4	5	6	7	8	9	10
得分	5	4.5	4	3.5	3.5	3.5	3.5	3	3	2.5

二、平台与工具

“模式识别”课程使用的平台和工具主要是微助教（作为课前自测、课堂实时答题及参与互评的在线课堂互动工具）、乐学网站（作为资料传递和课后作业的平台）和微信（课下交流的主要工具）。这些学习平台和工具上的教学资源丰富，按照课程进度及时更新，使用便捷。

（一）微助教

“微助教”是一种轻量级的基于微信的课堂互动工具。通过微助教，每一个学生的出勤率、课堂研讨、虚拟论坛发言、平时作业和小测验等都可以记录下来，有利于教师对学生学习全过程进行持续的观察和评价。教师在 PC 端或者手机端注册登录后，在使用微助教上课之前，可以在微助教 PC 端进行备课，建立微助教课堂，提前准备相应的教学资源。在上课时，教师可直接用手机开启一些不涉及编辑操作的指令来邀请学生参与课堂互动。在“模式识别”课程中，教师主要使用的微助教功能是答题（课前自测题和概念测试题）和互评（学生小组组间互评和师评），教师在每周上课前会开启对应章节的组卷供学生进行课前学习自测，同时微助教能够监督学生的完成情况。由于在之后的线下课堂会举行小测验或者课堂练习，学生整体来说是非常重视课前学习的。

（二）乐学网站

乐学网站是北京理工大学的在线教学辅助平台。教师在正式开课之前在乐学网站上创建该门课程即“模式识别 -2019”，根据学号把选修“模式识别”课程的学生名单置于课程系统之中，学生登录乐学网站即可在“我的课程”中查看所选课程。乐学网站主要包括七个板块：课程通知区、课程学习交流区、课程学习指南、讲义、视频资料、文献资料、作业和报告提交。

课程通知区主要发布教师对课程资料更新的相关通知，例如每周课程学习指南的更新公告，这样学生进入课程网站之后即可及时查看并进行学习（如图 4-3 所示）。

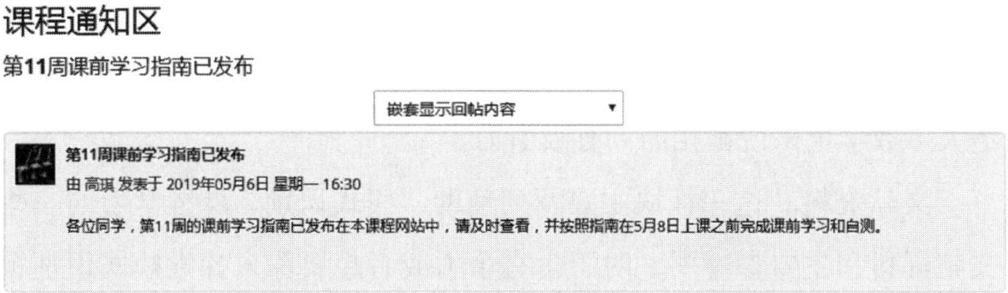

图 4-3　乐学网站课程通知区

课程学习交流区呈现的是教师布置的课后作业。这部分的内容虽然不多，但是完成度很高。例如“寻找有趣的模式识别应用实例”这一作业集众人之智，大家积极分享，举出的例子新奇而有趣。在交流区，学生不但交流和分享作业，当在课程学习中遇到问题需要讨论或者寻求帮助时也会在交流区发帖，教师总会及时回复并表达自己的看法。

课程学习指南主要包括项目实践分组名单、教学进度安排、课程考核评价说明及课前学习指南。这一板块是学生最常使用的，因为课前学习指南是每周更新的，学生需要定期查看。

讲义。“模式识别”课没有指定参考书，课程主要学习资料是教师自编讲义。虽然教师自编讲义工作量较大，但其意义不容小觑。具体而言，教师自编讲义的作用有三：一是可以根据需求进行“定制”，能够更好地为课程教学服务；二是可以突出重点，有效指导学生的课外学习；三是便于在学生课前阅读讲义的基础上组织课堂讨论，使其更具有针对性。

视频资料。教师所选择的视频资料都是能够激发学生兴趣且属当下专业前沿的案例。例如，关于环境识别提供了谷歌眼镜的视频，关于人脸识别部分则选择了 iPhone X 的 Face ID 的例子。为了激励同学们在学业上奋发努力，选择了美国卡内基·梅隆大学的计算机科学教授、虚拟科技的先驱者之一兰迪·波许（Randy Pausch）著名的演讲“最后一课”。在课堂上，教师也会在讲授相关知识点的时候播放视频，这时可以发现学生的注意力非常集中。应该说，视频的使用对于绝大多数学生来说都相当具有吸引力。

文献资料。这一板块主要罗列辅助“模式识别”课程学习的一些文献资料和主要参考书，对于学有余力或者想要深入探索模式识别领域的学生而言，这些文献资料是很好的资源指引。

作业和报告提交。该板块主要包括“模式识别”课程的项目实践个人报告和小组论文要求以及评价标准，而且，报告和论文也在此提交。

（三）微信

微信是本课程课下交流的主要工具。总的来说，本课程微信群内的互动并不频繁。教师在微信群里主要是发布通知，例如提醒学生及时进行课前学习、课程要求、作业提交截止时间、教学活动安排等，学生在微信群里主要是回应教师通知、偶尔就课程安排提出疑问或请假。一次微信群里比较热闹的情况是，课程结束后，教师在微信群里询问关于“人工智能之模式识别”慕课中是否适用“轴承故障识别”项目以及在竞赛平台和竞赛项目上有没有更好的建议，大家对此的回应和互动比较积极，提出了很多的建议并进行了讨论。当有学生说到“平台和项目都没有问题，有问题的是自己”时，教师戏称“都没问题，有问题是老师的问题”，学生笑道“看来不能再谦虚下去了”，同时提到了“模式识别”课程同学们的项目实践排名都名列 Data Castle 榜单前茅，有感而发“我觉得我们真的也不错”。可以说，本次师生之间的互动非常有趣，并且“无意间”进行了一次反馈与评价。

三、课前学习

在同伴教学法中，课前学习是一个关键的环节。只有课前学习准备充分，课堂上同学之间才能有效实现同伴互教。对本门采用同伴教学法的“模式识别”课来说，学生需要在课前学习什么呢？这里，以第 12 周的课程学习为例进行说明。

在第 12 周，学生需要学习的知识点包括线性分类器设计（一般思路）、线性分类器的计算机实现（感知器算法、线性支持向量机和非线性支持向量机）和特征降维（基本概念、特征提取和特征选择），共计 6 个学时。教师提前一周把课前学习指南发布到了乐学网站课程学习指南板块，同时在课程通知区板块和微信群进行通知，学生需要在课前及时下载查看，结合讲义和相关视频进行课前学习，同时还需要在微助教上完成课前自测题。课前自测题是为了检验学生是否预习和懂了多少，由此教师在上课前可以获得学生课前学习情况反馈，在此基础上分析大家共有的难点或者错误认识，进而选择上课需要讨论的问题并高效地组织课堂教学。

从教师发布的第 12 周课前学习指南（也就是学习任务单）可以看到，该周课前学习任务涉及以下三个方面的主题：

主题 1：通过阅读讲义第 2 章第 8—28 页“线性分类器设计”部分，在微助教中回答以下问题：

问题 1：给定一个线性可分的训练集，使用感知器法一定能找到最优的线性判别函数吗？

问题 2：为什么在 LMSE 法中可以通过只在 e(k) > 0 时修正 b(k) 来保证 b(k+1)> 0？b(k) 的绝对值只增不减对最后的最优权向量有影响吗？

问题 3：支持向量机 SVM 的求解结果，只与少数的“支持向量”有关，那训练集中的其他样本是否在 SVM 求解过程中是无用的？

主题 2：算法编程练习

有两类训练集

ω1：{(0,0,0)T，(1,0,0)T，(1,0,1)T，(1,1,0)T}

ω2：{(0,0,1)T，(0,1,0)T，(1,1,1)T}

分别用感知器法和 H–K 法求解线性分类器：

- 用 Matlab 或 Python 编程计算；
- 要输出求解结果，绘制分类决策面；
- 初始权向量、裕量向量和步长可自行设定，并比较不同设定值下的解；
- 对求解结果进行分析和讨论；
- 在微助教中以文本和附加图片的形式上传源代码、算法运行结果和分析。

主题 3：通过阅读讲义第 4 章“特征降维”部分，在微助教中回答以下问题：

问题 1：一个低维特征空间中的非线性可分问题，映射到高维空间变成了一个线性可分问题，此时再通过特征提取映射进行降维，回到低维空间。此时该问题还会是线性可分的吗？为什么？

问题 2：特征选取算法中，为什么不直接挑选单独应用时准则函数取值最大的那些特征，而要采用穷举法或分支定界法来选取最优的特征组合？

四、课堂学习

（一）激发学生学习兴趣和深度思考的课堂讲授

良好的开端是成功的一半。该课程涉及的基础理论知识和算法较多，如何把枯燥的理论和算法讲解得更为生动，让学生更容易接受，这是一个不小的挑战。在课堂上，教师非常擅于用课堂导入来引发学生的学习兴趣和深度思考。例如，在讲解“特征降维”板块知识时，教师从智能音箱入手，一上课就问学生有没有玩过智能音箱，有没有尝试过让两个智能音箱对话，这样的问题立刻就激起了学生的学习兴趣，课堂气氛随之活跃起来。随后，教师播放了智能音箱对话视频，这其中包含模式识别的很多相关知识（如语音识别、自然语言理解等）。接着，教师又播放了 2018 年谷歌人工智能大会展示的 Duplex（一种 AI 系统，是谷歌个人助理即 Google Assistant 中新增加的功能，它可以自己给饭馆、发廊等商业店面打电话，帮用户预约时间，被称为能打电话完成真实世界任务的 AI 系统）语音助理产品介绍视频，该产品被认为已通过了图灵测试。[①]更有趣的是，教师还让学生尝试拨打海底捞智能客服电话[②]，并戏称为“打 Call”。当然这不只是“打 Call”这么简单，而是为了让学

① 测试人在与被测试者（一个人和一台机器）隔开的情况下，通过一些装置（如键盘）向被测试者随意提问。问过一些问题后，如果被测试者有超过 30% 的回答让测试人不能正确辨识哪个是人的回答、哪个是机器的回答，那么这台机器就通过了测试，被认为具有人类智能。

② 海底捞智能客服电话由科大讯飞制作，于 2016 年上线，能够完成日常对话。

生了解“背后的故事”。在此基础上，教师进行了课堂相关知识的讲授，指出模式识别的发展和应用已经覆盖了生活的方方面面，但本门课我们需要学习模式识别的基础理论，从理论上弄清楚计算机为什么会具备识别的能力。在整个课程期间，几乎每节课上教师都会采用不同的方式进行课堂导入，或问题，或情境，或悬念，或观念，以此立疑激趣，使学生情绪高涨，极大促进了整堂课的有效学习。

（二）概念测试题

教师根据知识点将课程划分为不同的模块，每一模块由2—3个概念测试题构成，同时利用微助教作为课堂实时反馈系统，学生使用手机或者电脑从“学生端”进入即可答题。概念测试题的结果会直接反馈到教师端，教师根据学生回答的正确率情况来安排后续的教学。这里以“特征降维”部分关于主成分分析（PCA）的原理与特征提取的异同为例，展示同伴教学法中概念测试的实施步骤。

①提出问题，确保题意明确。教师在完成“特征降维”知识点讲解后，提出如下问题：

PCA与基于类内类间距离的特征提取有什么区别？

A. PCA不能降维

B. PCA不能保持数据集的类可分离性

C. PCA无法避免数据集信息丢失

②让学生思考1分钟，不能讨论，保持安静，确保测试结果真实。

③教师提醒学生通过微助教首次提交答案。这里主要是“强制”学生通过思考做出决策。首次回答，选择A、B、C选项的分别有1人、6人、13人（如图4-4所示）。该题的正确答案是B选项，选择B选项的学生比例是30%。当学生正确率在30%—70%时，教师需要

组织学生进行同伴讨论。此时，没有向学生公布首次答案分布。

④同伴教学，1—2 分钟。教师要求学生寻找与自己答题结果不同的同学讨论并且试图说服对方，或者彼此添加信息相互支持。教师在这一期间参与和倾听学生讨论，发现正确答案的有效论证方法（容易说服对方的），以及学生对概念有哪些错误认识。

⑤教师提醒学生再次提交答案。

⑥教师查看答案统计情况。第二次回答，选择 A、B、C 选项的分别有 0 人、13 人、7 人（如图 4-5 所示），选择 B 选项的比例为 65%。此时，教师向学生公布了第二次回答情况的统计结果，然后笑问：“大家知道第一次你们选的情况吗？”随即把第一次的统计结果展现出来。两相对比，学生中有人发出惊呼，有人大笑。

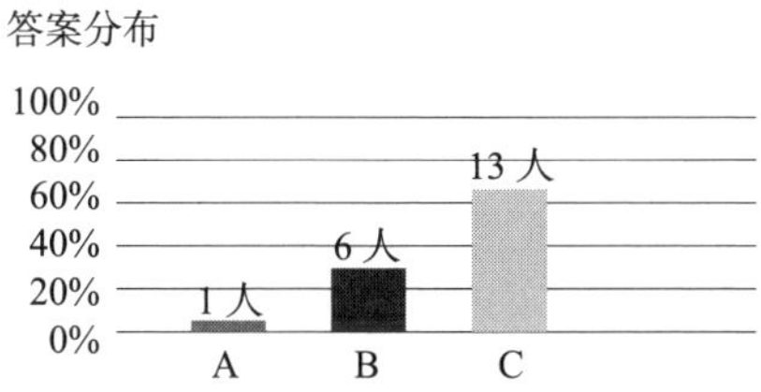

图 4-4 第一次答案分布图

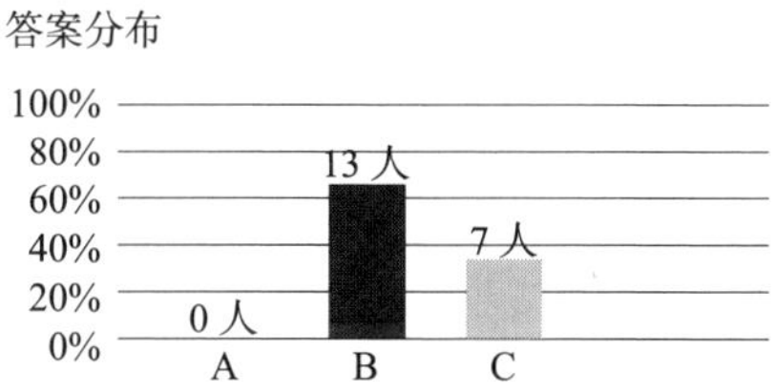

图 4-5 第二次答案分布图

⑦教师讲解正确答案，2 分钟或更多。讲解尤其针对答案中较多错误产生的地方，以加深大家对概念的进一步理解。

如果大多数学生回答错误，则返回①，做下一道概念测试题；如果大多数学生回答正确，则进入下一个知识点的讲授。

（三）项目展示

项目实践需要进行两次展示，包括项目中期展示和期末项目成果展示。

1. 项目中期展示

在第13周进行了项目中期展示。10个小组依次上台汇报，可以使用PPT或其他演示方式。每组汇报限时5分钟，但实际情况是，除了第1组发言保证了5分钟以内，其他各组发言均超过5分钟。此外，全班学生需要在微助教上对参加汇报的小组进行互评，教师提醒学生互评需要保证公平公正（因为采用了实名制，教师在微助教教师端是能够看到学生姓名的）。教师亦会参与评分（生师各占50%）。教师提前在第13周课程学习指南中公布了评分表，结果按小组所得平均分排序，得分第1名的小组所有成员获得附加分3分，得分第2名的小组所有成员获得附加分1分。由于是项目的第一次展示，有的小组明显紧张，例如第1组，但由于两人自始至终相互配合并合作发言，最后在规定时间内完成了展示。有的小组会向大家分享自己在进行轴承故障检测训练赛准备的过程中所遇到的困难，提醒同学们注意官网上的注意事项，不要因为粗心导致事倍功半。例如："注意：同一列的数据不一定是同一个时间点的采样数据，即不要把每一列当作一个特征。"对于学生而言，通过项目中期展示可以了解其他小组解决问题的思路，这对本组工作会有不同程度的启发。对于教师而言，通过项目中期展示可以了解各小组的进展情况以及存在的疑难问题，在此基础上可以有针对性地给予学生指导和评价。

2. 期末项目成果展示

第16周进行了期末项目成果展示（如图4-6所示）。每组展示时间有且只有5分钟，若超过时间没有展示完毕也必须下场。此次展示仅有第9组在规定时间内完成了展示。不同于其他小组讲解语速过快以及超时的无奈，第9组学生制作了限时5分钟的视频PPT进行讲解，有条不紊、按部就班地完成了项目展示。伴随着同学们的掌声，第 9 组的期末项目成果展示获得了全场最高分。这样的展示给大家上了生动而难忘的一课，相信每一个同学都会通过这样的“惨痛”经历而深刻记住了“时间”！在规定时间内精简而高质量地完成汇报和展示，这样的要求有利于纠正当下课堂上不时可见的长篇大论和不着重点的散漫习气。

图 4–6 期末项目成果展示现场

（四）随堂小测验

平时成绩中包含 4 次随堂小测验，每次 15 分钟。教师在第 3 次测验时和大家分享了实施小测验的原因和意义所在：“第一是为了获得反馈，大家会发现小测验的题目比较基础，主要用于检验同学们对算法是否理解，会不会用，通过前两次的测验结果，老师能够发现确实有部分学生对于算法概念的理解不够透彻。第二是为了开展形成性评价。什么是形成性评价？就是在整个过程中不断地对你进行评价，既给你反馈，也给你积累一定的分数，如果没有这个形成性评价而只有一次期末考试的话，那么，有的同学可能马上就折了。当然，如果每次测验都折了，那么最后期末考试肯定也就折了。所以呢，大家一定要重视这些测验。”

小测验采用的是开卷形式，教师会提醒同学之间不能讨论和交换答案，但可以查看讲义资料。在测验进行时教师会观察学生的做题情况，在测验结束后教师亦会对试卷进行批改或作问题备注，还会把测验的复印件返还给学生，这样师生双方均能获得及时有效的反馈，其后在此基础上进行教与学的调整。

（五）海报展示

海报展示是本门课程让人印象非常深刻的一个活动。在最后一次课上，教师拿出几张空白的海报纸，学生一开始感到非常奇怪，不知道要做什么。教师笑着解释说："这是为了让你们回顾本学期的知识点，把课程学了什么在海报上描述出来。"然后，教师把全班学生划分为10个小组，分别安排1组和10组合作，2组和9组合作，以此排列组合形成5个大组，每组4人，以下称A、B、C、D、E组。

海报准备时间原定是25分钟，因为部分小组没有完成，所以加时5分钟。学生在海报准备期间气氛非常活跃，积极讨论，借助电脑和讲义等工具进行知识导图的绘制。教师也一直在课堂内走动，观察学生的绘制进程，并时而进行简短的交流。在准备过程中，每个小组的风格迥异，例如E组在拿到海报后基于绪论课上教师展示的课程知识框架进行小组讨论，他们最先开始进行知识导图绘制并最先完成。C组则进展较慢，他们在前期主要是进行资料的收集和讨论，迟迟没有进入海报绘制，在教师两次时间提醒后，他们终于开始动笔并最终在规定时间内完成了绘制任务。A组组内的配合非常默契，小组里每人分别负责一部分知识点的绘制，最后汇总给一人进行主笔绘制。B和D两组，在海报绘制任务上始终比较顺利。

30分钟后，同学们开始进行海报展示（如图4-7和图4-8所示）。汇报期间气氛一直比较活跃，某组汇报时，其他同学会自发地汇集在该组周边认真倾听。汇报完成后，教师进行了点评。本次海报展示活动是实现该课程学习目标的一次重要学习活动，不仅吸引了学生的兴趣和注意力，促进了学生之间的充分互动，而且让学生将课程知识点融入海报绘制当中，在课程即将结束时“趁热打铁”地重温并掌握重要知识框架，形成对课程内容更为全面和立体的理解。

图 4-7　海报展示 1

图 4-8　海报展示 2

五、课程学习反馈与收获

课程结束后，高老师组织学生围绕课程教学设计、教师教学、学习收获和课程建议等举行了一次结课反馈座谈，座谈时间为1个小时。在这一过程中，高老师是倾听者和引导者，学生充分调动自己的积极性参与其中，师生双方均获得了良好的反馈。

学生表达了对教学方方面面的肯定，如课程安排清晰明了，教学进度表的设计与实施非常棒，教学方法新颖，小测验及时反馈（发还复印件且有批改）。关于学习收获，有学生说自己学会和掌握了模式识别相关基础知识，这为后期深入学习做好了铺垫。尤其是项目学习，大家纷纷表示受益良多：通过项目实践学会了实际应用，在做项目的过程中对课程内容有了更深入的理解，激发了探索相关领域的浓厚兴趣，学会更好地做PPT，学会以一种更好的方式进行汇报和展示，也学会了控制时间。尤其值得一提的是，关于项目实践小组论文写作，高老师要求小组论文的具体格式要按照“中国控制会议论文模板”进行撰写，同时也在乐学网站上传了“学术论文写作基础”资料供学生参考学习，有几名学生表示自己初步学会了论文写作的规范化。

关于项目成果形式，一个有趣的地方是，不同学生对个人报告这一任务的理解是迥然不同的。例如有学生表示：“做完项目实践中期展示和期末项目成果展示后还需要做个人报告，于我而言就是把PPT再写一遍。”也有学生提出不同意见，认为“个人报告可以减少组员不作为的情况”。对于教师精心设计的成果表达形式，不同学生的理解和领悟之所以有所不同，背后恐怕也映射了学生群体中存在不一样的学习观和学习投入度。

有学生表示：“我是老师的大迷弟。”简单的一句话让人忍俊不禁。

当教师跳出传统教学模式的舒适圈而采取创新教学方式时，不仅能够促进学生的有效学习，也能够成为学生心中的偶像明星。

在访谈中，有一名学生说："选课时想要'划水'的同学看到老师的名字就'吓跑了'，除了'没得选'的，敢选这门课的都是想要学习更多知识的。如果上其他课程，最后的作业抄一抄指不定就行了，我们这门课的作业贯穿始终，不是拿别人的东西过来改一改就能解决的，这种课程的性质让一些同学望而却步。"

六、结束语

在高琪老师的"模式识别"课上，同伴教学法是一种部分翻转课堂，其中教师讲授占有一定的比例。学生主动学习主要体现在课前学习（阅读讲义和解答学习任务单上的问题）、课堂概念测试、海报展示以及项目实践上。在"模式识别"课上，同伴教学法显著提升了学生的课堂参与度和学习成效，无论是对学生还是对教师来说，这都是一种让人有成就感的体验。

"模式识别"课是一个只有20名学生的小班课。事实上，高琪老师在他所教授的"软件工程导论"大班课（学生200名左右）上也同样使用了同伴教学法，学生的学习成效同样是显著的。高老师从控制与反馈的角度谈了很多关于同伴教学法本身以及该方法适用于大班课堂的思考，这里不妨把他连续表述的精妙语录选摘如下：

在同伴教学法中，讨论要有观点，没有观点的讨论是讨论不起来的。如果我们的课程想用讨论的方法，教师跟学生说一个主题，然后说下面大家开始讨论吧，学生是不会讨论的。你一定要让每个学生都有他自己的观点，因为有了观点，才能说服别人。而在要去说服别人的时候，讨论也才能有效。同伴教学法通过强制决策建立了有效讨论的基础，强制决策即是让每个人都要答题，如果没答，学生就讨论不了，因为没有观点。是故这一方法能够提高所有学生的课堂参与度。

让教师很头疼的是，大班课堂怎么去做课堂互动？单纯的提问仅仅是教师与被提问学生之间的互动。而且，教师提问时部分学生的心态是很紧张的，心里想的是“千万不要叫到我”。应该说，同伴教学法把这些问题都解决了。在大班课堂上，可以让所有学生都讨论起来。学生选择答案，之后再讨论，不需要固定分组，只需要与邻座同学方便地展开讨论。

我是学自动化的，我们研究控制理论。控制理论主要研究两件事：一是研究反馈，二是研究稳定性。一个系统，一旦有反馈，它就会稳定，而你想要它稳定，你就需要研究这一反馈。任何系统要实现预定的目标，一定是形成一个反馈系统，即根据当前的期望输出，之后再根据实际输出和期望输出之间的偏差，给予一个控制量来控制被控对象，在持续调整中实现实际输出。那么，教学是同理的，教学里面这个控制器就是教师，而被控对象就是学生。我对学生有一个期望——也就是学生的学习成果，然后希望通过我自己的教学活动，在学生身上产生一个学习成果。我就把学生的学习成果反馈收集回来，看看有没有偏差。如果有偏差，我们就会调整我们的教学。这一方法是时时不断地在收集反馈的。由此教师就非常清楚学生现在的学习状况有没有达到期望。在同伴教学法中，通过讨论建立有效讨论的焦点，然后通过实时反馈，建立了一个闭环的教学过程。

针对不同的学科、不同的课程、不同的学生和不同的教室环境，教师可以设计各种变式的同伴教学法。此外，对于教师而言，如果有适当的、现成的学科概念测试题，教师也完全可以采取“拿来主义”。相信随着同伴教学法实践的进一步发展和传播，各个学科都会逐渐建设和完善公共的概念测试题库。例如，对于大学物理课而言，就我们目力所及，除了马祖尔出版的《同伴教学法——大学物理教学指南》汇有各种大学物理概念测试题外，我们还见到了国内学者陈晓白和李宝河等人编著的《大学物理同伴教学案例库》。不能不说，以物理课为先导的高校翻转课堂之同伴教学法，为未来高校各学科翻转课堂的深入发展树立了典范。

第五章

基于 PBL 的高校翻转课堂

不闻不若闻之，闻之不若见之，见之不若知之，知之不若行之。学至于行之而止矣。

——荀子[①]

“基于问题的学习”（Problem-based Learning，简称 PBL）和“基于项目的学习”（Project-based Learning，简称 PBL）是近年来很受关注的主动学习方法，这二者通常都被人们称为 PBL。PBL 可以和翻转课堂结合，或者其本身即构成翻转课堂结构的一部分。本章在阐述 PBL 内涵的基础上，以教育学研究生课程和计算机本科生课程为例，刻画 PBL 翻转课堂的微观运作，以期从中获得有益的启示和借鉴。

① 荀子．荀子 [M]．安继民，注译．郑州：中州古籍出版社，2008：116.

第一节　“基于问题的学习”概述

一、什么是“基于问题的学习”

“基于问题的学习”之理论基础源于建构主义。建构主义是一种有关我们如何理解或知道的哲学观。建构主义认为知识是由个人创造或建构的。建构主义有三个重要的命题：①理解是人与环境的相互作用；②认知冲突或困惑是学习的刺激物，并决定学习的组织和本质；③知识通过社会协商和对个人理解的评价而演进发展。[①] 在建构主义理论观照下，教学所要遵循的主要原则应该是：教师设计真正的任务或问题，学生进行合作学习，并自行决定其学习目标，自主决定问题解决过程，并对自己的学习内容和学习过程进行反思。

“基于问题的学习”是一种以学生为中心，通过把学生置身于结构不良的、真实的或接近真实的问题情境中，培养其建构知识、解决问题、团队合作、自主学习等能力并激发学生学习的内部动机的教学模式。“基于问题的学习”具有一些核心特征。

（一）以问题为中心

“基于问题的学习”课程内容的组织围绕问题而非学科，问题或问题情境首先出现，理论和原理的学习是在解决问题的过程中逐渐了解和掌握的。“基于问题的学习”之问题通常是复杂的、真实的和结构不良的，问题有多种解决方案，或者每种解决方案可有多种路径指向，或者根本就没有解决方案。“基于问题的学习”之“问题”不同

① Savery J R, Duffy T M. Problem-based Learning: An Instructional Model and Its Constructivist Framework[J]. Educational Technology, 1995, 35(7): 31–32.

于“基于学科的学习”（Subject-based Learning，SBL）中的“问题”，准确理解这一点，是我们准确理解“基于问题的学习”的关键。在传统教学中，很多教师经常会在讲授之后或在学生阅读文献之后，基于已经给定的信息而提出一系列问题，这些问题一般是结构良好的，它们是前面所学理论或原理的延伸，可以通过研讨形式围绕这些问题展开讨论，但是其关注的焦点是获得教师所期望的答案，解决方案总是与学生应该掌握的特定课程内容相关。“基于问题的学习”与“基于学科的学习”，其运作流程恰好相反（详见图 5-1）。“基于问题的学习”是以解决问题为中心、强调学生学习过程的学习，实际上也是一种“做中学”。

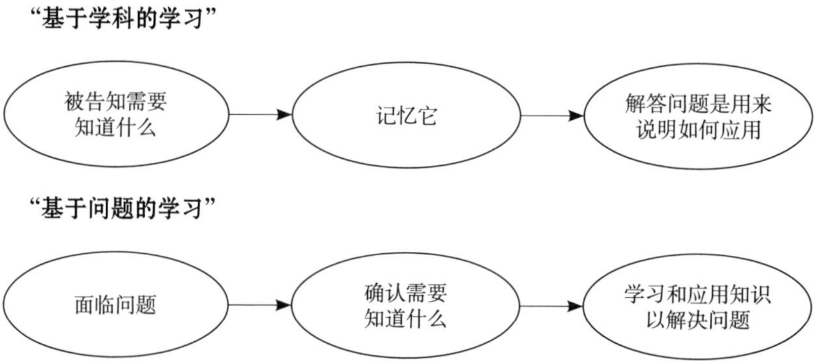

图 5-1 “基于学科的学习”与“基于问题的学习”的差异[①]

（二）以学生为中心

“基于问题的学习”重视学生的学习起点、学习兴趣和学习经验。问题经常反映或基于现实生活情境，并为学生提供了一种更接近现实生活的学习方式，让学生对学习的方向和内容有更多的控制，因为学生被赋予设定自己的学习问题或学习目标的自由，并且能够自行决定

---

① Spence L D. Problem Based Learning: Lead to Learn, Learn to Lead [EB/OL]. [2019-09-16]. http://www.personal.psu.edu/users/f/u/fuf1/IST_PBL_Handbook.pdf.

他们将怎样学习这些问题。“基于问题的学习”重视知识的发现而不是知识的传递，重视创造师与生、生与生的对话教学气氛，在这样的气氛下学生常常感觉自己是安全的、为别人所接受的。

（三）课程目标整合学科内容和技能发展

学生在解决特定问题的学习过程中，同时也是在学习学科内容。学生学习如何确定学习目标，学习如何收集和加工信息，学习如何分析和解决问题，学习如何在小组中工作并学习领导一个小组。这些学习既有助于获得学科技能，也有助于获得可迁移技能。学科技能是通过问题设计而直接获得的，而可迁移技能是通过问题解决过程本身而间接获得的。例如，就教育管理学科而言，所发展的学科技能可能涉及使用图表和模型、获得和使用相关数据、评价相关政策、分析现实问题等，所发展的可迁移技能可能涵盖时间管理、团队工作、独立学习、做决策、问题解决、交流想法和结果等。在一定意义上，这些学科技能和可迁移技能是科研技能的基本要素，因为科研就是有计划、有系统地收集、分析并解释资料以寻求问题解决的过程。

（四）自主学习

“基于问题的学习”之教学过程的主要任务是确定问题，围绕问题组织学习，并确定支持学习的资源和工具。整个过程重视的不是结果而是过程本身。所以，这不是一种被动学习，而是一种自主学习，它强调学生对自己的学习负责。这种自主学习有利于发展学生的元认知技能，即学生意识到：关于问题他们已经知道什么，为了解决问题他们还需要知道什么，为了解决问题需要使用什么方法。这实际上也是一种深度学习，因为学习就是致力于发展个人的理解、应用、分析和综合能力。

（五）合作学习

“基于问题的学习”不但支持自主学习，也支持向其他学生学习。

因为就“基于问题的学习”来说，学习是共享的过程，因而小组合作学习至关重要。小组合作学习作为对个人自主学习的一个极为重要的补充，它不但使学习不再单调无趣，而且有利于提高学生的交流技能和人际技能。通过小组合作学习，学生进行互动并彼此反馈，在此基础上提炼自己的思想，并进一步提出新的思想。小组合作学习和讨论不但发生在课堂之上，也常延伸到课堂之外。每个小组少则2—3人，多则十几人不等。为促进个体对小组的贡献，“基于问题的学习”通常设置有效的小组规则。

（六）教师作为促进者

在“基于问题的学习”中，教师的角色主要是促进者、帮助者、引导者或向导。“基于问题的学习”中教师的角色可以通过如下一段师生对话加以描述。某学生问：“你的意思是，这门课程我们要自己弄清楚什么是我们需要知道的，然后彼此互相帮助进行学习，是吗？可这是教师的任务，不是我们的任务。”某教师答：“是的，就是这个意思。我的工作是设计问题，选择资源，帮助你们管理你们的学习。我是作为你们的教练，尽力推动这一过程的顺利进行。你们的任务是学习。”[①] 从这一对话可以看出，教师的角色是促进者。教师需要提出问题，提供必要的资源，营造学习氛围，推进“基于问题的学习”进程，主动倾听、观察并适时和适当地介入小组学习，鼓励学生进行反思和回顾，培养学生的各种能力（如问题解决能力、元认知能力、批判性思维等），帮助学生成为自主学习者。

二、什么样的问题是一个好的问题

从“基于问题的学习”的核心特征看，“基于问题的学习”首先是

① Spence L D. Problem Based Learning: Lead to Learn, Learn to Lead [EB/OL]. [2019-09-16]. http://www.personal.psu.edu/users/f/u/fuf1/IST_PBL_Handbook.pdf.

以“问题”为中心，问题或问题情境的设计是“基于问题的学习”的起点。问题好不好，问题质量如何，是影响“基于问题的学习”成功运行的首要因素。

学者对于问题的分类有不同的看法，但大体可以按照邦威尔等的方法将问题分为认知记忆型问题、聚合型思维问题、发散型思维问题和评价型问题。不幸的是，多数教师发起讨论的问题常常会落在认知记忆型问题上。例如，有研究表明，在过去的 50 年时间里，在教师所要求学生进行讨论的问题中，有约 60% 的问题要求学生回忆事实，约 20% 要求学生思考，剩下的 20% 则关乎程序。[①] 就翻转课堂来说，如果课堂讨论的目标仅仅局限于知识和技能的简单记忆与操作，课堂上充斥更多的是知识性提问，应该说，这样的讨论是不利于学生的高阶认知技能的发展的。

那么，究竟应该如何设置问题呢？或者说什么样的问题才是一个好问题呢？应该说，不管问题类型如何，一个好问题首先应该指向学习目标。对此，布卢姆教育目标分类及安德森修订版分类为我们设计讨论问题提供了有益的参照框架。如前所述，布卢姆把认知教学目标由低到高分为六类，即知识、理解、运用、分析、综合和评价，这一目标在后来被安德森小组修正为记忆、理解、运用、分析、评价和创造。根据这样的目标框架，可以针对不同层级的认知技能来设计不同层次的问题。低层次的问题适用于评价学生的学习准备情况和理解程度，而高层次的问题则鼓励学生进行批判性思考、解决问题和创造。

一个好问题除了指向学习目标，还具有怎样的特征？有很多研究对高质量的“基于问题的学习”中问题的特点进行了探究。例如，一

① Bonwell C C, Eison J A. Active Learning: Creating Excitement in the Classroom[R]. ASHE-ERIC Higher Education Report No. 1, George Washington University, Washington DC, 1991: 40.

项研究从学生的角度对其进行了探究，结果表明，一个好问题最重要的特质是：①导向恰当的学习目标；②促进自主学习；③激发批判性思维；④促进小组工作；⑤富有趣味；⑥具有恰当的形式；⑦问题清晰；⑧问题阐述详尽；⑨问题适切；⑩与先前知识相关；⑪具有一定的难度。①

还有一项研究从以下七个维度对有效问题的特点进行了总结：①真实；②激活以前的知识；③足够复杂；④激发小组讨论；⑤引发学习问题；⑥激发自主学习；⑦结构适当。这七个维度的具体含义如图5-2所示。

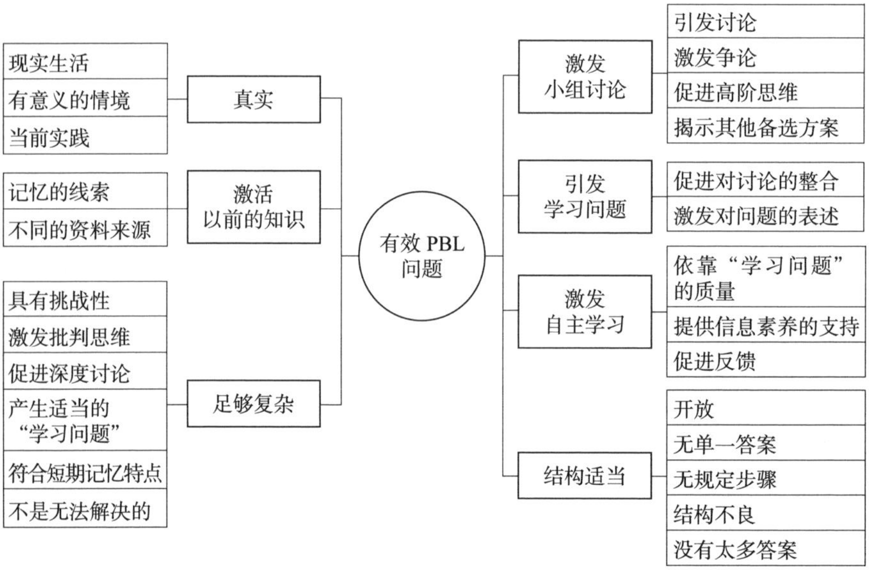

图5-2 有效问题的特点②

① Sockalingam N, Rotgans J, Schmidt H G. Student and Tutor Perceptions on Attributes of Effective Problems in Problem-based Learning[J]. High Education, 2011, (62): 8.

② Barrett T, Moore S. New Approaches to Problem-Based Learning: Revitalizing Your Practice in Higher Education [M]. New York: Routledge, 2011: 42.

可以看出，“导向恰当的学习目标”“促进自主学习”“引发思考”“问题真实或适切”是研究中高频使用的词汇。作为学习起点的问题，应该能够引出与所学领域相关的概念和原理，保证通过问题解决可以达到学习目标，同时，该问题应该是结构不良的、开放的、真实的和复杂的，能与学习者的个人经验世界产生共鸣，激发他们的探究动机、兴趣和热情。

在对问题的现实性和真实性的理解上，需要进一步加以说明。例如，有这样一个问题：“究竟是什么原因造成了去年中西部的洪水泛滥？我们应该做些什么才能避免洪水在未来再次发生？”应该说，这样的问题就是真实的和现实的，因为它直接取材于过去的生活情境。这种取材于具体生活情境的问题的好处在于：这样的问题是学生所熟悉的，与个体经历的生活某一方面有着某种相似性，有利于激发学生投身学习的热情，而且这样的问题容易引发学生的兴趣，他们兴致盎然地想弄清楚问题的答案到底是什么，而这些都是非现实问题所不可能做到的。

一个好问题可以来源于教科书后的练习题、案例研究、考试题、课程中用到的例证、科研项目、学术论文、教师自身或同事的实践、大众传媒等。教师在撰写有价值的“基于问题的学习”的问题时，需要注意以下三个方面：第一，课程到底想要学生学习哪些内容和概念？第二，哪些故事能够吸引学生的注意力？关于注意力问题，一个比较可取的做法是，可以在内容上选择当代议题，在叙述风格上可以给学生安排故事中的主要角色，而且语言应尽可能生动和幽默。第三，在问题的结构上，应尽可能使问题具有开放性和挑战性。

三、“基于问题的学习”的实施过程

“基于问题的学习”始于 20 世纪 70 年代的医学院，此后，很快在商学、教育、建筑、法律、工程、社会工作等学科领域传播开来。以医学为例，“基于问题的学习”的主要模式是，针对某个病人病案，把学生分成几个小组，每个小组分配一名促进者。学生的主要任务是诊断病人并能提供诊断的理论基础，提出治疗建议。第一次小组会面，他们开始讨论问题，基于他们自身的经验和知识产生假设，确定相关事实，并确定“学习问题”（learning issue）。学习问题是小组学生在此过程中还搞不明白的任何问题。之后，每个学生进行自主学习，使用相关资源搜集信息。然后，小组第二次碰面，评估资源，并在新的理解基础上重新思考和审视问题。一个“基于问题的学习”过程一般持续一周至几周不等。

总的来说，“基于问题的学习”即学生确定重要的问题，然后从各种来源去获得知识和技能以解决问题，教师是作为促进者。具体而言，学习小组面对问题之后会讨论如下三个方面的问题：第一，关于此问题，我们已经知道什么？第二，我们还需要知道什么？第三，对于还不知道的，我们将怎样进行学习？在这一步骤，学生一般会按照重要性排列学习问题的次序，集体决定哪一问题将会是小组所要探讨的。小组要进行内部成员分工，对学生个人来说他将就自己负责的那部分内容向小组其他成员进行汇报。这里值得注意的是，一开始并没有预先指定的目标呈现给学生，是由学生基于问题分析而发现学习问题（即学习目标）。

关于“基于问题的学习”之实施过程，无论是理论还是实践都呈现为一种多元化的样态。这里介绍一个“基于问题的学习”之学习过程模型，如图 5-3 所示。可以看出，“基于问题的学习”实施大体上涉及了准备工作、阅读问题、定义关键问题、头脑风暴、讨论和综合、形成“学习问题”、独立学习、共同建构知识和开展行动计划等步骤。

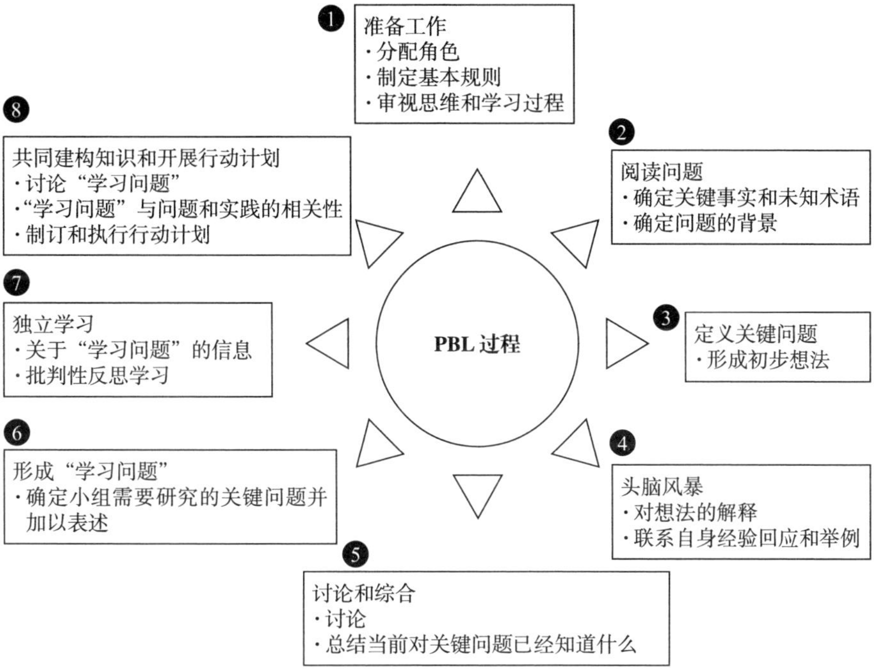

图 5-3 “基于问题的学习”之实施过程①

为了更好地实施“基于问题的学习”，学生一般会在第一堂课上领到课程的“基于问题的学习”手册。“基于问题的学习”手册一般包括以下几个内容：①“基于问题的学习”过程的简要说明以及每一阶段的时间分配；②说明小组会面的结构如何，包括小组组长和组员的职责分工；③任务的汇报，口头还是书面？④评价标准；⑤每一个“基于问题的学习”任务的规定，包括学习结果和阅读指南；⑥对“搭便车”行为的惩罚。

① Barrett T, Moore S. New Approaches to Problem-Based Learning: Revitalizing Your Practice in Higher Education [M]. New York: Routledge, 2011: 14.

第二节 “基于问题的学习”之翻转课堂教学案例

“基于问题的学习”可以分为两种类型，一是纯粹模式，二是混合模式。纯粹模式是指一门课程的全部内容都以问题为中心，学生以小组合作的形式学习课程，教师讲授少。混合模式是指一门课程为更大程度地发挥传统讲授式教学的优势，并减少学生在“基于问题的学习”中面临的认知压力，采用讲授—基于问题的学习循环交替的混合式教学模式。加州大学伯克利校区教育学院“教育政策执行研究组”（Education Policy Implementation Research Group）和“教育政策与学校改革”两门研究生课程分别是纯粹模式 PBL 和混合模式 PBL 翻转课堂的典范。[①]

一、“教育政策执行研究组”PBL 翻转课堂案例

“教育政策执行研究组”是加州大学伯克利校区教育学院一门为期一年的研究生课程，课程人数控制在 15 人，每周 3 课时。该课程主要探讨如下问题：政策是如何在系统中运行以及在学校和课程中得以执行？政策制定的组织的、文化的和政治的条件是什么？政策对于不同种族、阶层和语言背景的学生会产生怎样不同的影响？学区在学校改革中起什么作用？正式的政策系统之外的行动者对执行过程的作用是什么？

该门课程由两种类型的活动构成，一是阅读活动，二是科研活动。就整门课程而言，在学期伊始，大家阅读更多的论文，讨论更少

① 以下相关内容根据笔者在加州大学伯克利校区教育学院访学期间对两门课程的参与式观察整理而成。

的科研。但随着课程的展开，阅读活动和科研活动会逐渐走向平衡。无论是阅读活动还是科研活动，都要求学生事先阅读相关材料，在课前做好充分准备，在课上能够提供建设性的反馈意见；保证出勤，每学期缺席不超过两次。成绩评定有“及格”和“不及格”两种。

阅读活动的目标在于帮助大家形成对政策执行不同理论视角的共同理解，相关理论包括但不限于制度理论、社会运动分析、冲突理论和组织学习理论等。在每学期的第一次课上，学生首先通过头脑风暴提议阅读材料并进行排序，之后，教师将根据小组的讨论结果给出文献阅读的建议。学生一般每周阅读一篇文献，课前阅读，课上小组讨论。文献阅读部分的讨论侧重于探讨教育政策执行的相关主题，而且强调批判性地分析文献的研究质量。这样的讨论既深化了学生对政策执行相关问题的共同理解，又促进了对高品质科研特点的深入理解。

科研活动的核心是对小组成员的学习进展给予评价和反馈，并通过对个体所开展的高品质科研的讨论和反馈，提高学生的科研能力——包括研究问题的提出、理论框架、研究设计、数据收集、分析、写作和成果发表。科研活动部分对于学生提出的要求是，每个学生每学期至少做一次 Presentation（课堂展示）（对一年级研究生并不提出这一要求，除非他们本人自愿展示）。每个学生需要做 Presentation 时，应该提前把书面材料提交到 B-Space 学习管理系统。在系统上提交自己的研究论文时，其中必须包含写给小组成员的导读性文字。在课上所做的 Presentation 应该对自己的工作进行批判性反思。例如，Liz 同学是这样在 B-Space 系统上表述自己的困惑和问题的：

我希望你们帮助我考虑以下几个方面：第一，确定我的论点是否清晰，论据是否充分，如果不是，我还应该做些什么？第二，还有没有哪些制度理论或其他理论的重要思想在我的论文中没有阐述或阐述得不够充分或者不够准确？第三，关于理论基础还有什么建议？应该放在文中的什么位置？

该门课程在名义上有一名教师，但教师自始至终并不出现于课堂之上。课程有一位协调人（Coordinator），两位科研促进者（Student Work Facilitator），两位阅读促进者（Reading Facilitator），这三种角色是由当下选修该门课程的15名研究生之中的5名来担任的，三种角色都有各自确定的职责。例如，协调人的职责是：与主讲教师保持联系；制定每个学期的B-Space教学日历；记录出勤情况；成员资格管理；与教师沟通有关成绩评定。科研促进者的职责是：主持小组科研活动的讨论；上课宣读课堂规则并确保规则的运行；掌控时间；分配记录任务；推动讨论，避免讨论跑题。阅读促进者的职责是：推动讨论，使之按照日程进行；为小组成员准备好读物，并上传到B-Space系统。

在一定意义上，“教育政策执行研究组”是一门“基于问题的学习”的翻转课程，因为它不是根据学科逻辑展开——从概念到理论再到应用或案例，而是围绕问题来学习概念和理论。

首先，就科研活动而言，每一个学生所从事的科研都是针对一个有待解决的真实的和真正的问题，即它是由学生提出一个研究问题并着力于分析和解决这一问题，学生在这一过程中将呈现他（她）的整个科研过程——从问题提出、理论框架、研究设计、数据收集、分析到写作。在每一环节，学生都会有自己的困惑，他（她）在小组成员面前提出自己的困惑，大家先了解他（她）的困惑，继而展开讨论，提出各自的意见，并在此基础上达成共识。

其次，就阅读活动而言，某一学者的论文本身同样是一个真实的和真正的问题。对于论文作者而言它是一个解决问题的过程，但对于读者而言，他们在阅读与思考过程中将产生自己的困惑，并提出自己的学习问题，如论文作者是如何提出问题、建立假设、收集数据和分析问题的？虽然学生阅读论文大体遵循这样一个共同的问题框架，但就每一篇论文而言，其对于这一问题框架的回答却是各不相同的。学生们将纷纷从自己的视角致力于问题的解答，评价和学习论文的优点，并批判性分析论文可能存在的不足以及有待进一步解决的问题。

最后，课堂呈现为翻转课堂“课前自主学习＋课上主动学习”的典型结构，学生首先在课外接触课程即将学习的新材料（通过阅读文献），然后在课堂时间里通过问题解决、讨论或辩论等策略完成知识的内化。这一课程采用“纯”PBL 翻转课堂模式，因为整个课程没有教师讲授，PBL 在课程中所占比重为 100%。

二、“教育政策与学校改革”PBL 翻转课堂案例

“教育政策与学校改革”是加州大学伯克利校区教育学院的另一门研究生课程，授课教师是福勒（Fuller）教授。该门课程的目标是促进学生的好奇心、知识和方法论技能的发展，具体表现为以下四个方面：①检验政策革新，这些革新与儿童、家庭和地方教育者的生活密切相关；②理解政策制定者和政策分析家的工作，深入分析他们所使用的分析方法和政策模式；③运用历史的和理论的视角，理解学校问题是如何由政策行动者所塑造的，政策干预所发挥的作用是什么以及为什么发挥作用；④评价体现于自由资本主义社会的深层次的经济的和制度的力量，这种经济的和制度的力量影响了儿童的生活机会、学校资源的配置和自治州的效能。

课程内容主要探讨当代政策议题，并把这些议题归入由以下四个内容或假设所构成的基本框架之中：①建立严格的、一致的问责制有利于提高学生的学业成绩；②如果政府对教育投入更多的经费，而且

学校能够有效使用这些经费，那么学生的学业成绩将得到提升；③重要的是谁在政治上控制学校，即如果政府对于学校的管理和经费投入是权力下放的，那么社区的控制和市场的机制将会导致学校之间的健康竞争和教育质量的提升；④如果社会阶层不平等、种族或文化差异以及权力关系等问题不能得以解决，学校依然会作为一种机制在复制社会的不平等。

课程的教学方法建立在授课教师所关注的关于政策学习的两个基本原则基础之上：一是学习应该是有趣的；二是课程概念框架的学习应渗透于地方政策选择和执行的案例之中。课程前半期内容主要涉及两个典型案例的学习，第一个案例涉及为学校提供一般性公共经费的范围广泛的改革运动，第二个案例涉及洛杉矶的学校的当前改革举措。这两个案例的学习都采用教师讲授与学生讨论相结合的方式。教师讲授的部分关注当代政策议题的来龙去脉，强调贯穿于教育政策议题之中的不同形式的知识和方法。在教师讲授过程中，教师鼓励大家就有关思想和证据的有效性进行提问和讨论。事实上，教师讲课中不时有学生举手进行提问或表达看法。整个课堂上总计有20多人，一次课下来几乎每一个人都会举手发言。在讨论环节，教师每次在课堂上都会把学生随机分成三组进行讨论。为促进讨论和确保质量，教师要求每个学生每周在课前事先就所读文献写作一篇两页的备忘录，教师对每篇备忘录都会给出简短的评论和建议。在整个学期，每个学生总计需要完成14篇备忘录，备忘录成绩占课程总成绩的40%。自课程教学中期开始，课堂上还增加了以学习小组为单位进行的Presentation。每个学习小组3—4人不等，小组名单在课程早期阶段就已经由教师排定下来。每个学习小组选择教师在课程大纲中编排的2—3篇文献，课下共同学习和讨论，在此基础上提出本组的学习问题并进行深入学习和思考。之后在课堂上面对全体学生做两次 Presentation，其成绩占课程总成绩的 20%。除了备忘录和 Presentation，每个学生还要完成一篇学期论文，针对某一政策问题，根据课程所学相关理论框架对其进行诊断和提出解决方案，这一部分占课程总成绩的 40%。

笔者在该校访学期间旁听了此门课程，由教师安排与另两名同学组成了学习小组。我们小组选择了三篇文献，其主题分别是“评估学校资源的有效性”“加州学校经费投入新方案”“学校经费投入的地方实验”。小组围绕这三篇文献做了两次报告。围绕第一篇文献，小组经学习和讨论碰撞提出了如下几个学习问题：①文献作者所着手解决的研究问题是什么？②他得出了什么结论？使用了哪些证据？③为什么资源可能并不重要？④作者分析中并未阐明的资源的重要意义可能表现在何处？⑤从结论中可以得出怎样的政策建议？⑥结论和建议是否都有有力的支撑？围绕第二篇文献和第三篇文献，我们在讨论和学习后产生了如下学习问题：①加州的教育经费拨款的加权新方案是什么？②我们意欲在新方案中加入什么？③加权新方案的利是什么？④加权新方案的弊是什么？带着这些学习问题，我们开始了对文献的进一步学习和思考，提出我们自己的思路，并且把这些问题带到课堂上向全班同学提出（教师要求每位同学在课前都要阅读这些文献），带动其他同学一同思考和研究。

在一定意义上，“教育政策与学校改革”也是一门翻转课程，因为它不是根据学科逻辑展开——从概念到理论再到应用或案例，而是围绕问题来学习概念和理论。首先，教师讲授部分是提纲挈领地介绍当代政策议题的来龙去脉，着眼于问题，强调方法和思路，中间时刻穿插学生的讨论与提问；第二，每个学生都需要在课前阅读课上所要学习的文献，同时要在每周课前完成学习备忘录，这实际上就是课前自主学习的一部分，它也成为学生课上进行提问和讨论的基础；第三，每个学习小组选择2—3篇文献进行重点阅读，课下共同学习和讨论，在此基础上提出本组的“学习问题”并进行深入学习和思考，之后在课堂上面对全体学生作陈述报告，这一板块对于小组学生而言也是基于问题的学习。

总之，“教育政策与学校改革”采用了混合式PBL（即教师讲授+PBL）翻转课堂模式，课堂呈现为翻转课堂“课前自主学习+课上主动学习”的典型结构，学生在课前充分阅读文献，而后在课上致力于通过讨论或辩论等完成知识的内化，教师讲授也贯穿于整门课程之中。

三、结束语

加州大学伯克利校区教育学院“教育政策执行研究组”和“教育政策与学校改革”两门课程分别是纯粹模式PBL翻转课堂和混合模式PBL翻转课堂的典范。两门课程的核心要素是“问题”，此外，“以学生为中心”“课前自主学习”“课程目标整合学科内容和技能发展”“合作学习”和“教师作为促进者”也构成课程的核心特征。从教学目标看，两门课程的教学目标更倾向于培养学生的高阶思维能力，旨在使学生能够在分析、综合和评价等高阶认知目标上有所发展，而不是停留于低阶的知识记忆和理解层面。

以上两门课程给我们的启示是，PBL翻转课堂不必拘泥于固定的一套程序，在确保PBL翻转课堂内在精神和特征的前提下，完全可以根据不同课程的实际情况灵活变动。在PBL翻转课堂中，尽管问题并不总是会有解决方案，但它提供了一个真实的学习环境，在其中学生能够确认什么问题是需要研究的，并从分析和解决问题中提升自己各方面的能力。尤其是对于研究生教学来说，应该加大PBL翻转课堂的比重，尽可能减少教师讲授的比例。作为教师，应该充分发挥创造力，灵活构造各种变式的PBL翻转课堂，以适合自己所需，使其为自己所用。

第三节 “基于项目的学习”及其翻转课堂教学案例

一、什么是“基于项目的学习”

“基于项目的学习”通常也被称为“项目学习”，它与发现并解决真实世界的问题有关，是在问题解决中进行学习。关于“基于项目的学习”比较有代表性的定义，在此列举以下两个：

> 项目学习活动往往围绕着具有一定挑战性的项目主题展开，主题的选定往往来自真实的环境，依托某一学科理论，并在活动过程中体现多学科交叉的思想。①
>
> 项目学习是一种以学生为中心的教学模式，是学生从真实世界中的基本问题出发，围绕复杂的、来自真实情境的主题，以小组方式进行周期较长的开放性探究活动，完成一系列诸如设计、计划、问题解决、决策、作品创建以及结果交流等学习任务，并最终达到知识建构与能力提升的一种教学模式。②

在基于项目的学习中，教师是作为促进者而发挥作用。教师要向学生介绍学科发展前沿，讲授必要的研究方法，把最新相关研究成果融入课程，让学生学会使用相关研究工具，创造师生全员投入的研究文化氛围。在项目学习期间，教师提供必要的指导并评价学生的工作表现，提供相应的资源、信息和咨询，定期与学生讨论研究计划。

① Solomon G. Project-Based Learning: A Primer[J]. Technology and Learning，2003,(1): 20−30.

② 柯清超．超越与变革：翻转课堂与项目学习 [M]．北京：高等教育出版社，2016：129.

“基于问题的学习”与“基于项目的学习”是两个很接近的教学模式和方法，它们的英语缩写都是PBL，在教学理念上也有很多相同之处，因此也有一些学者认为这两种教学模式是一样的。国外有学者建议把“基于问题的学习”作为“基于项目的学习”的一种特例，即“基于问题的学习”是把“基于项目的学习”中的“项目”定义为要解决的一个问题。同时，也有学者认为“基于问题的学习”外延大于“基于项目的学习”，因“项目”也是一个“问题”。

“基于项目的学习”与“基于问题的学习”具有很多相同点：①聚焦解决开放性的问题或任务；②强调知识与技术的真实应用；③促进学生21世纪技能的建构；④强调学生的独立自主学习与探究学习；⑤教学比传统课堂需要更长的时间（跨课时、跨单元），知识更加综合化。但两者之间也会有一些差异，如表5-1所示。

表5-1 “基于项目的学习”与“基于问题的学习”之差异[①]

	“基于项目的学习”（Project-based Learning）	“基于问题的学习”（Problem-based Learning）
教学内容	开放、多学科知识整合	大部分为单一学科，也有多学科知识整合
教学时间	时间较长，需要多周或多个月完成一个项目	教学时间较短
学习方式	多样化学习步骤	按照预设的学习步骤进行
学习产出	创作的具体作品、表演等	可以是有形的或无形的解决方案、解决思路
学习情景	大部分是真实世界的问题、任务、预设等	常常使用案例、虚构的情景或虚构性的问题等

“基于项目的学习”，是从任务的角度出发，要求学生以报告或设计方案的形式提交项目成果，它既可以是一次口头陈述、一份书面

① 柯清超．超越与变革：翻转课堂与项目学习[M]．北京：高等教育出版社，2016：130.

报告、一个产品设计等，也可以是一份调查报告，还可以是歌舞、小品、绘画等。“基于问题的学习”之重点不在于这种结果，它是开放式的、非预定性的，问题将为学生提供学习的情境，解决问题只是学习过程中的一部分，而且重点不是清楚确定的解决方案。

二、“基于项目的学习”的意义

“基于项目的学习”的意义，主要表现为以下几个方面。

（一）促进知识的理解和应用

可以从学习的情境认知理论来解读基于项目的学习。该理论认为，概念性知识不能从学习和运用它的情境中抽离出来。知识是一套概念工具，只有通过在某一领域真实的活动中运用知识，才能更好地理解知识。学习的情境认知理论的假设是：第一，学习是一个社会的过程；第二，有意义的学习是主动的、建构的和自我调整的；第三，学习活动应该反映现实世界，而不是脱离背景的学术任务。[①] 应该说，“基于项目的学习”背后的思想与这些假设是一致的。

（二）提升研究能力

在“基于项目的学习”中，教学、学习和研究是一个统一的过程。把项目直接融入课程之中并作为整个课程的核心内容，实际上是在课程学习层面整合教学和研究。研究本身，即是一种重要的教学活动。研究意味着创造，项目一般是围绕一个新问题、新假设或对于老问题的新探究来展开，在从事研究的过程中，学生学习如何表述问题和假设，学习如何收集证据，学习如何回答问题和检验假设，这一过程是创造性工作和科学实验所固有的。即使这样的努力走错了方向，

① Kardash C M. Evaluation of an Undergraduate Research Experience: Perceptions of Undergraduate Interns and Their Faculty Mentors[J]. Journal of Educational Psychology, 2000, 92(1): 192.

学生们不能回答所提出的研究问题，但在这一过程中，他们还是学到了别人无法教给他们的东西，即新知识是如何创造的。

（三）促进主动学习

在基于项目的学习中，学生能够主动学习，而不像在讲授课上那样简单直接地接受信息，被动听讲。学生从确定选题、查阅文献、提出研究计划、收集资料、讨论、执行到作品制作、答辩、成果展示的整个过程都是自主完成。在这一学习过程中，学生与同伴并肩合作学习，不但从自己和同伴的发现中学习，而且从教师的指导中学习。

（四）发展专业技能

通过项目学习可以发展学生的专业技能。学生不仅是作为学习者，而且作为真正的专业实践者，学习提出问题，基于问题选择理论、方法和工具，批判性地分析信息和信息的来源，以书面和口头的方式交流信息。在撰写报告的过程中，学生也逐渐拥有对专业学术话语、规范和格式的深刻理解。

三、“基于项目的学习”之项目实践指南

教师在上课伊始向学生发布有关的项目实践指南是非常必要的。详细的 PBL 课程实践指南作为一份学习合同，对学生来说是一个很有价值的学习工具，它帮助学生确定他们对课程的准备，定义学生为了成功完成 PBL 而应该承担的学习职责，减少学生对 PBL 的焦虑以及对评分标准的误解。项目学习指南虽然并没有标准的样式或模式，但其大体包括的内容可以是：PBL 教学方法或教学理念说明；小组学习及任务分工；项目考核评价构成；过程管理；具体项目的任务描述；等等。

“软件工程导论”是北京理工大学自动化学院的一门专业课，该课 32 课时，历年选课人数为 150—200 人，课程主讲人是高琪老师。

课程采取大班授课+小班讨论形式。大班授课由高老师讲授，小班讨论由助教领导。课程助教由两类同学担任：一类是上学期刚刚上过本课程的本科生，现在正在上大四，有四名同学；另一类是研究生，有两名同学。小班讨论部分的一个重要内容即是项目讨论。

该课程的项目实践指南如下所示。①

“软件工程导论”小组项目实践指南

项目实践简介

“软件工程导论”课采用研究型教学方式，项目实践是课程的主要环节之一，对学习者在实践过程中理解所学知识、提高软件开发技能和增强现代团队式软件开发能力都有重要作用。

项目实践以小组为单位开展，主要关注对软件工程思想的认知与反思，对软件开发全过程的体验，以及对各种软件工程方法和工具的应用。软件工程的小组项目实践不是编程练习，不以程序设计技巧和开发语言的学习为重点。

项目实践需要组内所有同学齐心协力共同完成，同时又需要按照软件工程的要求做好任务分工和流程管理，以顺利地完成给定任务，达到培养目标。

项目实践规则

1. 组队

每个小组由五名同学组成，自由组合，要求来自两个或两个以上班级，最多包括一名女生；如组员仅来自两个班，则来自每个班的同学人数不能少于两人。

每个小组请推选联络人一名，负责消息传递。请提供联络人的姓名、电子邮箱地址和手机号。

2. 选题

项目实践共有六个题目，每个题目最多允许六个小组选择，并配备有六名助教分别负责每个题目的开发指导和过程监管。每个小组可从给定的六个题目中任意选择一个作为自己的项目实践题目，先到先得。

选题成功以向对应的助教书面提交小组成员名单为准，小组成员名单需要包括每位同学的学号、班级、姓名、性别，以及小组联络人信息。

3. 过程管理

项目实践小组内部的任务分工和流程管理方法由组内所有成员自行协商决定，但需要遵循软件工程思想，并采用相应的软件开发范式。

项目实践的进度请按照课程具体要求实施，并由助教进行管理和监督。

---

① 非常感谢北京理工大学高琪老师慷慨提供“‘软件工程导论’小组项目实践指南”。

4. 考核评价

小组项目实践环节考核成绩占期末总评成绩的55%，由以下四个部分组成：

个人软件开发报告：10%。由每个小组成员独立完成并提交。

项目文档：15%。以小组为单位完成并提交。

项目软件开发的最终结果：20%。以小组为单位在期末的评审环节进行展示，并根据完成情况评分。

软件开发企业的调查报告：10%。以小组为单位对一个软件开发企业的软件开发模式进行现场调查，并提交调查报告。

项目实践题目

题目1：外卖拼单App　　助教：容××

研讨室：3-310（1—8周），3-313（9—11周）

开发一个外卖拼单App，帮助收货地址一致或邻近的用户进行拼单，达到起送费、满减、红包的使用门槛，从而提升用户的外卖体验。

题目2：运动健身辅助App　　助教：崔××

研讨室：3-410（1—8周），3-413（9—11周）

开发一个智能手机上的App，帮助学生规划和记录一学期的室内外运动计划，并具备适当的辅助功能，以督促学生在紧张的课业之外积极、科学地锻炼身体。

题目3：宠物寄养平台　　助教：段××

研讨室：3-311（1—3周），3-308（4—8周），3-315（9—11周）

开发一个用于发布宠物寄养信息的平台，供人们发布需要寄养的宠物信息和提供宠物短期寄养的收费服务信息，实现外出时将宠物寄养在好心人家的目的。

题目4：公园植物管理系统　　助教：董××

研讨室：3-416（1—8周），3-423（9—11周）

开发针对一个公园内所有植物进行信息化管理的系统，对植物的基本信息和生长情况进行记录，并根据季节变化和植物的具体情况提出施肥、修剪、喷药、移栽等养护建议。

题目5：社团管理信息平台　　助教：常××

研讨室：3-436（1—3周），3-427（8—11周）

开发一个学生社团管理的信息平台，帮助社团管理者和社团成员完成信息发布、成员查询、活动交流、资源分享等功能，使社团的信息管理和活动组织更加方便。

题目6：品牌服装搭配App　　助教：王××

研讨室：3-437（1—3周），3-341（4—8周），3-430（9—11周）

针对一个具体的服装品牌开发一个智能手机上的App，根据用户的着装需求从本品牌产品库中自动进行服装搭配，显示搭配效果，并给出购买建议。

这一指南给出了六个题目，它们分别是外卖拼单 App、运动健身辅助 App、宠物寄养平台、公园植物管理系统、社团管理信息平台和品牌服装搭配 App。可以看出，项目本身更为注重软件产品的开发并形成 App。

关于小组如何形成，指南中要求每个小组由五名同学组成，可自由组合，但要求来自两个或两个以上班级且最多包括一名女生。如组员仅来自两个班，则来自每个班的同学人数不能少于两人。每个小组推选联络人一名，负责消息传递。

关于学业评价，小组项目实践环节考核成绩占期末总评成绩的55%，由以下四个部分组成：①个人软件开发报告，10%，由每个小组成员独立完成并提交；②项目文档，15%，以小组为单位完成并提交；③项目软件开发的最终结果，20%，以小组为单位在期末的评审环节进行展示，并根据完成情况评分；④软件开发企业的调查报告，10%，以小组为单位对一个软件开发企业的软件开发模式进行现场调查，并提交调查报告。

四、“基于项目的学习”之实施过程

“基于项目的学习”之实施过程大体可以经历如下步骤：我们知道什么、还不知道什么—关键问题确立—分配任务和实施研究—整理、应用材料—分配新的任务—核对并确定差距/问题—提交项目成果（如口头报告、书面报告、产品设计等）。总的来说，“基于项目的学习”之实施过程与“基于问题的学习”是大体相似的。简言之，其中的逻辑即是：关于此问题，我们已经知道什么？我们还需要知道什么？对于还不知道的，我们将怎样进行学习？

曼彻斯特大学（The University of Manchester）是英国著名的六所“红砖大学”之首，也是英国“常春藤联盟”罗素大学集团的创始成员之一。曼彻斯特大学的研究生 PBL 课程“18 世纪英国诗歌”可以为我们呈现一个简明的 PBL 实施过程模板（如图 5–4 所示）。

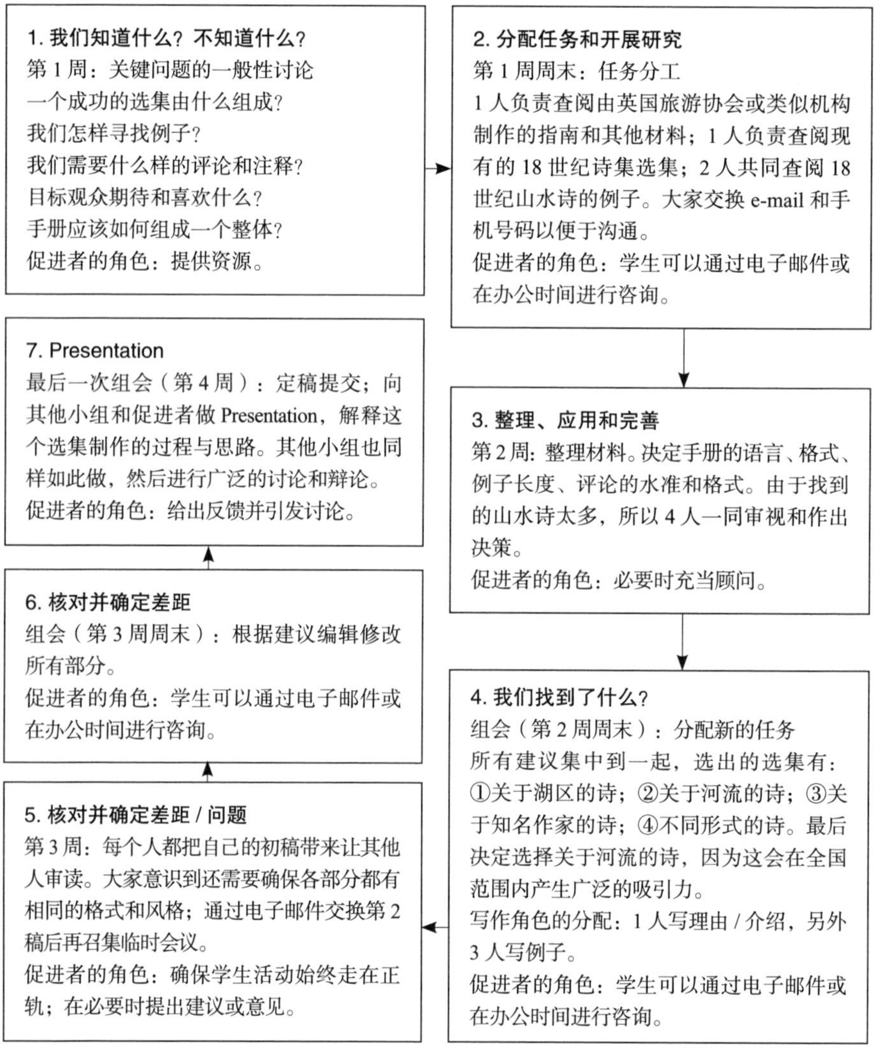

图 5–4 “18 世纪英国诗歌”的一个学生视角 PBL 进程[①]

① Goldring L, Wood J. A Guide to the Facilitation of Enquiry-Based Learning for Graduate Students. [EB/OL]. [2019-09-16]. http://www.ceebl.manchester.ac.uk/resources/evaluation/documents/guide_to_fac_v6.pdf.

五、“UML 与面向对象程序设计”教学案例①

“UML 与面向对象程序设计”是宁波大红鹰学院（现名宁波财经学院）计算机科学与技术专业的专业课，共计 80 学时，在第三学期开设，重在培养学生掌握 Java 基本语法，训练编程规范，形成分析、设计和开发项目的能力。课程将项目学习与翻转课堂有机融合。课前学生依托在线课程平台学习理论知识，为课堂项目实践奠定基础。课程学习效果非常显著，调查结果表明，学生学习投入度显著增加，课堂参与度明显提升，学生的个性化需求得到较好满足，学生分析、设计、批判、反思及沟通等能力得到有效提升，工程项目思想初步建立。

（一）翻转课堂教学设计

课程聚焦面向对象设计思维训练和项目实践应用能力养成的训练，以典型的软件开发过程为线索，将知识融合于项目开发全过程之中，把学生的学习时间更多地拓展到课前和课后。学生课前通过视频学习了解基础知识，课中在项目开发中掌握知识应用，课后以实践项目拓展知识面。课程通过大量的课程代码训练推动学生在项目实践过程中掌握知识点，践行“做中学”“学中做”的基本理念。

课程设计了 14 个项目，涵盖课程完整的知识点。14 个项目主题是：超级英雄、货物管理、学生成绩评级、收费计算、加法计算器、用户注册界面、绘图板、键盘练习小游戏、记事本、电子时钟、模拟售票系统、自制浏览器、自制 HTTP 服务器、商品信息管理系统。这些项目需要团队协作，个人完成。每一个项目都涉及若干知识点，按

① 李晓蕾．基于项目化的“UML 与面向对象程序设计”课程“翻转课堂”教学改革 [M]// 陆国栋，楼程富．开放、融合、互动、内化：浙江省高校首批“翻转课堂”优秀案例．杭州：浙江大学出版社，2018，371–378．

照开发准备、项目分析设计、项目实现及升级改造四个步骤螺旋式推进知识点的学习。课外项目需要小组协作完成，以进一步拓展知识，达到学以致用。

课程学业评价中知识测评占30分，项目评价占70分。通过项目全面评价学生的能力和素质，包括项目完成的功能度、项目代码的规范性、项目文档的完成情况、项目答辩的口头表述以及团队合作情况。

（二）翻转课堂具体实施

这里以“超级英雄”项目为例，对翻转课堂具体实施情况进行说明。

本项目的课程教学用时90分钟，要求学生在熟练掌握类的定义、UML类图表示、对象创建和使用方法的基础上，能够根据实际问题抽象对象模型，用Java语言实现模型设计及使用。课程采用“项目导入（激发兴趣）—任务分析（培养思维）—独立实践（重视应用）—成果点评（促进优化）—总结拓展（启发思考）”的设计思路，如图5-5所示。课前，学生基于在线课程平台自主学习基础理论并完成在线测试等；课中，学生在教师引导下，完成“超级英雄”项目的设计与实践，在解决实际问题过程中内化知识；课后，学生完成拓展任务，进一步强化应用能力。

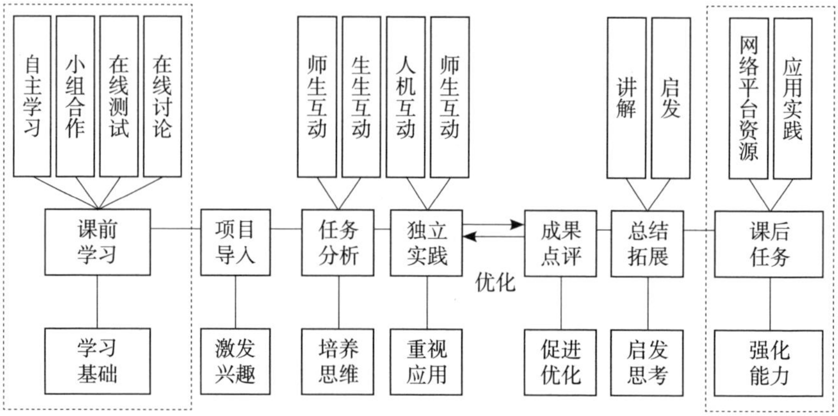

图5-5 基于项目的翻转课堂教学组织策略

1. 课前学习

在课前学习阶段，学生需要用时 60 分钟，学生活动主要包括学习理论、在线测试和讨论等。

通过在线课程平台完成类的定义、UML 类图表示、对象创建和使用方法等理论知识视频、电子书的学习，以小组为单位梳理、概括、搜索、补充知识点，准备课堂知识汇报。（40 分钟）

通过在线测试自我检测知识掌握情况。（5 分钟）

在线讨论答疑：①思考：动物有哪些属性和本领？②将学习过程中遇到的问题反馈至课程平台并讨论。（15 分钟）

2. 课堂活动

课堂教学阶段包括以下五个关键环节。

关键环节 1：超级英雄项目展示，导入项目任务。教师演示项目终极成果“超级英雄”，师生讨论分析项目核心问题及完成步骤。（5 分钟）

关键环节 2：学生小组理论知识汇报，回顾课前所学。教师抽取小组汇报课前学习的知识点，全班同学共同回顾，并从内容完整性、口头表达、媒体呈现和综合表现四个维度对汇报小组评分。（10 分钟）

关键环节 3：超级英雄类型定义及实现。学生以小组为单位分析项目需求，研讨设计思路，采用标准统一建模语言表达设计方案，教师全程引导并给予实时支持。（35 分钟）

关键环节 4：创建自己心目中的英雄。学生个人独立完成超级英雄创建，并分享英雄创建的方法与过程，教师抽取学生进行项目分享，通过师生、生生互动发现问题并提出优化解决方法。引导组间互相点评、学习，明确优化途径，完善项目设计并最终实现项目任务。（25 分钟）

关键环节 5：随堂测试，总结拓展。课程内的重点、难点随堂测试，教师及时帮助学生做好总结并进一步拓展课后任务。（15 分钟）

六、结束语

“基于项目的学习”与翻转课堂的结合，可以提升项目学习有效性，提升课程整体的有效学习。其原因在于，翻转课堂结构本身为项目学习创造了基础。如“UML 与面向对象程序设计”课程案例，在过去该课程一直致力于项目化教学改革，即以项目为载体，通过一系列的项目分析、设计、实践、部署训练达成知识学习、能力提升的目标，但在项目化教学实施过程中课程却遇到了两大难题：一方面，教师仍需利用大量课内学时给学生讲授理论知识，而学生项目实践中的个性化问题因时间限制而无法获得及时指导；另一方面，学生在项目实践中仍习惯于模仿，设计、主动思考、方案讨论、优化途径等高阶思维活动十分有限。应该说，翻转课堂突出学生学习的主体地位、颠倒教与学流程等理念与做法，为深入推进项目化教学提供了新的路径，通过让学生课外学理论、课堂做项目，有效提升了课堂时间价值。①

“基于项目的学习”中的“项目”，既可以是一个可能持续整个课程学习期间的“大项目”，也可以是每讲或数讲课程中的一个“小项目”，既可以在课上即时完成，也可以在课下持续的一段时间内完成，既可以通过小组协作完成，或是在小组协作基础上独立完成，也可以完全由个人独立完成。项目本身即构成一个问题，项目本身即是一个真实学习，这样的学习以问题为驱动，驱动学生接触并掌握学科的主

① 李晓蕾. 基于项目化的“UML 与面向对象程序设计”课程“翻转课堂”教学改革 [M]// 陆国栋，楼程富. 开放、融合、互动、内化：浙江省高校首批“翻转课堂”优秀案例. 杭州：浙江大学出版社，2018：371.

要概念或原理。其主要的特点是：要解决一个实际问题，产生解决问题的实际成果，并用实际标准予以评价；在项目学习过程中，学生真正参与其中，因为他们发现这一项目有趣味、有意义，与自己有关联，他们可能专心致志地“为求甚解”而“学而不厌”。

从知识类型的角度看，“基于项目的学习”与程序性知识有关。知识有两类，一类是陈述性知识，一类是程序性知识。陈述性知识是有关知什么的知识，是可以通过书本、讲课和课堂学习而传递的知识，而程序性知识是有关知如何的知识，是需要亲自动手完成各种学习任务时才可学会和掌握的知识。一般而言，学习陈述性知识是学习程序性知识的必要前提。由于“基于项目的学习”总是发生在学生解决现实问题的“现场”，可以说学生从中所学到的大部分知识即是程序性知识。这种程序性知识的学习，将在极大程度上推动和吸引学生真正实现学习的意义和价值，练就真本领和硬功夫，这将为他们在未来更好地走向社会奠定扎实的基础。

第六章

基于辩论的高校翻转课堂

参与辩论的能力使学习变得让人兴奋。辩论时游刃有余，会改变你与教育以及其他一切事务的关系。它将你从一个被动和无聊地接受他人智慧的人转变成了一个参与者，一个不惧怕社会、也不会对社会麻木不仁，而是积极参与诠释和改造社会的人。

——博尼特[①]

辩论是一种非常有利于拓展学生思维和提升各种技能的讨论形式。有研究表明，辩论在减少师生偏见、提高学生研究技能、促进逻辑思维、增强沟通技能和调动学生积极性等方面具有明显优势。[②]辩论，在先天上具备翻转课堂的特质，即学生需要在课前进行充分准备，做到上课有备而来。课堂是检验学生学习成果的场所，也是学生

① 博尼特．学会辩论：让你的观点站得住脚［M］．魏学明，译．北京：中国人民大学出版社，2018：1–2.

② Bonwell C C, Eison J A. Active Learning: Creating Excitement in the Classroom[R]. ASHE-ERIC Higher Education Report No. 1, George Washington University, Washington DC, 1991: 45.

施展才学的舞台。学生在课前的学习媒介可以有多种多样的形式，可以包括视频，也可以不包括视频，只是各种纸质版和电子版的文本。

第一节　基于辩论的翻转课堂概述

辩论是一门历史久远的语言艺术。辩论是指双方围绕同一问题，力求证明自己的观点正确、说服对方或者战胜对方而相互争论的过程，同时也是批驳谬误、探求真理的过程。[①] 把辩论引入教学之中即成为辩论式教学。在我国古代，孔子、孟子和墨子等都曾运用辩论式教学方法。辩论之风，在古代的学府中也一直是长盛不衰的。从国外看，早在古希腊时期，苏格拉底就在课堂教学中运用问答法（也称为“产婆术”）进行教学，这种方法也大致具备辩论的特质。

辩论式教学是一种以学生为中心的教学，辩论作为讨论法的一种，是由小组或全班成员围绕特定的论题辩驳问难，各抒己见，互相学习，在辩论中主动获取知识和提升各种能力。

一、课堂辩论模式的一般程序

课堂辩论的整个过程包括准备阶段和实施阶段。准备阶段包括选择设计辩题、组织辩论小组、制定辩论规则以及搜集和整理资料等环节。这一阶段虽然不占课堂教学的时间，却是课堂辩论有效实施的基础，一般需要 1—2 周时间。在辩论的形式上，既可以全体学生参与，也可以推举学生代表参与。需要预先选择辩论主持人和评委，主持人和评委都可以由学生担任，其好处是可以让那些辩论过程中的“听众”有参与、投入和发言的机会。

① 谢伦浩，欧阳倩．论辩比赛与活动指南［M］．北京：石油工业出版社，2015：2.

在实施阶段，一般程序与步骤是，辩论主持人宣布比赛规则，然后进入阐述观点阶段、自由辩论阶段、总结陈词阶段、观众发言阶段和评判阶段。需要注意的是，对于课堂辩论而言，发言的时间限制不必像真正的辩论竞赛那么严格，完全可以适当延长或缩短阐述观点、自由辩论和论点总结的时间。为了让更多的学生有锻炼的机会，也可以增加辩手的人数。

（一）选择合适的辩题

选择合适的辩题是辩论取得良好效果的前提条件。一个好的辩题，通常具有以下几个特点：

其一，有价值。有价值的辩题一般都紧密围绕课程内容的重点，涉及知识较多，便于学生掌握和运用更多的理论知识，能够对学生起到教育的作用。

其二，可辩性强。辩题的可辩性强是指由辩题规定的正反方所持立场有较大的反差，能形成对立，能导致论辩交锋，而这种立场上的对立又是合理的、符合客观实际的。因此，早有定论的命题、错误的命题或者正在试探的命题都不能选作辩题。

其三，现实性强。辩题要贴近社会生活实际，或者反映时事焦点、学生实际，才能具有鲜活的生命力。如果理论性过强、过于空洞或超乎现实，可能难以引发学生的兴趣。

其四，趣味性强。如果辩题是学生在日常生活中关注的热点问题，是学生普遍感兴趣的社会现象，或是能够引起学生争议的话题，会有利于激发学生的兴趣并调动学生参与辩论的积极性。

其五，具有平等性。辩题的平等性是要求辩题对于参赛的双方在理论、事实和逻辑等方面都没有倾向性，能保证正反双方的论辩能交锋、有争论、有欣赏价值。例如“男女是否平等”这一辩题，在理论和事实上对“男女是平等的”有一定的偏袒，这会使得辩论失去公平性。

（二）辩论的规模

如果是 8—20 人的小班课堂，可以组成正反方各 4 人的辩论队，其余学生作为辩论主持人、评委、计时员，或协助收集整理材料。

课堂辩论要想取得好的效果，要尽可能使更多的学生参与进来。当前，很多课堂采用大班授课的方式，学生往往有数十人甚至上百人。如果按照一般辩论比赛的规模，一场辩论只能有 8 名学生参与，这样，其他学生作为观众，在辩论过程中往往不会去深入思考问题。为了解决这一问题，可以采用班内对抗和班级对抗两种形式。

如果整个课堂是一个自然班，可采用班内对抗形式。以一个班 25 名学生为例，除去主持的学生 1 名，剩余 24 名学生分成正反两方，每方 12 名学生。这 12 名学生分成 4 个小组，分别担任一、二、三、四辩，其中一辩、二辩、三辩和四辩分别由 3 名学生组成。

如果是两个以上的自然班，则可以采用班级对抗形式。方法是先选择两个以上的辩题，辩题的数目与班级的数目相同。然后将每一班的学生按学号分成单号学生和双号学生，一班的单号学生对另一班的单号学生，双号学生对另一班的双号学生。具体分组情况与班内对抗相同。

这种规模设计的好处在于：让一、二、三、四辩分别由几名学生组成小组担任，保证了辩论参与的广泛性，而且，通过几名学生的集思广益，让各个环节的辩论更为充分。这样的处理，避免了辩论时间的延长、冷场或发言内容的重复。

（三）辩论的实施模式

让学生先布置好辩论赛场，可以把教室的桌椅排布成正反方辩论席、评委席、主席席、观众席和计时席，各席放好台签，以便各就各位。

辩论赛有很多模式，教师可分析自己现有的条件，结合自己的教学目标，恰当地选择适合自身的模式，使辩论的内容和形式达到完美的结合。比较常见的辩论模式如表 6–1 所示。

表 6–1 比较常见的辩论模式[①]

模式名称	结构	
林肯－道格拉斯式（一对一） 总耗时：32 分钟	◆ 正方结构性发言	6 分钟
	反方盘问	3 分钟
	◆ 反方结构性发言	7 分钟
	正方盘问	3 分钟
	◆ 正方辩驳性发言	4 分钟
	◆ 反方辩驳性发言	6 分钟
	◆ 正方辩驳性发言	3 分钟
俄勒冈式（二对二） 总耗时：60 分钟	◆ 正方一辩结构性发言	8 分钟
	反方二辩盘问正方一辩	3 分钟
	◆ 反方一辩结构性发言	8 分钟
	正方二辩盘问反方一辩	3 分钟
	◆ 正方二辩结构性发言	8 分钟
	反方一辩盘问正方二辩	3 分钟
	◆ 反方二辩结构性发言	8 分钟
	正方一辩盘问反方二辩	3 分钟
	◆ 反方一辩辩驳性发言	4 分钟
	◆ 正方一辩辩驳性发言	4 分钟
	◆ 反方二辩辩驳性发言	4 分钟
	◆ 正方二辩辩驳性发言	4 分钟
牛津式 总耗时：60 分钟	**结构性发言阶段共**	40 分钟
	◆ 正方一辩发言	10 分钟
	◆ 反方一辩发言	10 分钟
	◆ 正方二辩发言	10 分钟
	◆ 反方二辩发言	10 分钟
	辩驳性发言阶段共	20 分钟
	◆ 反方一辩发言	5 分钟
	◆ 正方一辩发言	5 分钟
	◆ 反方二辩发言	5 分钟
	◆ 正方二辩发言	5 分钟

① 谢伦浩，欧阳倩. 论辩比赛与活动指南 [M]. 北京：石油工业出版社，2015：12–16.

续表

模式名称	结构
新加坡式 总耗时：34 分钟	**陈词阶段** ◆ 正方一辩陈词　　3 分钟 反方一辩陈词　　3 分钟 ◆ 正方二辩陈词　　3 分钟 反方二辩陈词　　3 分钟 ◆ 正方三辩陈词　　3 分钟 反方三辩陈词　　3 分钟 **自由辩论阶段**　　8 分钟 正方任何一位辩手先发言，然后反方发言。一次论辩双方轮流发言，各方累计时间为 4 分钟。 **总结陈词阶段** ◆ 反方四辩陈词　　4 分钟 ◆ 正方四辩陈词　　4 分钟

实施阶段即课堂辩论阶段，以新加坡式为例，主要的环节包括开场词、辩论主持人宣布辩论开始、正反双方一、二、三辩依次发言、自由辩论、反方和正方的四辩总结陈词、非辩手质疑与争论、学生评委团评判、教师点评或建议等。在辩论阶段，一辩的主要职责是进行逻辑清晰和言简意赅的开篇立论，提纲挈领地说明本方观点、立论的根据及所得结论。二、三辩的主要任务是维护并补充一辩的论据，进一步以事实说明己方观点，四辩的主要职责是总结陈词。

在自由辩论阶段，各辩手都可参加自由辩论。自由辩论交替进行。当自由辩论开始时，先由正方任何一名队员起立发言。完毕后，反方的任何一位队员应立即发言，双方依次轮流发言，直到双方时间用完为止。在自由辩论时间里，针对在陈词辩论中双方提出的观点展开论辩，每一位辩手的发言次序、辩论次数和时间均不受限制。

（四）教师的引导：控制、评价和总结

在课堂教学中引入辩论式教学方法，离不开教师的引导。教师的引导包括辩论前引导和辩论过程中的引导及辩论后点评。常言道，当局者迷，旁观者清，学生在辩论过程中无法发现自己在辩论技巧和辩论内容方面的缺点，为提高学生的辩论技巧和专业水平，辩论结束后的评价环节是必不可少的。评价可以是学生小组互评、学生评委评判、教师综合点评和学生反思深化等。

教师通过对学生辩论的准备情况、辩论时的具体表现，如主要观点、论据的合理性、分析的角度和层次、逻辑性、知识面、深浅度、精准性、语言表达、思辨能力、机智、辩才、反驳和应变能力以及举止、风度、表情等进行点评，表扬优点并指出不足，提出建议，同时教师还要注意把学生分散的知识点予以归纳，形成体系，向学生表明自己的观点。

学生反思的内容分为两大方面：一是对自己在活动全过程中的态度和表现的反思，二是对辩题的相关内容进行再认识，将自己的理解进一步深化。由于课堂时间有限，这一环节也可以延伸到课堂以外。

二、辩论的功能：学生的视角

有研究表明，辩论在减少师生偏见、提高学生研究技能、促进逻辑思维、增强沟通技能和调动学生积极性等方面都具有明显优势。①那么，从学生的视角看，辩论又具有怎样的功能呢？

在笔者所授“课程与教学论”课上，关于翻转课堂和课堂教学评价这两个主题都没有采用按部就班的传统课堂讲授模式，而是尝试运

① Bonwell C C, Eison J A. Active Learning: Creating Excitement in the Classroom[R]. ASHE-ERIC Higher Education Report No. 1, George Washington University, Washington DC, 1991: 45.

用辩论式翻转课堂教学模式。全班学生组成正反双方围绕“翻转课堂教学质量高于/低于传统课堂教学”和“评价课堂教学质量应该是评价教师教得好不好/学生学得好不好”这两个辩题进行辩论。在某个研究生课堂上，辩论结束后对全班学生进行了一次开放式问卷调查，以下即是从学生视角对辩论功能的总结。

（一）有助于加强知识的记忆和理解

辩论作为一种教学形式，与比赛有所不同的是，辩论并不是为了一争高下，而是要正反双方充分表达自己的观点。在这一过程中，学生需要综合相关知识，旁征博引，这有助于扩展学生的知识宽度，加深其对课程内容的理解。

辩论这一教学方法充分体现了杜威“在做中学”的理念。听不如看，看不如亲身做印象深刻。辩论的过程，其实就是在向别人讲述自己探究知识的过程，这必定能进一步加深自己的理解。更何况，对方辩友还在不断找破绽，帮助自己完善对此部分知识的理解。正如学生所言：

> 皮亚杰指出，任何外部刺激都是通过同化和顺应这两种机能而被接受到主体认知结构中来的，在参与完成同化和顺应后，我感觉到关于传统课堂和翻转课堂的优劣已经非常深刻地印在我的脑海里，我认为这是传统教学方法所无法快速达到的。

（二）有助于培养学生的自主学习能力和合作学习能力

传统讲授法是教师讲学生听，学生甚至不用动脑，只需机械记笔记即可。长久下来，教师的包办代替导致学生的学习积极性不高，自主学习能力训练不足。辩论则不同，辩论的过程是全体学生参与的过程。辩论需要学生自己辩，自己表达出自己的观点。学生不能只学皮毛，他必须深入自主学习，积极查阅文献，加强对观点的理性分析，去粗取精，去伪存真，并多方寻找事例来进行论证。

除了促进自主学习，辩论还为学生提供了构建学习共同体的可能性。辩论虽然是个人发言，却也代表了一个小组整体的思想。课前小组团队成员分工合作，搜集和整理资料，形成小组的观点、理由和证据，这为课堂上的辩论交流做好了充分的准备。

由于建立在团队合作的基础之上，辩论式教学必然会产生超越教师个人灌输知识的功效。同学之间就课程内容进行平等交流和真诚沟通，并相互借鉴和取长补短，在互动合作的基础上各自生成或构建新的知识。有学生这样表达：

辩论需要我们全员参加，通力合作，前期需要做大量的工作，如查阅资料、寻找成功的案例、小组讨论、资料整合等。在参加此次活动之前，我是一个对辩论完全不“感冒”的人。在寻找资料的过程中，我对辩题产生了强烈的好奇心。我们小组集思广益，把自己搜集到的材料和自己的想法发到群里分享，给别人带来新的灵感，碰撞出更多智慧的火花。第二天辩论又将大家的智慧贡献出来，通过和对方辩友语言的碰撞，带领大家把掌握的知识进行了内化。最后老师的点评使知识在我们的脑海中得到进一步的升华，这是一种以学生为中心的教学方法。

在今天的辩论赛中，我们两组成员一共有14人，基本上全部参与了这场辩论。一部分人搜集资料，寻找论证辩词和论据，另一部分人负责发言，以自由辩论的形式陈述我方观点，全员得到参与。这种做法实际上是把课堂还给了学生，使学生成为学习的主人。

（三）有助于各种高阶认知目标的实现

辩论式教学给学生创设了一个需要进行思考和反思的问题情境，

在这一情境中，正反方要分别从自己明确的论点出发，条理清楚地向对方阐述己方的观点。而为了说明己方的观点和理由，学生要翻阅大量的图书和资料，经过探讨切磋，引发对问题的本质和原因的综合分析和思考。

能够流畅辩论在一定程度上可以证明学生已经达到教学认知目标中的高阶层级。在辩论过程中，学生需要全神贯注地聆听对方的观点，批判性地思考对方观点的合理与不合理之处，快速地调动知识和组织语言及时进行有理有据的辩驳。双方在交锋中不断碰撞出智慧和理性的火花，直至解决问题和形成结论。在这一复杂的过程中，正是通过反驳对方和证明自己，学生的分析能力、综合能力、批判性思维能力、逻辑思维能力和语言表达能力等都得到发展和提升。关于这些能力的提升，学生是这样表述的：

我们最应当得到的，不是简单的知识积累，也不是某个成型的价值观，而是获取、重构、消化、运用、整合和反思的方法。辩论训练给我们的不是某种答案，而是一种方法的训练，即一种思考问题和处理问题的方法的训练，我们以后将用这种方法去探索我们自己的问题和答案。

思辨的精神应扎根于每一个学生的心间，伴随他的发展。只有具有思辨精神的人，才是走在开拓路上的人，才是具有创新精神的人。我想，这便是辩论方法存在之意义。

（四）有助于满足多样化的学生个性发展

传统的集体教学不能很好地照顾到学生的个体差异，而课堂辩论却可以弥补这一缺陷。教师在学生辩论的过程中能够了解到每一位辩手的知识储备情况和语言表达能力，从而可以有针对性地因材施教，使学生的个性得到发展。有学生指出：

人与人的性格是非常不同的。有人属于活跃型，更适合集体活动；有人属于沉思型，更适合独立思考。在我们小组活跃人格者担任了辩手和组长，其余学生进行了资料的搜集和整理，这样，尽可能从最大程度上保证了每个学生都能够参与进来。

就我个人来说，我不会唱歌，不会跳舞，我自我介绍时总喜欢说我喜欢辩论。其实真的，我超喜欢辩论。在大学我是辩论队成员，是最佳辩手。在上午的辩论中，我非常开心，我喜欢唇枪舌剑，喜欢思维的交流，喜欢思想的碰撞。

（五）有助于激发学生的学习动机

不可否认的是，在传统课堂上教师在课前通常要花大量时间进行备课准备。但就部分教师教学而言，一个明显的不足之处是形式过于单一且内容过于枯燥乏味，难以激发学生的学习动机、学习热情和学习积极性。应该说，合理运用辩论这种形式，能在极大程度上活跃课堂学习氛围，让学生成为学习真正的主人。

辩论作为一种教学方法，其核心点落在一个“辩”字。它在形式上是参赛双方就某一问题进行辩论的一种竞赛活动。在课堂上展开辩论，能够创造一种竞争的氛围，大家在整个过程中大胆质疑，竞相发表自己的见解，不甘落后，这不仅是学识和能力的较量，更是智慧的较量。应该说，与其他方法相比，辩论更可能增强课堂上的竞争与合作，激发学生的内部学习需要和动机。有学生指出：

辩论这种教学方法，让我们了解到很多新的知识点、新观点和新思想——这可能与自己原先了解到的知识点发生冲突，抑或有更深层次的解释。这种多角度多样化地看待问题增强了教学的趣味性，开阔了我的视野，让我感受到思想碰撞出来的火花，激发了我的求知欲。

辩论建立了一种平等的师生关系和同学关系，营造了和谐民主的教学气氛，打造了一个引人思考和激发创造力的环境，所以能够激励学生，让大家带着胜负欲去进行学术探讨，下了场大家握手言和，这种氛围十分有利于学习。

（六）有助于情感、态度和价值观的升华

辩论是一种主动学习教学方法，让学生成为课堂真正的主人。在辩论中，学习目标中的知识、能力以及情感、态度和价值观等得到整合激活，让学生的生命之花在课堂上蓬勃绽放。在这一意义上，辩论的魅力也许怎样渲染都不过分，其所激发出的活力远远超出教师的想象，让整个课堂“活”起来。有学生指出：

辩论有助于满足学生被尊重的需要，有助于增强学生的自信心，有助于培养学生的团结精神，有助于增进学生之间的友谊。马斯洛指出，每个人都有被尊重的需要，而知识广博、才思敏捷的辩手最容易获得其他学生的尊重。在热烈的掌声和笑声中，参与辩论的每一个学生都能体验到成功后的自豪、满足、振奋、自信和勇气。

就拿今天的一个辩手来说，她是我的同桌，平常是个很腼腆很不自信的人，但今天做了四辩，并非常流利地总结了所在一方的所有观点，收获了大家的掌声，人也变得更自信了。

辩论的正反方是临时组成的团结的整体，在我们小组 14 人中，每个人都齐心协力，为获得共同的胜利而努力。通过这场辩论赛，大家的团结协作精神和集体主义思想意识增强了。辩论后我们小组在微信群相互给予肯定，感情升温，还说要一起约饭。我觉得这效果极棒。从之前的不熟悉到现在大家能够一起并肩作战，这对作为学生的我们来说也是一件值得高兴的事。

这是我第一次现场观看和参加辩论赛。今天的辩论赛给我最大的感受是震撼，震撼于同学们的伶牙俐齿，震撼于思想碰撞后的火花，同时也震撼于自己能突破过去的自己而在辩论场上发表我自己的观点。辩论激发了我学习的内在动机，让我更想去学习如何辩论，学习更多教育理论知识。

总之，辩论的功能是与辩论本身的特性密切相关的。辩论的特别之处在于，辩论改变了教师一人唱独角戏和满堂灌的做法，代之以学生间的相互辩论和质疑。让学生分属不同的两大阵营，利用学生争强好胜这一心理特点，让学生带着各自精彩的观点，进行多层次、多视角和多维度的辩论，这样一堂课下来就完完全全把课堂交还给了学生。通过双方场上“唇枪舌剑”和“引人入胜”的氛围，让学生主动参与并活学活用，所有学生都能与他人分享自己的学习成果，这对于激发学习兴趣和培养各种能力都有好的效果。

第二节　基于辩论的高校翻转课堂教学案例

从班级规模看，基于辩论的翻转课堂无非有两种，一是大课堂，二是小课堂。与大课堂相比，小课堂更容易模拟较为正规的辩论赛形式，从而也就容易做到全体学生的参与。大课堂的辩论，一个比较可行的办法是采用自由辩论的形式，在课堂上随时组织正方和反方就某一辩题进行论辩。本节主要讨论两个案例，一个是更适合于小课堂的、相对更有仪式感的“辩论”，另一个是适合于大课堂甚至于超大班课堂的、结构比较松散的“自由辩论”。

一、基于辩论的小班翻转课堂教学案例

小班课堂的辩论，可以采用相对正规和具有仪式感的模拟辩论赛形式。下面即以我面向双学位本科生开设的“课程与教学论”为例，给出本课程围绕“翻转课堂教学质量高于/低于传统课堂教学”这一辩题的学生主持人发言、正方一辩和反方一辩的发言以及教师点评，以此刻画小课堂上辩论式教学的运作。

主持人发言：

尊敬的老师，亲爱的同学们，大家早上好，这里是北京理工大学2016级教育学双学位的辩论赛现场，我是本次比赛的主持人×××。电影《伟大辩手》里，教练和队员之间有这样一段精彩的对话——教练：谁是裁判？队员们：上帝是裁判。教练：为什么是上帝？队员们：因为是他决定谁赢谁输，而不是我们的对手。教练：你们的对手是谁？队员们：他不存在。教练：为什么不存在？队员们：因为他只是我们讲述真理的反对声音！听完这段对话，大家是否深受鼓舞呢？希望各位辩手也能秉持这种坚持真理的崇高精神，本着“比赛第一，友谊第二”的基本原则，尽情施展自己的才智。为了能让本次比赛顺利进行，让辩手们赛出理想的水平，下面由我来宣布现场纪律：

第一，在辩论进行时不要随意打断辩手讲话；

第二，不可以进行人身攻击，辩论双方需要相互尊重；

第三，辩论双方在自由辩论阶段，一方说完后必须坐下，待对方发言完毕，另一方辩手起立后再发言。

接下来介绍今天的辩论双方。现在坐在我右手边的是正方辩手，他们所持的观点是“翻转课堂教学质量高于传统课堂教学”。坐在我左手边的是反方辩手，他们所持的观点是“翻转课堂教学质量低于传

统课堂教学”。

本次比赛分为三个环节：

第一环节：立论阶段

首先请正方一辩作开篇立论，发言时间为3分钟。

接下来有请反方一辩作开篇立论，发言时间为3分钟。

感谢双方的精彩辩答。接下来是辩论赛最为精彩的环节。

第二环节：自由辩论阶段

在本环节中，双方依次轮流发言。首先，每方累计用时不得超过8分钟。各队每次发言只能由一名辩手完成，任一辩手起立后视为由该辩手进行发言，坐下后视为发言结束，转由另一方开始发言。其次，一方用时满后，另一方可继续发言也可以示意弃权。首先有请正方任意一名辩手开始发言。

感谢双方的精彩辩论，接下来是辩论赛的最后环节。

第三环节：总结陈词阶段

首先请反方进行总结陈词，时间3分钟。

接下来有请正方进行总结陈词，时间3分钟。

感谢双方的精彩陈词，接下来有请杨老师对此次辩论赛进行点评与总结。

正方一辩发言：

大家好，我是正方一辩 ×××。近年来，翻转课堂作为一种新型教学模式逐渐被我国教育工作者所熟知，并进而成为众多教师及学者研究的热门话题。翻转课堂是先让学生在课前自主学习——学生可以看视频讲座，听播客，也可以阅读电子书，还可以在网络上与别的同学进行讨论，而课堂则变成了教师与学生之间以及学生与学生之间交流互动的场所，包括答疑解惑、知识运用、解决问题等。也就是说，教师不再占用课堂时间来讲授信息和知识，这些信息和知识需要学生自己在课前进行自主学习。我们知道，传统教学模式是教师在课堂上讲，然后布置作业让学生课后练习和应用。可以看出，翻转课堂与传统教学不同，它实际上是把传统教学的主要结构给颠倒过来了。

翻转课堂具有以下几个特点：

第一，教学视频短小精悍。每一段视频都针对一个特定的问题或知识点，视频大多在十分钟以内，比较长的视频也只有十几分钟，视频长度一般控制在学生注意力能比较集中的时间范围内。视频具有暂停和回放等多种功能，学生可以根据自己的步调进行控制和观看。

第二，重新建构学习流程。翻转课堂对学生的学习过程进行了重构，“信息传递”在课前完成，学生在课前观看视频，有疑惑的地方可以在学习平台上询问老师和同学。“吸收内化”是在课堂上通过参与主动学习活动来实现的。

第三，学习成效检测方便快捷。学生观看了教学视频之后，对知识理解程度如何，可以通过回答针对视频的问题来进行检测。教师也可以在平台上了解学生的课前学习情况，这方便教师在之后的课堂上进行有针对性的教学。

毋庸置疑，翻转课堂在教学理念、教学过程、教学方法和教学媒介等方面相比于传统的课堂教学模式都具有更大的优越性，它融合传统课堂中的直接讲授和在线学习，把课堂时间的运用发挥到了极致。具体而言，与传统课堂比较，翻转课堂教学模式具有以下几个优点：

第一，翻转课堂教学模式解决了传统课堂教学模式无法解决的一个问题，即能够满足不同水平学生的学习需求。在传统课堂中由于课堂授课时间的限制，学习能力较弱的学生可能跟不上老师的讲课速度和思路。但在翻转课堂中，学习能力弱的学生可以在课前按照自己的步调进行学习，也可以按照自己的需要反复观看视频。

第二，翻转课堂教学模式解决了传统课堂教学模式无法解决的另一个问题，即能够促进学生的主动学习，让学生成为学习真正的主人。在传统课堂上是教师讲学生听，学生被动学习。在翻转课堂上学生是通过各种形式的合作学习活动进行学习，如讨论、辩论、小组学习、项目学习、基于问题的学习等。学生不再是“存储”知识的仓库，而是主动探求知识意义的探索者和研究者。教师不再是知识的权威者与拥有者，而是学生学习的合作者、引导者和促进者。

第三，翻转课堂教学模式还解决了传统课堂教学模式无法解决的一个问题，即它能够促进个性化教学的实现。在传统课堂上，教师是讲台上的圣人，学生与教师的接触仅限于课堂中少有的互动环节。在翻转课堂上，由于课堂时间被释放出来，教师在巡视课堂过程中可以为学生答疑解惑，可以对学生进行一对一的辅导。

综合以上所提到的翻转课堂的诸多特点和诸多优势，我方认为翻转课堂的教学质量是高于传统教学的。

反方一辩发言：

大家好，我是反方一辩 ×××，今天很荣幸能在这里参加辩论赛。首先，请允许我感谢正方一辩慷慨激昂的陈词，但是，有几点我方是无法认同的。我方认为翻转课堂的教学质量是低于传统教学的，主要是基于以下几点考虑：

第一，翻转课堂对教师的教学能力要求过高。即使从以授课为主的传统教学来看，很多教师仍反映课业任务重，没有时间组织学生互动和开展小组合作，在现有冲突还未解决的前提下，翻转课堂对教师课上组织管理能力以及学生学习成果检测能力又提出了更高的要求，而且为了保证课堂的高效有序，教师需要进行大量认真细致的前期准备工作，包括视频制作和设计主动学习活动等，这些工作都需要教师投入大量的时间和精力来满足这一尚未知晓其教学效果究竟如何的新教学模式要求，这无疑会给教师施加巨大的精神压力。况且，有迹象表明，部分教师对这种开放式的合作学习方式并不擅长，又何谈高效、合理地引导学生进行合作学习呢？

第二，翻转课堂的实现必须具备一个重要前提，那便是学生必须具备非常强的学习自觉性。也许对于小部分自觉性较强的同学来说，他们能够做到利用教学视频进行预习。但不得不说的是，对于很多自觉性不强的学生来说，他们在课前根本不能做到自主学习，课上又因为老师教得不多或速度太快，导致他们的学习出现脱节，学习自信心大受打击，学习成绩也加速下滑。如此发展下去，非常容易造成班上学生学习水平的两极分化，并且很有可能是一种不可逆转的两极分化。就当前中国学生的学习主动性而言，我方认为仅有少部分学生能够适应这种翻转课堂模式。所以，如果实行翻转课堂的话，势必会干扰我国学生当前适应的学习方式，势必将损害大部分学生的学习积极性，也势必最终拉低整体学生的学习效果。

第三，从我国目前教学设施的现状、办学理念和管理水平来看，并不是所有的地区和学校都有条件开展翻转课堂。不少学校无论是在技术、经费等硬件层面，还是在办学理念和管理水平等软件层面，都不足以支持大面积地实施翻转课堂。

第四，一部分学科和课程其实并不适合使用翻转课堂。对于理科思维强度大、难度大的课程和知识，文科人文色彩浓厚的课程和知识，还应主要遵循传统的教学方法，立足于课堂来学习，教师的讲授、引导与启发的作用是不可替代的。

最后想说的是，经过几千年沉淀的传统教学模式具有很多不可替代的优势。首先，传统教学有利于师生之间的情感交流。教师在进行讲授时通过肢体语言和面部表情与学生进行交流，教师在讲台上的一举一动、一个眼神或一个手势都对学生有启发引导的作用。其次，在传统课堂上，教学的目标、内容和方法可根据学生的现场接受情况随时进行调整，这有利于学生的深入学习。再次，在传统教学中，教师也很注重培养学生分析问题和解决问题的能力，教师可因题而异，采用设问、提问、讨论、启发、例题等多种形式组织教学，让学生时刻紧跟教师的思路。

综合以上所提到的翻转课堂的诸多弊端以及传统教学所具有的无可替代的优越性，我方认为翻转课堂的教学质量是低于传统教学的。

教师点评：

在今天的辩论中，同学们真刀实枪地体验了一次翻转课堂。我们是以翻转课堂的形式来学习和体验“什么是翻转课堂”。具体说，辩论在某种意义上其实就属于翻转课堂的一种，它符合翻转课堂的特点，即传递知识在课前，内化知识在课内。辩论式翻转课堂大体的流程是，由教师设计辩题，提前给学生分组并派发正反辩题，然后由学生课后自主查阅相关资料，组织自己的观点、论据及事例等，在课上与对方辩友产生激烈交锋与碰撞后获得知识和经验的升华，最后再由教师进行总结和点评。可以说，辩论使课堂成为一个探究的场所，让教学、研究和学习成为水乳交融的统一体。在辩论中，教师的作用不是可有可无的，教师是作为指导者、组织者、帮助者和促进者来引导学生的探索和发现。在这一过程中，教师把课堂交给学生，学生是主角，教师尊重学生的话语权，师生真正平等。在这个辩论的课堂上，也真正实现了“人人教我”和“我教人人”。为了完成本次辩论，我看到每一个同学都全身心地投入进来，每一个同学都是认认真真准备辩论。部分同学作为主要辩手，语言流畅、有力，观点鲜明，论据有力，很具有专业水准和专业辩手的潜质。尤其是在自由辩论环节，同学们提出了一些很有意思的点，让人印象非常深刻，例如："难道因为翻转课堂很难实施就不去做吗"，"道路是曲折的，前途是光明的"，"让一部分人先翻起来"，"衡量标准有吗"，"既然你们说传统课堂好，那为什么好还要改呢"，"学生能不能提出有价值的问题"，"如何组织深入探究式学习"，"课程教学关键的还是教师人格魅力，让学生享受生命活动的关怀"，等等。你们很棒！感谢大家！

二、基于辩论的大班翻转课堂教学案例

"公平与正义"是哈佛大学最受学生欢迎的一门本科生通识课，也是一门学生选修人数在千人以上的超大班通识课，课程主讲人桑德尔（Michael Sandel）是哈佛大学政府系讲座教授、政治哲学家。桑德尔对成百上千人的大班辩论式课堂游刃有余的掌控，非常值得我们学习和探讨。桑德尔的大班课堂教学案例告诉我们，大课堂同样可以实施翻转课堂，同样可以运用辩论式教学法，而且同样可以精彩夺目。

（一）课程描述与课程目标

"公平与正义"系列公开课是由哈佛大学与波士顿公共电视台在2009年合作录制的一门网上公开课。该门课程总计12集，由24个主题构成，每集（55分钟）讲授两个主题。24个主题包含有平等和不平等、反歧视运动、言论自由、攻击性言论、同性婚姻、征兵等一系列现实问题。就"公平与正义"的课程内容来说，政治理论是不可或缺的，而理论学习的一个有效方法就是阅读经典名著。学生在整个学期都要在课外阅读桑德尔所开列书单中的经典名著参考书，学习历史上伟大哲学家（如亚里士多德、洛克、康德、约翰·密尔等）的思想理论，再用学到的东西来思考现代社会的各种问题。这种理论联系实

际，可以彰显理论自身的魅力，使学生乐于阅读那些著名哲学家的言论，与权威展开对话并批判性地思考自己看待特定事件的道德观和政治观。

学生在学习“公平与正义”课程时会有什么样的收获和风险，这是桑德尔的教学非常关注的。他在第一堂课上，就提醒学生要注意克服“怀疑主义的逃避”，在这种怀疑主义看来，亚里士多德、洛克、康德和密尔花了这么多年都没能解决的问题，我们经过一个学期的课程学习就能解决？而且这些问题可能都是一些智者见智、仁者见仁的问题，多说无益，无从论证。桑德尔对此怀疑主义的回应是：

这些问题确实已经被争论很长时间了，但这些问题和争论还在重复和继续，它们是不可避免和无法回避的，理由是，我们一直都生活在对这些问题的回答之中。

在桑德尔看来，学习的本质不在于记住哪些知识，而在于它触发了我们的思考。他在“公平与正义”第一讲的结束语中指出：

一旦熟悉变得陌生，一旦我们开始反思我们的环境，世界将不再一样。我希望你们至少已经体会到了一点点的不安，这种不安会激发我们的批判性思考以及促进政治和道德生活的完善。这门课程的目的就是要唤醒你们永不停歇的理性思考，看看它将把你们带向何方。如果我们至少做到了这点，如果理性的不安在以后还会继续折磨着你，那么，我们就不是一无所获的。

可以说，这样的对学生学习收获的承诺既不好高骛远也不虚无缥缈，对学习收获与风险真诚的解释，已然让学生感受到教师心中的那份责任。明确清晰且极富感染力的课程目标，明确清晰且理论与现实交融的课程内容，在学生面前恰如一份学习攻略，使学生明了整个学期将要经历怎样的旅途，这一旅途将会燃起每个学生探索的欲望。

（二）把新奇有趣而不乏严肃性的问题情境与辩论关联起来

假设问题情境或再现真实问题情境，问题情境新奇有趣而不乏严肃性，问题选择困境层层递进，这是“公平与正义”课程的显著特点。纵观“公平与正义”24讲教学片，有争议的政治或法律问题时常出现在桑德尔的课堂上，置学生于道德困境之中，然后要他们做出决定：该如何做是好？在“公平与正义”第一讲和第二讲中，桑德尔假设和再现了以下五个问题情境，讨论的中心主题是：牺牲一人来挽救多人，这样做合理吗？

问题情境1：假设你是一名电车司机，以100千米时速在轨道上行驶，看到前方轨道有5名工人正在施工。你因刹车失控而无法停车，但此时发觉前方轨道有个分岔，此分岔轨道上有1名工人正在施工。你知道如果将电车转向这一分岔轨道，将会以1人之死而换来5人之生。面临这样的两难困境，该如何做是好？

问题情境2：假设你是一个旁观者，站在轨道之上的天桥上面，这次轨道没有分岔，你看到刹车失控的电车马上就要撞到前方施工的5名工人。你注意到身旁有一个大胖子，如果把胖子推下天桥可以阻止电车前行，胖子虽然可能会死，但5名工人会得以生还。在这种情境下，把胖子推下去是正确的做法吗？

问题情境3：假设你是一个急诊室医生，有6名病人同时被送到急诊室，他们刚刚经历了一场电车事故，其中5人中度受伤，1人重伤。你可以先照顾重伤病人，这样其他5人会死；或者你先照顾其他5人然后再来抢救重伤病人，那么重伤病人会死。在这种情境下，该如何做是好？

问题情境4：假设你是一名外科医生，现在有5名病人需要做器官移植手术，但是你手里没有器官源。这时候你发现，隔壁房间有个健康的人来做体检而且他正在打瞌睡。你有两个选择：为救5名病人而杀死来做体检的人并取其器官；或者什么也不做，眼看着5名病人死去。在这种情境下，该如何做是好？

问题情境5：杜德利和史迪芬斯案件。1884年，一艘远洋轮船在海上遇难，4名船员在海上挣扎求生达19天。船员帕克是4人中最弱小的，他因喝海水病倒而奄奄一息。船长杜德利和船员史迪芬斯用小刀刺穿帕克的喉部血管后，3名船员依靠帕克遗体的血液和躯体维持生命。假设你是陪审团成员，需要作出的判断是：在这种情境下，杜德利和史迪芬斯杀死帕克在道德层面是否合理？

桑德尔把这些不同程度的困境作为问题一次次地抛给课堂上的学生，让学生举手进行选择并解释如此选择的原因。他鼓励学生站出来为自己的观点辩护，这通常激发学生生动、幽默和热烈的课堂辩论，使他们在此基础上可以更深地理解不同道德选择背后的假设，并体验深度思考政治哲学问题的快乐。

在问题情境1和问题情境3中，有多数学生举手赞成牺牲1人而挽救5人的生命，但在问题情境2和问题情境4中，在面对为保障更多生命而剥夺1名无辜者生命的状况时，大家陷入了道德困境。在学生进行了充分讨论之后，桑德尔引出了问题情境背后的哲学问题。他指出，在问题情境1和问题情境3中，大家采用了结果主义的道德推理，即是说我们是以结果的好坏来对道德与否进行判断，由于牺牲1人的结果肯定是好于5人的结果，所以我们会选择牺牲1人而挽救5人；但在问题情境2和问题情境4中，大家又都非常自觉地采用了绝对主义的道德推理，即是说道德有其绝对的道德原则，有明确的责任和权利，无论所造成的结果是怎么样的，即使牺牲 1 人比牺牲 5 人要好，我们也不能用杀死 1 名无辜者来挽救其他多人。

结果主义的道德推理的最著名理论是 18 世纪英国政治哲学家边沁的功利主义，绝对主义的道德推理的最著名理论来自 18 世纪德国哲学家康德。桑德尔表明，在以后的课程中会展开对结果主义和绝对主义的道德推理的深入学习和讨论，这引发了学生们在课下阅读和了解边沁和康德的相关理论的浓厚兴趣，而此时课堂学习并未终结，由课堂学习引发的思考延伸至课外，因为在下一次课上学生要对所讨论的内容发表意见或有所准备，就必须在课外认真阅读这些哲学家的经典文献。

（三）建构民主、互动和规范的辩论式课堂

尽管桑德尔拥有渊博的知识，但是他从来没有运用“灌输”的思想去教化他的学生。在“公平与正义”课堂上，桑德尔不断地提出问题并把问题交给学生，邀请他们在课堂上积极地思考、参与并为了他们自己的观点进行辩论，这几乎贯穿于整门课程教学的始终。在“公平与正义”课堂上，我们会不时地听到桑德尔类似这样的引导语：“我会对 …… 发表自己的看法，但我想先听听你们的看法 ……”“现在我们来听听大家的理由，先从少数派开始 ……”“说得不错，有谁愿意回应？”“其他同学对此有什么反驳或其他看法吗？”在每一堂课的讨论中，桑德尔都会关注发言者的名字。“你叫什么名字？”“有趣的观点，等等，你叫什么？”等类似的询问会经常出现在课堂上。不仅如此，桑德尔还能清楚记得发言学生的名字，在后续的讲解和讨论中会随时回顾和追问前面某一发言学生的观点。询问并记住学生的名字，这既表现了一位教师对学生的尊重，也激发了学生进一步表现的欲望。

在课堂上，桑德尔带领学生在直觉反应和正义原则之间来回思考，在哲学文本与当代话题之间来回游走，追本溯源，反复推演，不断求证，以此调动学生的深度思考。这种思考实质上就是与他人互动的过程。如果说，独自阅读时是与书中哲学家进行互动，那么，当身处千人的课堂之上，思考即教师与学生、学生与学生之间的互动。在桑德尔的课堂上，这种互动既有由教师提问而学生给予回应出现的互动，也有学生之间的辩论；既有学生个人之间的辩论，也有学生小组之间的辩论。在辩论中，桑德尔给予学生的回应总是恰如其分，擅于运用他深厚的理论功底而使整堂课内容得到升华：逐步地发问，对现实问题进行抽丝剥茧和层层深入的分析，与抽象的理论相联系，揭示事物背后的本质矛盾。

以对杜德利和史迪芬斯案件的讨论为例，有同学为杜德利等人的行为在道德上应予以免罪进行辩护，有同学则认为他们的行为是错误的，还有同学提出如果帕克“同意”牺牲自己，那么这种行为则是可以被认同的。至此，“同意”浮出水面，成为课堂讨论一个关注的焦点。在讨论“同意”对谋杀在道德上合理化的关键影响时，桑德尔说：“假设这样的情景，杜德利在场手拿铅笔刀……他说：‘帕克，你介意吗？’……”桑德尔不失时机的引导，使辩论变得幽默有趣而又不失内涵。对“同意”是否能使这一行为合理的讨论，把对案件的认识和思考进一步引向深入。

在学生成百上千的大课堂上，课堂气氛热烈，教学有序进行，在一定程度上也是建立在课堂规范基础之上的。桑德尔在课堂上始终注意不失时机地对学生的回答给予规范性指导，例如，“你已经有一个观点，请尽量简述”，“你可以不用回答”，“不要以质问的形式表现出来”，“请用第三人称”。这些简短的建议对规范课堂上学生的讨论行为十分有效，可以保证学生能够集中讨论某个主题而不致偏离太远，同时也可以避免课堂辩论演变成为争吵甚至人身攻击，从而使课堂讨论始终能够深入且顺利地进行。事实上，规范课堂的运行也与桑德尔对课堂讲授时间的有效控制密切相关。桑德尔的授课是提纲挈领式的，他注意每隔一段时间（一般不超过15分钟）变换一下讲课的节奏，不时地抛出一个个问题来引发学生的思考，或者举一个有趣事例来消除知识性讲授的枯燥，以重新吸引学生的注意力。

（四）思考与启示

即便在“公平与正义”千人的大班课堂上，桑德尔也能开展游刃有余、活泼生动、幽默风趣的辩论式教学，令人难忘，更令人震撼。“公平与正义”的课程内容并没有按照学科逻辑而展开，整个课程内容的核心是哲学经典文献和大众普遍关心的各种法律与政治话题的整合。问题的关键是，如何从各种法律与政治话题中带出抽象的哲学问题？桑德尔假设或再现了很多问题情境，这些问题情境因其现实、典型、新颖和富有挑战性而极具吸引力，这极大地激发了课堂上学生的学习热情，并进而有利于建构一个民主、互动和规范的辩论式课堂。

在“公平与正义”课堂上，辩论的特质是非常明显的。课程的目标不止于知识的记忆，而是“唤醒学生永不停歇的理性思考”。“公平与正义”的辩论式教学，超越了那种让学生静听式地直接接受现成知识结论的教学，在极大程度上引发了学生的思考。在“公平与正义”课堂上，课程是桑德尔和他的学生共同参与和创生的，在这其中学生与教师发生互动和对话，学生与学生发生互动和对话，学生与教学材料发生互动和对话。桑德尔的“公平与正义”大班辩论式课堂给我们的启示至少有两点：一是在大班课堂上也同样可以实施翻转课堂；二是在大班课堂上同样也可以运用辩论且可以运用得非常精彩。

当前，我国高校大班课堂教学尤其是大班通识课授课往往过分讲究完整，重结果轻过程，教师比较习惯于通过灌输把现成的知识和结论直接塞给学生，学生被动学习，参与较少。这种灌输常常导致课堂气氛的沉闷、学生听觉的疲劳和有限的学习收获。如果大班教学的目标仅仅局限于知识和技能的简单记忆与操作，课堂上更多的是知识性的提问，教师对学生的回答缺乏实质性的评价和深入的探讨，这样的大班教学是不利于学生思维发展的。无论是从理念到实践，还是从内容到形式，“公平与正义”都为我国高校实施基于辩论的翻转课堂提供了可资借鉴的范例。

第七章

基于 Presentation 的高校翻转课堂行动研究

做课堂展示有助于深化学习，因为它让学生思考自己所学的知识中哪一个信息最重要、最需要讲给别人听，这个信息又是应该怎样组织整理才能讲得清楚明白。

——道尔[①]

作为对“教师讲，学生听”的传统教学模式的矫正和超越，当前我国高校教学实践中一个惯常采用的方法是教师讲授与学生课堂展示相结合。学生课堂展示一般也称为 Presentation。利用 Presentation 作为一种教学方法或策略，其功能有二：一是高质量的 Presentation 需要学生确定主题和研究问题并搜集整理资料，由此能够让学生对学习的相关知识内容有充分的理解，有利于培养学生发现问题、分析问题和解决问题的能力；二是利用 Presentation 可以促进学生的书面表达能力、口头表达能力以及团队合作能力的提升，这些正是重要的职业提

① 道尔．如何培养终身学习者：创建以学习者为中心的教学环境 [M]．周建新，译．广州：华南理工大学出版社，2014：95.

升技能。

Presentation常常和很多主动学习方法配合使用，或者也可以说它是很多主动学习方法如PBL等的一个内在结构。当前在我国高校课堂上，无论是大课堂还是小课堂，无论是本科生课堂还是研究生课堂，无论是小组形式还是个体形式，Presentation都是运用得比较多的一种教学方法。尤其是在文科研究生课堂上，Presentation几乎是标配。Presentation先天具备翻转课堂的特质，学生汇报内容都是基于课前自主学习或小组合作学习。为准备Presentation，学生课前学习的媒体资源也是多种多样的，可以有教师的教学视频，也可以没有教师的教学视频，但通常都需要阅读纸质或电子版的论文、著作和教材等。

第一节　高校Presentation教学问题之刻画

从理想的层面看，Presentation以学生自主性和探究性学习为主，具有一定程度的深刻性、体验性和主动性，能够有效培养学生查阅资料、领悟资料和组织资料的能力以及语言表达能力。那么，从现实层面看，这种教学方法的效果究竟如何呢？

我们采用质性访谈法，连续多年调查了某研究型大学来自不同学院的在读二年级硕士研究生，访谈对象在200人以上，访谈内容主要从Presentation准备、表现、参与、学习成果等几个方面展开。访谈采用一对一的形式，每次访谈的对象均为一人，每次访谈时间在30—60分钟不等。

通过对访谈的整理可以发现，当前研究生教学中的Presentation较为倾向于对理论化知识或教材的一种解读，或整理数据，或进行论文的讲解等。部分研究生表示，这种形式的锻炼是必要的，因为它在很大程度上能够提升学生的自主学习能力、资料搜集能力和资料整理能力，学生上去展示的次数多了，既锻炼了在众人面前侃侃而谈的胆量，其表达能力和 PPT 制作水平也随之提升，而且还能学习其他同学不同的思维方式，开阔视野，提升专业水平和学术素养。

然而，从访谈中也发现了许多问题，集中表现为：主讲学生准备不足、讨论缺失或不足、教师指导缺失或不足、小组合作学习缺失或不足、学生收获有限等。

一、主要问题

（一）主讲学生准备不足

部分主讲学生虽然搜集了资料，也上去讲了，但他们讲的大多是教材上、他人论文中介绍性质的内容，有时甚至还是没有经过考证的从网络上直接复制粘贴的内容罗列。由于在所讲内容中基本上没有自己的思考和深刻理解，又因自身理论知识薄弱，讲述时常常不能抓住重点，很难有所深入，所展示的内容枯燥乏味，缺乏吸引力。更有学生准备不够充分的，匆忙上阵，敷衍了事。在展示过程中，学生往往过于依赖 PPT，朗读 PPT，把 PPT 当成讲稿使用，缺乏与他人的互动。有学生指出：

我发现大多数同学 PPT 内容做得太多，以至于大家把关注点放在了 PPT 上，而不是演讲者身上。有的同学 Presentation 时间过长，并且声音太小，观众早早就失去了听讲的耐心。很多同学（包括我在内）把 Presentation 当作是一个任务，所以演讲的内容就比较浅显，并没有把一个问题研究透彻。

Presentation 的频次太多，学生有应付之嫌，读书太浅显，没有自己的观点，不能深度挖掘内涵，浮于表面的内容偏多，流于形式，不能让人眼前一亮。部分学生念 PPT 而非讲。

（二）讨论缺失或不足

由于展示内容的匆匆拼凑和没有时间去深刻理解，或许连主讲学生本人都不能提出什么问题，更别提群体讨论的有效实现了。在讨论的环节，讨论时常流于表面，缺乏真正意义上的讨论。而且，课堂上一个常见的问题是，由于很多学生上台展示的时间不能得到有效控制，加之教师本人也未能有效提醒和控制，课堂上真正留给讨论的时间很少，令人有虎头蛇尾之感，课堂时间就这样被耗费了。有学生指出：

上台展示的同学大部分不与其他同学进行互动，只是将自己的报告讲完。在一定程度上，分组进行任务分配从而进行 Presentation，其主要目的是促进大家互相讨论、交流各自的知识与想法。但是，由于缺乏互动或少有能吸引听众的地方，每人只对本小组或本人讲的那一部分比较了解，而对其他组或本组其他人的部分甚为生疏甚至无法理解。所以，也不大能讨论起来的。

（三）教师指导缺失或不足

部分教师在不同程度上存在对学生 Presentation 的过于依赖，他们把课程内容大部分安排给学生讲，而自身投入教学的精力非常有限，对学生疏于引导、点拨、释疑和把关，尤其是教师未能对学生 Presentation 事先给出评价标准和要求，这极其影响学生的准备质量。

此外，还有一个普遍存在的问题是，课堂时间分配的不当极大影响了教师的反馈和点评。由于主讲学生占用了太多的课堂时间，到教师补充、反馈和点评的时候，也到了快下课的时间了，大家都在等着下课，所以注意力已经没有那么集中了，最终结果是，学生可能从教师那里获得的东西也很有限。有学生指出：

Presentation 本意是锻炼学生的自主学习能力，强化对知识的深层加工。但如果没有教师的引导，尤其是没能提出 Presentation 的标准性要求，Presentation 可能就会成为学生应付作业的一种手段，只是为做 Presentation 而做 Presentation，那就没有很大的成效了。

教师无精心点评，学生不知道自己哪里需要改进；教师未强制要求脱稿，学生上去读 PPT，这是削弱其意义的。

（四）小组合作学习缺失或不足

受课时和选课人数的限制，在稍大班额的课堂上，Presentation 通常是分小组进行的。但是，小组 Presentation 常常存在搭便车和小组内部讨论缺失和不足的问题。有学生指出：

组成小组来讲，如果任务分担不明，难免会有某些同学浑水摸鱼，滥竽充数。此外，小组成员常常因为各忙其事而没有时间集中讨论，最后把内容凑在一起就算交差。

教师在质量把控上可能存在的一个问题是，教师并未规定小组全体成员都到教室前面作口头发言或借助 PPT 形式进行呈现，也未规定在汇报小组的研究发现过程中要说明其中哪些观点、看法和解决方案是由哪位组员发现和做出的，这样有可能导致小组成员不能做到人人都全力投入地准备一个有内容的、有深度的汇报。

（五）学生收获有限

由于以上问题的存在，课堂教学容易演变成为群体的自习和少数人的听讲，是一个学生对一位教师“唱独角戏”，学生课堂参与度很低，只有教师在认真听，适时提问。在一定意义上，课堂展示有效性的评价标准应该是让自己有收获，让其他同学也有收获。如果有一个吸引人、大家感兴趣的专题，如果教师引导得力、课堂管理和控制有效，如果主讲学生的讲述方式得当、PPT 做得生动，或者主讲学生善于创造一个轻松愉快的课堂氛围，那么其他学生会有所收获的。但现实中更有可能发生的情况是，主讲学生自己收获有余，而其他学生则收获不足。有学生指出：

由于Presentation几乎是每门课程的标配，大家疲于应付Presentation，真正用于阅读和思考的时间却少了，为Presentation而Presentation。如果教师不提出细致要求，在紧张的时间内，有时候是被迫仓促完成而已，其实效果并不好。而且，Presentation通常都是做的同学仔细学习，听的同学云里雾里，15分钟内灌输大量信息，结果什么都记不住。

部分听讲学生可能只专注于和忙活自己的专题，只对这部分内容比较熟悉，没有闲情逸致理会其他同学要讲的专题，对于未被委派的专题内容知之不多或知之不深。这样，对于其他同学所做的专题主要是被动听讲，听完以后也往往没有留下什么深刻的印象。

二、原因分析

之所以存在以上诸多问题，直接原因大体有低阶教学目标的定位、课程内容陈旧、学生被动学习、教师投入不足、时间保障与分配欠妥等几个方面。

（一）低阶教学目标的定位

从教学目标看，有一定比例教师的教学常常更多地定位于强调记忆和理解等低阶目标，知识的灌输依然存在，只不过由教师灌输转换成了由一名学生灌输，是由个体学生把现成的知识和结论直接塞给群体学生，致使学生不同程度上被动听讲，参与较少，缺少学生个体与教师的互动、与其他学生的互动以及与学科内容的互动，这不利于课堂上学生注意力的保持和对内容的理解和记忆，就更别提高阶能力的发展了。

（二）课程内容陈旧

一些教师授课往往过分讲究课程知识体系的完整性，有时给出的专题存在陈旧和偏于冷门的内容，让学生们感觉很“古董”“无趣”，听课时对这部分内容兴味索然。在学生们看来，这部分内容由学生来讲可能未见得合适，因为学生本来就一知半解，还要让他呈现给别的同学，那样只会带来更多的困惑，甚至误导别的同学。学生建议这样的专题如果没有必要，可以考虑删除，倘若实在不能“割爱”，由教师来讲效果可能会更好。

（三）学生被动学习

对于教师来说，教师讲授与学生课堂展示相结合，其初衷主要是为了避免教师满堂灌式的单向信息传递所导致的被动学习。然而现实情况是，主动学习仅仅停留在理想层面。如前所述，在教师指导、学生参与以及课程内容讲解等诸多环节上都存在问题。对于学生而言，这种佯装主动式的被动上课会让他们感觉时间耗费得非常可惜，一些学生无奈之下将课堂作为自己的阅读课时。甚至有学生表示：“为了在硕士研究生课程的学习过程中从心理上感到自己掌握了新知识，一些学生甚至更期望回到本科时的灌输式，似乎感觉这样硕士研究生读下来还值当一些。”

（四）教师投入不足

如前所述，部分教师对学生 Presentation 过于依赖，而自身投入教学的精力非常有限，对学生疏于引导、点拨、释疑和把关，对课程教学缺乏可持续的反思和改进。应该说，这是一种放任自流的教学，是对学生不负责任的表现。

（五）时间保障与分配欠妥

阅读文献需要足够的时间保障，由此才能够深刻理解文献内容，也才能在此基础上向别人清楚表达自己的观点。学生用来学习的时间并不是无限的，因为每门课程都要花一定的时间，此外还有其他各种活动，因此实际上分配到每门课程上的时间是非常有限的。如果研究生课程设置过于集中，在某一时间段上学生课业负担过于沉重的话，学生用于准备课程的时间也会非常有限，这恐怕是研究生教学管理上有待改进的一个方面。

此外，为提高学生在课前学习的效率，教师究竟应该提供怎样的资源和文献资料，提出何种课外阅读建议，或布置上课之前必须完成的何种任务或作业，使每一个学生都能在课前做好知识与情感上的准备，这是每一位教师在教学中都不能回避的关键问题。

第二节　行动研究之 Presentation 教学设计

一、课程概况

“课程与教学论”是北京理工大学心理健康教育专业硕士研究生的学位基础课，主讲教师是杨春梅。本门课程以探究课程与教学的基本原理与问题为对象，主要内容包括课程开发的模式与基本原理、学习理论与教学模式、有效教学及其设计、翻转课堂与 MOOCs 等。课程的主题、具体内容与知识点如表 7-1 所示。

课程的总体目标如下：

· 在现实中知道、理解并应用相关课程与教学原理；

· 理解与构建有效教学模型；

· 演习相关教学技能；

· 锻炼清晰的口头和书面表达能力；

· 成为富有热情的独立学习者，提升学习的能力。

表 7-1 “课程与教学论” 2018 年秋季学期课程内容框架

主题	具体内容与知识点	课时
引论：由《死亡诗社》引发的思考	观后感（以诗歌形式）	4
人人都有创造力：“钱学森之问”与《窗边的小豆豆》引发的思考	布卢姆教育目标分类 加涅学习成果分类 创造力与多元智能理论	2
课程开发的模式与基本原理	模式：目标模式；过程模式；实践模式；批判模式 原理：课程目标；课程内容的选择与组织；课程实施；课程评价	4
学习理论与教学模式	主要学习理论：行为主义、认知主义、人本主义、建构主义 以学生为中心的教学模式 “公平与正义”案例分析	4
有效教学及其设计	有效教学 教学设计	4
翻转课堂与 MOOCs	杜郎口中学的翻转课堂 可汗学院的翻转课堂 大学里的翻转课堂 辩论：翻转课堂教学质量高于 / 低于传统课堂教学	2
学生 Presentation	心理学经典文献为主体	6
课程反馈	问卷调查	2

本课程在结束有关课程与教学的基本知识框架之后，即进入了学生 Presentation 的集中展示环节。在 2018 年秋季学期，Presentation 的实施和运作方式与以往几轮相比有些许不同。在以往学期，学生进入 Presentation 前，教师并没有给他们准备 TED 的演讲视频，这样学生是缺乏一个直观且明确的成功演讲范例的引导的，教师也没有明确要求听讲学生对主讲学生的课堂展示做记录，这也在一定程度上影响了理想学习成果的有效实现。

在 2018 年秋季学期，Presentation 教学的总体设计包含六大要素：

基于故事的深度学习、TED 演讲范例、评价标准清晰、充足的准备时间、让听讲学生有收获、Presentation 反思。如图 7-1 所示。下文将逐一对这一框架内容进行具体说明。

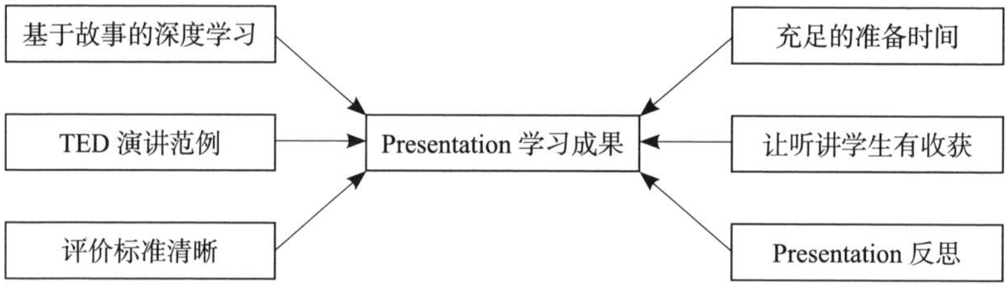

图 7-1 2018 年秋季学期 Presentation 教学策略设计图

二、基于故事的深度学习

相对于课堂讲授的零散知识点来说，学生更容易从一本书中获得对某一主题相关知识的完整认识，因为一本书就是一个完整的故事。故事是人类最古老、最自然的意义感知形式，它具有情境性、整体性、娱乐性和可记忆性等特征。故事是一种经验知识表征方式，一种促进认知和思维的工具，一种蕴含着现实意义的逼真情境，一种支持问题解决的脚手架和启发式策略。把故事深度融合于学习当中，能够有效地促进学习者隐性知识以及个人知识的生成、迁移与应用，也有助于实现学校教育的深层学习要求，是促进深度学习的有效干预措施。①

学习应该是有趣的，而基于故事的学习一定是有趣的。秉持这样一种教学信念，考虑到学生的心理健康教育专业背景，在 Presentation 这一部分教师给学生布置的任务是：选择和阅读你最喜欢或最为感动的一部心理学专著（也可以是其他领域著作），深入阅读、思考并作一次课堂展示即 Presentation。教师推荐和提供了很多当代心理学界

① 冯锐，杨红美. 基于故事的深度学习探讨 [J]. 全球教育展望，2010,(11)：26-32.

有影响力的著作，如《不抱怨的世界》《影响力》《自控力》《情绪力》《正能量》《耶鲁大学公开课：死亡》《你可以幸福！》《高效能人士的七个习惯》《遇见未知的自己》《活出生命的意义》等。这些专著大多是时下畅销书，专著作者们擅长使用通俗易懂的案例来讲解复杂的心理学概念和原理，内容有趣，易读性强，阅读体验好。

一本书阅读 +Presentation 是一种以学生为中心的实战式学习，也是一种翻转课堂。学生在课下拓展阅读并建构知识的同时，也要系统思考如何把“课程与教学论”的基本理论和教学新理念贯彻于自己的课堂展示之中。当阅读成为硬性要求、学生自己有兴趣且必须分享给别人的时候，学生总是会特别认真，而且希望做到最好，希望得到认可，希望推荐给其他学生去进一步深入阅读和体悟。

三、TED 演讲范例

在学生进入 Presentation 教学环节之前的课上，利用 18 分钟的课堂时间，让学生观看一个著名的 TED 演讲视频，以此让他们对“一个好的 Presentation 是什么样子的”有非常生动直观的体会和认知，并深入感受该演讲视频对结构、观点、理由和证据等的处理。

这一 TED 演讲的主讲人为美国评论和专栏作家斯涅克（Simon Sinek），演讲题目为“伟大的领袖如何激励行动”。斯涅克在开场中给出了一系列提问：为什么同样生产数码产品，苹果的产品能充满与众不同的惊喜？为什么同样遭受社会的歧视，只有马丁·路德·金能够领导美国的民权运动？为什么有那么多拥有更大资源优势和能力优势的发明者，最后却是莱特兄弟发明了飞机？在此基础上，他提出了一个由三个同心圆构成的“黄金圈”理论：中心的是“为什么”，中间是“怎么做”，最外圈的是“做什么”。他指出，激励型的领导者和组织都是从内到外地思考、行动和沟通，即遵循 why–how–what 的路径，而一般人的思维习惯则是 what-how-why。

斯涅克列举了苹果电脑、马丁·路德·金和莱特兄弟成功的例子，告诉大家伟大的领袖如何激励行动，也列举了塞缪尔·兰利和美国电视录制技术公司（TiVo）数码录像机的事例作为失败的典型。① 演讲的整体结构如表 7-2 所示。在演讲中，他将自己所宣扬的理念提炼成了一句醒目的口号：改变从为什么开始，即“人们不关心你做了什么，人们更在意你为什么这样做”，这一口号短小精悍，以行动为中心，富有节奏感，且在演讲的开端、中间和结尾多次重申，有力推动了这样一个观点的广泛传播：只有用内心的信念去说服和影响周围的人，才能够轻松吸引到具有相同思维模式的人一起奋斗；我们愿意跟随具有领导才能的人，不是为他们，而是为我们自己。

表 7-2 斯涅克的 TED 演讲提纲 ②

结构	论点	论据
引言	（2）所有杰出领袖和卓越组织的信息传达都是由内而外的：先分享理由，接着是方式，最后才揭示做什么。	（1）有关苹果电脑、莱特兄弟、马丁·路德·金的一系列研究。
A 部分	（4）人们最关心的不是你做什么，而是做它的理由，因此，你应该尽可能与志同道合的人一起经商。	（3a）“反苹果”和苹果。 （3b）黄金圈理论的依据来自脑生物学和功能学。
B 部分	（6）志同道合的人可以和你同患难，共欢笑。	（5）塞缪尔·兰利和莱特兄弟。

① 例如，斯涅克以苹果公司为例，指出如果苹果和其他竞争对手一样，他们的广告语可能会这样写：“我们制造出色的电脑，它们设计精美，使用简单，界面友好。想要买一台吗？”但实际上，苹果传递信息的顺序恰恰相反：“我们做每件事情，都要打破现状，以不同的角度思考。我们打破现状的方式就是让我们的产品设计精美，使用简单，界面友好。我们只是碰巧制造电脑而已。想要买一台吗？”以此证明：顾客不是购买你所做的产品，顾客购买你制作它的理由。

② 多诺万．TED 演讲的秘密：18 分钟改变世界 [M]．冯颙，安超，译．北京：中国人民大学出版社，2017：73.

续表

结构	论点	论据
C 部分	（8）与你志同道合的人会吸引更多理念相似的有识之士来扩大革新队伍，使这一理念被大众市场接受。	（7）美国电视录制技术公司和马丁·路德·金。
结论	（10）不只是领袖，普通人也一样。“从为什么开始”的领袖更能够激励人心，因为愿意追随他的人也秉持这一理念。	（9）如今的政客们和“从为什么开始”的领袖。

四、评价标准清晰

学生 Presentation 的成功在一定程度上是由以下两个方面决定的：一是学生知道应该怎样着手做准备；二是学生知道他们将怎样被评价。为了衡量学生的学习表现，同时更为了促使学生有意识地提高 Presentation 的准备质量，制定一套明确的评价标准是非常必要的。评价标准如若缺失，学生就无从得知：教师所期望的学生学习成果是什么？一个好的 Presentation 应该是什么样子的？应该按照怎样的标准为 Presentation 做好准备？在展示之后该怎样评价自己的表现？

关于评价标准的建立，一个比较可行的办法是邀请全班学生参与制定评价标准。事实上，这对于学生来说也是一项非常重要的学习任务。经过一番思考或采用头脑风暴的形式，学生选出他们认为与展示既定任务关系最大的那些特征和标准，这非常有助于学生在评价标准的理解上达成共识，这一共识可以指导他们自己的 Presentation 设计和展示。

例如，在“课程与教学论”课堂上先后有两个班级的同学列出了好的 Presentation 的特征（如图 7-2 和图 7-3 所示）：语言流畅，逻辑清晰，PPT 精美，有感染力，有表现力，有案例，生动有趣，避免口语化，有节奏，脱稿，使用道具，有重点，有互动，有理有据，大方得体，讲普通话，有自己的思考，引发思考，时间控制得当，层层递进，结合自己的生活，有肢体表达，有问题情境，图文并茂，故事穿插，等等。虽然两个班级所达成的共识在形式上有所不同，但究其内容和核心要素，仍存在共同的特征。这样的头脑风暴，由于来自学生自己的需求，更容易让学生接受且印象深刻。

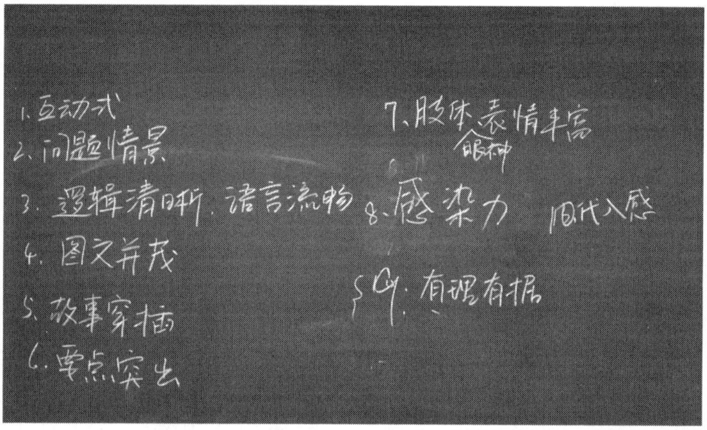

图 7–2 学生视角下好的 Presentation 的特征（2017 秋季班）

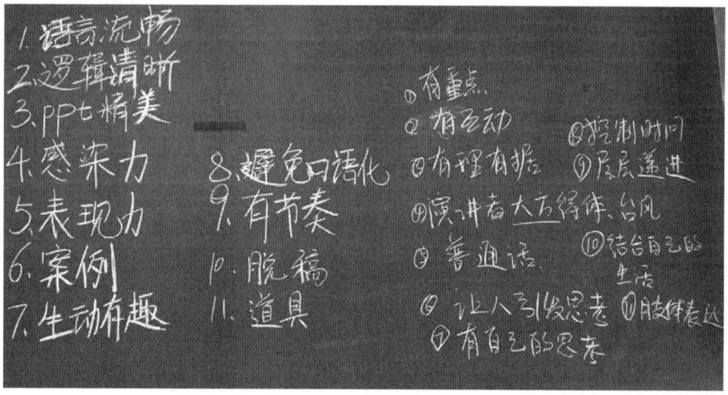

图 7–3 学生视角下好的 Presentation 的特征（2018 秋季班）

在学生讨论的基础上，教师进一步形成了如表 7–3 所示的评价标准，并特意在此表中列出了反面的具体说明，即以往年修读本课程的学生 Presentation 所存在的问题为例，提示学生在准备和展示时要尽力避免这样一些问题。

表 7–3　学生 Presentation 评价标准表

一级指标	二级指标	避免的问题
讲授清晰	逻辑结构完整	开场不吸引人；对著作的主题简介把握不够；未能提供一个清晰的框架；首尾不呼应；含糊不清或令人费解
	重点突出	
	表达清晰	
感染力	精神饱满、有活力	无精打采；紧张局促；声音小；声音平淡无变化；语速过快；口语化；语言啰唆；无眼神交流
	讲授方式生动有趣	
	语音语调语速适当	
	适当的肢体动作	
	眼神交流	
内容选择与组织	问题中心，以点带面	内容繁难偏旧；“内容覆盖”；照本宣科；“从概念到概念”；内容过简而有失深入；内容过多而无法讲完；没有个人切身感受和体验说明
	内容新颖有趣	
	说明个人意义或社会意义	
观点论证	观点新颖明确	观点缺乏更深一步的阐述；未能将观点充分建立在原理、理由和证据的基础之上；不能联系现实生活
	观点建立在原理和理由的基础之上	
	结合实际，实例论证	
教学互动	围绕问题提问、做活动与交流	未能设计几个相关小问题引发同学思考；与同学互动不足
	听讲同学听课参与度高	
PPT 呈现	内容精简	PPT 多于 18 张；每张 PPT 文字过多过满；时间超出 18 分钟
	图文并茂	
	字体清晰	
	时间掌控	

五、充足的准备时间

根据掌握学习的基本理念，只要教学时间足够，能够满足学生的需要，那么所有学生都能实现掌握学习目标。在掌握学习教学模式中，常量是学生对知识和概念的高水平理解，而变量则是学生为理解问题所花费的时间。本课程按照这一理念指导学生 Presentation，给予学生充分的准备时间。在上课第一天，教师在介绍课程大纲时即把 Presentation 这一任务布置给学生，让他们几乎可以在整个课程学习时间框架内围绕著作进行自主学习、阅读和思考。

六、让听讲学生有收获

不可否认的是，一个 Presentation 能否让听讲的学生愿意听，在一定程度上取决于主讲人的演讲水平和质量。但同样不可否认的是，如果教师向听讲学生明确提出听讲和记录的要求，这也会在极大程度上带动听讲学生参与和投入到课堂中，从而进一步激励主讲学生有情绪和兴致讲下去。应该说，这二者之间存在一种密切互动的关系。

所以，为创造一个积极的和安全的课堂环境，需要师生共同制定一份促进学生对课堂展示作出积极回应的听众行为守则，以鼓励同学之间相互合作、支持和帮助，让每一个学生都能倾听别人的发言，在课上积极参与讨论，主动提出问题和思考问题，共同建构一个积极向上的学习环境。

在本课程的学生 Presentation 当中，教师会在课堂上给每个学生发一张 A4 纸，要求听讲学生在主讲学生进行展示和分享的时候作记录，用概念图归纳主讲学生讲述的逻辑结构，并记录下自己最感兴趣的点和对主讲学生课堂展示效果的一句话评价。在课堂结束之后，教师会回收每一个学生的记录并计入平时成绩。这一要求会使听讲学生更加投入于听讲之中，并且通过观察他人的表现，对自己已经完成或即将讲授的内容主动进行反思。

七、Presentation 反思

反思是一个宝贵的学习机会，可以帮助学生更深入地理解课程内容，批判性地回顾和思考自己的学习经验、态度、信念、期望和行为，以进一步完善日后的学习活动。本课程中，所有同学的 Presentation 结束后，教师马上对学生进行了一次开放性问卷调查，了解他们此次 Presentation 的学习收获。主要问题包括：①通过一本书阅读 +Presentation，自己的专业学习收获如何？②通过准备 Presentation，对理解有效教学及其设计获得了何种启示？③通过本门课程 Presentation，自己是否实现了“有效教学”？④作为听讲学生的自己，学习收获如何？

第三节　行动研究之学生学习成果：教师的视角

2018 年秋季“课程与教学论”课程，总计有 15 名学生选修。在 Presentation 部分，要求每名学生讲述 18 分钟左右，15 人总计使用课堂时间 6 个课时。多数学生使用激光笔，离开固定讲台站在了教室讲台下 PPT 投影幕布前的适当位置上。对于主讲学生在分享过程中的表现，教师进行了观察和记录，以此评判学生的学习成果。下面的观察记录即按照学生演讲次序，记录下主讲学生视角下的一本书故事线以及教师视角下的学生 Presentation 教学表现。希望通过这样的记录，不仅可以帮助我们了解每一本书的大致内容，而且可以帮助我们认识每名主讲学生对于内容的选择、组织和表达情况。

一、内容故事线的呈现

《高效演讲》的作者是美国斯坦福大学沟通力与领导力讲座教授彼得·迈尔斯等。主讲人和大家分享的是怎样进行高效演讲，主要从演讲内容、演讲风格、演讲状态、高危情境和人脉维护等五个方面进行了论述。

《遇见未知的自己》的作者是中国台湾作家张德芬。这本书主要讲述怎样遇见和发掘更美好、更鲜活的属于自己的心灵。演讲由为什么我们常常不快乐而引出，从失落了真正的自己即真我——爱、喜悦、和平三个方面阐述了人们不快乐的缘由，最后用一个小故事将人生比喻为马车，讲述人生的力量掌握在自己手中这一令人回味和思索的哲理。

《不抱怨的世界》的作者是美国作家、心理导师威尔·鲍温。主讲人为大家讲述了抱怨的危害与怎样开启一个不抱怨的人生的故事。不抱怨的世界是一个尽力减少社会负能量的世界，并且通过不抱怨的方式，我们可以使心灵变得更为美好。那么，怎样去战胜抱怨呢？不抱怨的世界需要一个完整又艰难的过程：无意识的无能、有意识的有能、无意识的有能。通过21天的不抱怨挑战，可以让我们变成一个个全新的自己。

《情商》的作者是美国心理学家丹尼尔·戈尔曼。主讲人和大家分享的内容是怎样提高我们自身的情商。从情商的概念引出我们个人的自我意识，并简述了自我意识的概念、怎么处理自我意识、生理对自我意识的影响和无意识的重要性。随后，在针对处理焦虑的问题上与大家分享了一些方法。最后，阐述了通过家庭、精神疗法和最好时机的捕捉等来培养自身的情商。

《耶鲁大学公开课：死亡》的作者是美国耶鲁大学哲学教授谢利·卡根。主讲人首先由大家对死亡看法的选择题入手，带来对于死亡理解的多元观点，并从宗教、哲学和无神论的角度系统阐述了死亡。死亡是坏事吗？这是一个难以回答的问题，不同的思想家有不同的答案。随着卡根为我们带来的答案，我们再一次认识了死亡：这是有关生命的价值和生命的幸运的命题，问题的关键不在于我们面对死亡是否淡定，而在于我们对于有限生命的珍视。

《情绪力》的作者是美国著名心理咨询专家约翰·A. 辛德勒。主讲人主要向大家展示了关于掌控自我情绪的奥秘。我们有人也曾经历过阶段性的情绪性疾病的困扰，该怎样去控制它们呢？主讲人在介绍充分型心理疗法和替代疗法的基础上，指出存在两种情绪大类，即能引起身体各个部位产生过度刺激性反应的情绪，以及能使身体产生最佳反应的正面情绪，并以愤怒为例阐释了情绪与健康问题的关系。

《自控力》的作者是美国斯坦福大学心理学家凯利·麦格尼格尔。主讲人从如何改变旧习惯、培养新习惯、管理压力和克服拖延等方面系统论述了怎样培养自控力。重点分享了四个方法：想要有更强的意志力，你就要有更多的自我意识；千万不要在最累的时候安排需要动脑的事；给自己找一个意志力榜样；今天的快乐未必比明天的快乐更重要。自控力能改变一个人所走的道路，学会自控才会有更美好的明天。

《正能量》的作者是英国心理学家理查德·怀斯曼。主讲人向大家介绍了正能量的巨大影响。在讲述了发生在自己身上的一段故事的基础上，指出抑郁症的症状有许许多多，或许我们恰好在某段时间内成为了这些症状的俘虏，或许摆脱不掉，但是我们可以换个姿态来考虑事情，就像人在摆出不同姿势的时候，自信力是不同的。所以，情绪和行为的关系是，是行为影响了情绪，例如是因为我们微笑，所以我们幸福。我们在行为上的选择，存在一种强大的吸引力，得当的行为可以将我们与正能量联结在一起，并且让我们懂得爱的正能量是可以被我们创造的。

《高效能人士的七个习惯》的作者是美国管理思想家、领导力大师史蒂芬·柯维。主讲人主要介绍了高效能人士的七个习惯，它们分别是积极主动、以终为始、要事第一、双赢思维、知彼解己、统合综效、不断更新。主讲人从家庭角度对“要事第一”这一习惯进行了重点阐述，指出家庭是人生中最重要的一部分，并从文化、法律、经济与技术等四个方面阐述了家庭生活的美好，这是高效能的选择所带来的美好，也是我们所要共同学习的。

《思考力》的作者是东京大学教授上田正仁。主讲人首先介绍了什么是思考力，思考力的核心就是发现问题和解决问题。通过搜集信息模式的不同，阐述我们曾经遇到的思考力不足的情况：以前我们总是不考虑我们的基础知识面，到处搜集所有需要的信息。真正拥有思考力的人会先理解信息，然后丢弃他所获得的信息，再进行信息的搜集。解决问题的流程模型是：确定问题、问题归类、分解要素、各个击破。只有多问为什么，我们才能更好地锻炼我们的思考力。

《你可以幸福!》的作者是美国作家、心理导师威尔·鲍温。主讲人从幸福的定义入手，告诉同学们什么是真正的幸福。幸福是什么？是短暂的快乐感还是持久的满意？幸福可以被计算吗？怎样去计算人的幸福呢？幸福不是幸运，幸福是可以被我们创造的。幸福是可以通过思维、言语、行动、习惯、品性以及命运这六部曲去努力获得的。

《影响力》的作者是美国心理学家罗伯特·B. 西奥迪尼。主讲人以“电击实验”开篇。“电击实验”告诉我们，所有的普通人在权威人士面前都会倾向于听从权威人士的话，即使他们明明知道这些命令会给其他人造成伤害。主讲人通过引入电击实验，揭示了权威在一个人传递他的影响力当中的作用。除此之外，有关影响力的影响因素还有互惠、承诺一致、社会认同、喜好与稀缺等。

《活出生命的意义》的作者是美国著名心理学家维克多·弗兰克尔。主讲人围绕以下四个问题展开演讲：第一，我们要成为怎样的人？第二，我们要用怎样的态度去生活？第三，为什么要好好活下去？第四，生命的意义是什么？在这四个问题被抛出的同时，大家同时也开始思考生命的意义究竟是什么。在简要介绍作者生平的基础上，主讲人引入意义疗法，阐述了其存在主义的理论基础，并重点介绍了意义疗法的三种治疗技术——意义分析法、矛盾意向法和非反思法。

《做更自信的自己》的作者是英国作家兼心理学家保罗·詹那。自信是一个永恒的话题，或许在一些场合或者面对某些人的时候我们都缺乏这一特质。主讲人通过演讲告诉我们怎样去做更好的、更自信的自己：第一，怎样让人们接受你并且喜欢上你？第二，我就是我，你就是你；第三，发展与异性相处的自信。

《我们仨》的作者是中国著名作家和翻译家杨绛。该书以回忆录的形式追忆了杨绛、钱锺书和钱瑗一家三口那些年生活点滴里的快乐与艰难、爱与痛。主讲人简要介绍了这一单纯温馨的家庭几十年相守相助和相聚相失的经历，并重点以入住新居的第一个早晨、钱锺书到产院探望、生活中多了一个小圆圆、万里长梦等节选展现了一家人细小的、融于内心深处的深爱与浮于表面的淡然。

二、Presentation 之教学表现

以上是对学生 Presentation 的内容故事线呈现的简要记录，大体可以了解主讲学生对每一本书内容故事线的把握和选择。一个 Presentation 的质量如何，既与内容有关，也与讲授方式有关。具体而言，Presentation 的质量是讲授清晰度、感染力、与同学互动、观点论证、PPT 呈现等多方面要素交互作用下的一种结果。如果说讲授清晰

度直接指向内容，那么，感染力、与同学互动、观点论证、PPT 呈现等要素则直接指向了展示方式、情境和学生。

在如上内容呈现的基础上，这里将围绕评价标准的各个方面对每一个 Presentation 的特点和不足作进一步的总体性评价，如表 7-4 所示。①

表 7-4 学生 Presentation 之教学表现汇总

书名	特点或优势	不足
《高效演讲》	该演讲的前期准备较为充分，注重演讲内容的系统性，非常有条理和层次，将展示的几个主要方面和特点都逐一列出，且 PPT 设计结构合理，版式简洁大方。	安排的内容过多，不容易给人留下较为深刻的印象；讲述时语速稍快。
《遇见未知的自己》	整个演讲沉浸在柔和的气氛中，从各个方面由浅入深地论述了书中的主要观点：我们要成为那个未知的自己，我们要战胜那个已知的自己。PPT 设计精美，能抓住观众的眼球。	有些环节过渡略显突兀。
《不抱怨的世界》	该演讲开篇用视频引入，运用时事性的小新闻有效抓住同学的注意力，再由此引发关于抱怨的讨论：从不同的人物视角出发，我们该怎样看待抱怨？通过将小活动与演讲相结合的方法，调动听讲同学的参与度与积极性，使演讲氛围生动有趣。PPT 设计新颖，并引用事例进行强有力的印证，环节过渡自然。令人惊喜的是，演讲人在课上赠送给每一位听讲同学 1 个 21 天不抱怨的手环。	

① 本部分评价重在采取一种欣赏性评价的视角，不过于追究不足和“鸡蛋里挑骨头”。因为几乎没有一个演讲会是完美的，总会存在这样或那样的瑕疵。对每名同学的演讲之不足，教师鼓励他或她在展示后进行自我反思以及与同伴进行交流。所以，这里重在展示学生的精彩之处，在课上只对个别同学所存在的明显问题予以明示。

续表

书名	特点或优势	不足
《情商》	该演讲氛围轻松愉快，很好地吸引了同学的注意力，调动了参与意愿，并且演讲者仪态与体态都保持着非常自然的状态，整个演讲令人感到舒服。该演讲设计系统、有条理，从不同的角度讲述了情商的培养和处理等有关问题。	点的挖掘可以更深入，尤其是如能深入论述事例或反例的话，效果会更好。
《耶鲁大学公开课：死亡》	该演讲制作了精美 PPT，并且演讲紧扣主题，层层深入，将同学们很好地带入到情境当中，引发了大家对于死亡的思考，也更多地引发了大家对于“活着”的重新认识。演讲者仪态大方，能够用合理的话题调动大家积极地参与讨论和互动，具有很强的吸引力，并随着环节的需要适时地加入背景音乐来渲染氛围。	
《情绪力》	该演讲较为轻松自如，演讲者姿态也落落大方，逻辑清晰，知识性很强，语言流畅，在 PPT 的设计和制作上也很精美。	唯一的不足是演讲的过程起伏性不是很强，可以在调动同学的参与度上进行改进。
《自控力》	演讲开篇引入小朋友分糖果的故事，分别告诉听众三个选择：我要做、我不要与我想要。通过自控力的演讲使大家深深地感受到了自控力对一个人发展的重要性。该演讲非常深入人心，使人印象深刻，且内容聚焦，语句精练简洁，姿态自然大方，PPT 制作精美，重点突出。	
《正能量》	演讲者以自己的人生感悟与亲身经历为开篇，引出消极情绪对人的影响，引出正能量能带给人的不同体会，引导大家对 PPT 图片上的动作进行模仿，并且感悟在不同动作的情况下自己的心态会产生哪些变化：当你的动作是大方、挺胸的时候，就会比你含胸、低头时要自信得多。通过举例以及与同学互动，激发了大家的积极性。整个演讲思路清晰，体态自然，语言流畅，很有感染力。	

续表

书名	特点或优势	不足
《高效能人士的七个习惯》	该演讲找到了一个很好的切入点，就像一堂家庭教育课，演讲者用她柔美的语言向大家阐述了家庭的魅力，让我们懂得了为什么要重视家庭，将它放在第一位。演讲时听众参与度很高，讨论气氛热烈。演讲者有很好的带动力和鼓动力。	如能增加演讲时间，可进一步深入探究。
《思考力》	演讲者大方、舒缓地进行演讲，PPT 与前期准备都做得十分充分，演讲很有启发性，并且重点突出，语言流畅，使大家明白了思考的重要性与多问为什么的重要性，这恰恰是我们所缺失的，我们如今都比较习惯去接受，而不习惯去主动思考，这是很深刻的一课。	需要改进的是，PPT 的字体略小，并略缺乏与听讲同学之间的互动。
《你可以幸福!》	演讲者用从容淡定的语调娓娓道来，并用幸福拍手歌，让大家参与进来。整个演讲语言流畅、生动，并将演讲与《不抱怨的世界》相衔接，又加入塞利格曼 ABCD 法，在该抒情时加入一定的背景音乐，有利于和听讲同学的交流与互动。	
《影响力》	演讲者在演讲前的准备十分充分，为同学们准备了充足的纸质导读材料。通过“小月月事件”与小米的“饥饿营销”等事例，告诉我们怎样可以扩大一个人或一件事的影响力。但同时，所有的影响力又都有其适用的条件。课堂气氛融洽而热烈，语言流畅，姿态动作十分自然，能让听众获得许多关于影响力的知识和经验。令人惊喜的是，还通过有奖问答（赠送精美校园明信片）鼓励大家参与其中。	导入稍长，在互动上出现了一些小插曲，但也能灵活应对，在时间掌握上还可以再进步。
《活出生命的意义》	该演讲理性、清晰，语言表达流畅，时间控制得很好，并且从各个方面分析了生命的意义所在，以及怎样去寻求活出自己的生命意义的方式，使我们明白每个人都能活出生命的意义。思维导图使人印象深刻。	重点与主题略偏，缺乏一定的吸引力，内容不够生动。
《做更自信的自己》	语言流畅，思路清晰，重点突出，能够结合典型的、与同学们息息相关的生活中的事例进行演讲，从三个方面生动形象地提出了增强自信力的方式。	脉络还可以更进一步理清；时间略短，演讲内容还可以更丰富。

续表

书名	特点或优势	不足
《我们仨》	演讲者十分投入地为大家细心介绍了杨绛、钱锺书和钱瑗一家三口的故事。在讲述的最后，关于钱瑗的离去以及钱锺书的离去，演讲者深深地沉浸其中为大家诵读，情不自禁，饱含热泪，这样的气氛也感染了大家，十分令人感动。	止步于表面的文本展示；在内容的进一步提炼和观点表达上还有进步的空间。

三、总体评价

从教师观察者的角度看，本学期 Presentation 之学生表现，呈现出以下几个特点：

其一，促进了专业学习。

学生通过一本书阅读 +Presentation，不但对“课程与教学论”这门课程本身的知识和技能有所掌握，而且在一定程度上实现了专业领域的有效学习。绝大多数学生所选择的都是偏向于心理学方面的经典著作，主题包括影响力、死亡、自控力、幸福、情绪力、自信、思考力、高效能、情商、正能量、生命的意义等，这有助于专业学习的精进。

其二，主讲人富有教学热情。

应该说，本轮 Presentation 中多数学生的讲述都富有教学热情或感染力。由于选书的自由度大，学生可以根据自己的兴趣进行自由选择，这有利于在阅读过程中兴致盎然地深入阅读和思考书中细节。主讲人把自身的体验和感动融入分享之中，从写作背景一直讲到书中的主体内容，往往还用书中作者的金句进行点题。由于 Presentation 出于真情实感，讲的人愿意讲，听的人愿意听，也就易于打动人心。有两名学生在分享过程中还利用音乐营造了一种与分享的书籍相同风格的环境氛围，让听讲的学生在音乐中全身心地倾听、体验，沉浸于这课堂上的美好一刻。

其三，互动设计成功。

一个好的演讲一定是一个互动的、交互的过程，能否实现这一点，取决于演讲者心里是否有听众，取决于所设计的内容和所使用的方法是否能够激发听众的兴趣。在课堂上常见的一个现象是：展示的同学在讲，下面的同学不是听得糊涂，就是觉得与自己无关而并不用心去听。让人欣慰的是，这一现象在本课堂上并没有被观察到。本课程的 Presentation 互动明显增多，学生在互动设计上是比较成功的。所有主讲学生都没有直接把自己要阐述的内容全盘托出，而是提出各种有趣的小问题引导大家进行思考。

其四，传播的观点具有启发意义。

每个学生有 18 分钟的课堂展示，这样的时间是合适的，也与典型的 TED 演讲时间吻合。《TED 演讲的秘密：18 分钟改变世界》的作者多诺万指出："真正能打动人内心的其实就是一个值得传播的观点。如果你能用故事化的方式，流畅完整地传递出来，其他一切就显得相对次要了…… 为什么 TED 演讲能够吸引人，答案就在于它是每一个听众内心的折射，它代表着每个人内心的渴望 —— 每个人的内心都有一个想去分享的冲动。"① 所以，重要的是表达与传播一个有价值的观点。观点的表达建立在一个恰当的时间点上。本课程 Presentation 的 18 分钟时间框架，能够保障主讲学生完整地表达书籍内容和主讲学生自己的看法。根据学生反馈和教师观察，可以发现多数学生并没有对一些文本和数据进行表面化的解读和分析，而是深入到书本深处。这是一种更深刻的演讲，它留下的是更深入人心的精神力量。

① 多诺万．TED 演讲的秘密：18 分钟改变世界 [M]．冯颙，安超，译．北京：中国人民大学出版社，2014：3.

其五，学生的有效教学能力提升。

多数主讲学生的教学技能在 Presentation 中都有良好的表现，例如准备充分，在分享过程中有充分的自信，富有感染力和热情，有观点、有理由、有反思、有证据、有结构，从现实生活举例，共同的或者相似的经历与听讲学生形成了一种隐性互动，充分调动听讲学生的兴趣和课堂参与度。尤其令人惊喜的是，有几个学生的演讲风格已经带上了 TED 范儿。

第四节　行动研究之学生学习成果：学生的视角

在所有学生完成 Presentation 展示之后，教师集中对学生进行了一次问卷调查，问卷全部由开放性问题构成，涉及学生 Presentation 的学习投入与准备、关于理解有效教学及其设计的启示、学生的学习收获等。

一、Presentation 的学习投入与准备程度如何？

绝大部分学生认为自己对 Presentation 进行了认真的准备，充分肯定了自己对专著核心价值观的提炼、框架的架构以及对各个环节的思考。例如，学生指出：

对本门课程 Presentation 的准备和演练更充分，不仅对书上的内容进行了深入的研读，也对一些课外相关知识进行了阅读，演讲之前观看了一些 TED 演讲视频，与其他课程相比，这次的质量还不错。我准备得很用心。我做完 PPT 时，觉得自己做得很好，甚至有想在课堂上一展身手的感觉。

与其他课程相比，本门课程的 Presentation 是我准备得最用心的，因为老师对展示提出了最为细致的要求。为了控制 PPT 页数和时间，我对内容进行了提炼和重新组织，原来的 43 张 PPT 修改为 18 张；实现了脱稿，也不去进行理论灌输，而是结合案例和理解来讲；互动也最好，因为老师明确提出了互动的设计要求。

准备本门课程的 Presentation 付出了比较大的努力，首先认真选书、读书，其次思考该以怎样的框架、逻辑和内容展现给同学，从而让大家更好地接受我所传达的观点。虽然很多行为并非刻意，但是实际上自己已经在不知不觉中把这门课所学到的东西运用于其中了。

二、通过准备和展示 Presentation，关于理解有效教学及其设计获得了何种启示？

知识输入与知识输出对人的挑战是不一样的。学生在准备 Presentation 的过程中，通过亲身体验 Presentation 而“在做中学”，真刀实枪地学习、思考和体验教学设计相关内容，学习全面设计一堂微课，思考教学的重难点所在。他们在准备 Presentation 的过程中，需要对教学设计的一系列内容进行系统思考。例如，如何设计学习目标，即希望“我的学生”在知识、能力和态度上发生怎样的变化？围绕这样的目标选择和组织哪些内容？围绕所讲内容设计怎样的问题和互动以更好地活跃整个课堂氛围？如何理论联系实际生活（辅助哪些小故事和小案例）以引发同学倾听和思考的兴趣？在整体结构上如何开篇吸引、中间举例和结局深思？如何用最简单易懂的语言让别人明白自己所讲的内容？在教学媒体和方法的使用上如何进行配合？PPT 如何呈现？有学生指出：

在进行 Presentation 之前，认真地对自己所要讲的内容进行了评估，找出同学们可能比较能接受的内容和观点进行分享，这些行为是无意识的，但是仔细回想实际是自己已经在潜移默化中学会了进行教学设计，会分析学习内容和学习者等要素，这是一种理论应用于实践的过程，是本门课程非常大的一个收获。

每一本书由每一个人看都会产生一个不同的结果："一千个人有一千个哈姆雷特"。好的教学以及有效教学应该不是将这本书变成一个模板，再随之将这一模板扣到每一个听众的头上。我认为好的教学应该是不仅使人懂得书中的精髓之处，还能产生自己的思考和想法。进一步说，有效教学不是知识上的有效或答案上的千篇一律，而是思考上的"千变万化"。

在准备 Presentation 的过程中，我修改了三次 PPT。很早之前准备的一版只是对著作框架结构的介绍。我通过老师后来提出的规则要求以及观察其他同学在展示中体现的优点和不足，又对自己的设计进行了修改。要做到有效教学，有时候在一定时间内呈现的信息量不能过大，要吸引同学的注意力就要理论联系实际，要在应用的场景中去传达。

准备这次 Presentation，有了亲身体验及参与，使我对有效教学设计产生了浓厚的兴趣，如果单纯听讲可能不会收到这种效果。一个优秀的教学活动要分析学习者的特点和需求，对教学内容作适当的安排，主讲人要有感染力等，最重要的是要与学生产生共情或共鸣，引发思考。

我所讲述的主题是"不抱怨的世界"。我认为我正在努力使我的演讲成为有效教学的"演厅"。每一个人对自己的演讲一定有不同的理解，但他们应该都明白了一点：不抱怨能使自己更加快乐。而对于不抱怨的误解的消除，是我的真实目的。这里的有效，应是让大家试着去接纳它，从而获得不同的、多样的思考，绝不是我用自己的观点强行改变每个人的想法。

尽管每一个学生都认为自己在一定程度上实现了有效教学，但每一个学生也都深刻反思了自己的教学，认为尚有不足的地方。例如有学生这样反思了自己的问题：

我在演讲的语言组织上，没有像其他同学那样精心设计并提前多次演练。在互动环节的把握上出现了失误，在同学互动环节集中发放礼物也分散了同学们对我后续讲述的注意力。由于紧张，在一些环节中出现了遗漏，此外我还缺乏感染力。

三、通过一本书阅读 +Presentation，主讲学生的专业学习收获如何？

应该说，通过本次一本书阅读 +Presentation，学生们对所展示的专业知识有了更深入的理解和学习，并且能够把这些知识放到实际生活中加以应用、分析和评价，比较扎实地实现了有效学习。

在本门课程中，我阅读的书是《不抱怨的世界》。有时候不抱怨是一种人生态度，并且它能给人以积极的心理暗示。在一定程度上，21 天的不抱怨行动能给人一定的启示：用行动来改变自己的生活状态，以及避免太大程度上的拖延，暗示自己能成为一个更加正能量更加乐观的人。这本书也表明了一点：有时候心理往往是我们行动的强大的决策者，它的积极或消极导向能引导我们走向不同的人生道路。

在本门课程中，我阅读的书是《影响力》。这是一本社会心理学方面的专著，在本书中我学到了 6 种影响力武器。其实这背后也隐含着不同的心理学知识，比如，“社会认同”就是社会心理学的一个范畴。通过阅读，联系以往学过的知识，我更深刻地理解了不同的影响力武器，并且不自觉地在生活中运用它去分析不同的现象，比如重庆公交车坠江案背后的心理学意义。

四、通过一本书阅读 +Presentation，听讲学生的学习收获如何？

听讲学生的收获，在一定程度上来自于主讲学生的精彩展示，但也不可忽视教师所提出的记录和评价要求。总的来说，由于主讲学生准备得都比较认真，听讲学生也听得比较认真，所以听讲学生的收获较大。听讲学生学习到主讲同学身上的很多优异表现，例如有的同学语言表达舒缓、娓娓道来，有的同学有精彩实例，有的同学讲述逻辑清晰，有的同学巧妙设计问题情境，有的同学眼神交流到位。甚至主讲学生在 PPT 上呈现的“金句”，还被部分听讲学生用手机拍照，将其记录和留存。有学生指出：

其他课程的 Presentation 一般都是从网上查找资料，而本课的 Presentation 是从所阅读的书中组织资料。网上的资料太杂，部分不准确，书中的资料很权威。通过每个同学的短短十几分钟的讲述，我快速了解了很多书，不读此书胜读此书。书中的精髓都可以掌握到，这节约了时间，也比自己单纯看书了解得更为深刻。很多同学所讲的内容很有趣，激励自己在课下也把这些书找来看一看。

因为本门课程的 Presentation 质量相对而言更高，大家都是精心准备，所以听的同学在互动中也将注意力更多集中在了 Presentation 上。由于本门课介绍的是一本本生动的书，相对于更关注理论知识的 Presentation，对大家也更有吸引力，现实意义也更大。比如，现在每次我意识到自己在抱怨的时候就会想到《不抱怨的世界》，并有意疏导自己的情绪，难过的时候想想《你可以幸福!》，拖延的时候想想《高效能人士的七个习惯》。

本门课程的 Presentation 从头到尾重视准备、互动和效果，与其他课程相比，明显感觉在本课中从其他同学那里吸收到的知识更多，且不是表面意义上的“吸收”，不是对知识的整理和重复，而是对书中的精神和价值观的吸收。一个好的演讲总能用不同于一般演讲的形式吸引听众，这是一个互动或交互的过程，取决于准备者的态度，以及是否能抓住听众的兴趣点。

五、精神世界的丰盈与成长

很多同学提及的收获表明，他们实现了自身多方面学习目标的达成，包括精神世界的丰盈与成长。事实上，这一个目标因其地位极为突出，是有必要把它独立出来单列于此的，这也是由人文社会学科课程本身的特点所决定的。由学生所选择的“那一本书”，即是他与“那一本书”的“缘”。在阅读和学习“那一本书”的过程之中，每一个学生都与“那一本书”的作者进行了对话与交流，而在课堂上与同学分享该书的过程中，每一个学生也都与其他同学在进行着对话与交流。Presentation 对于每一个学生的生活也有实际的启示，因为书中的案例可能与课上许多学生面临的问题相似。怀着一种看书中作者如何解决问题的心理，听讲者在听讲的同时也学到了解决问题的很多方法。而且，分享者所列举的实例非常典型，也吸引了听讲学生的注意力，并引发了一系列的讨论。有学生指出：

在看待幸福时学会了从心理学的角度来看待它，并学会以小而简单的习惯来保持一种持续幸福的状态，未来将会继续试着用书中简单的方式来尝试达到幸福感的持续。

对《不抱怨的世界》里的哲学理论观点非常欣赏，书中也提到了很多有关的解决方法，有助于我改变自己“抱怨”的情况，比如“列写现在的自己和理想的自己”这样的方法就非常具有实用价值。

第八章

高校翻转课堂有效教学评价框架

我们越来越期望用评价程序确定学生身上实际发生了什么变化，我们在哪些方面实现了课程目标，而在哪些方面还需要做出进一步的改善，以获得有效的教育计划。

——泰勒[①]

如何评价高校翻转课堂有效教学，为教师教学反思和教学改进提供参照系和路线图，这是推进高校翻转课堂理念和实践深入发展的一个关键问题。在目标—活动—评价一体化的思路引导下，同时兼顾翻转课堂模式“课前学习+课上主动学习”这一固有的结构，我们初步设计了一个由“课程设计”“课前学习”“课堂参与”“反馈与评价”“学习成果”五个一级指标构成的高校翻转课堂教学评价框架。这一评价框架，得到了实证研究的初步验证。对于这一评价框架，教师可以灵活应用，采取各种变式。

① 泰勒．课程与教学的基本原理 [M]．罗康，张阅，译．北京：中国轻工业出版社，2014：260.

第一节　高校翻转课堂有效教学评价框架设计

在以学生为中心的教学理念指导下，什么样的高校翻转课堂教学是一个好的、优秀的或成功的教学？这实际上涉及高校翻转课堂有效教学之评价问题。翻转课堂与传统课堂的教学流程、结构和方式存在明显差异，所以传统课堂的教学评价并不适用于翻转课堂。与传统课堂比较，在翻转课堂中学生的学习活动和学习过程是整个课堂教学的中心或着眼点。

一、有关翻转课堂评价的研究综述

有关翻转课堂评价框架或指标体系的研究，已经初步引起学界的关注。从中文文献看，有代表性的研究有：罗莎和胡世清以大学英语教学为例，基于相关课堂环境理论建立了由在线学习环境（在线任务取向、在线活动参与、在线活动创新）、实体课堂环境（课堂任务取向、课堂活动参与、课堂活动创新）和翻转课堂整体环境（探究学习、合作学习、学生融洽、教师支持、个性化学习、信息技术支持）构成的翻转课堂环境评价框架；陈明等基于深层次学习理论构建了由开课前（教学设计）、开课中（在线学习、课堂教学）和开课后（成绩与教学成果、教学研究）构成的翻转课堂发展性评价体系；王永花从独立观看教学视频学习情况、平台上的互动交流情况、针对性练习题成绩、课堂上独立学习过程中的表现（协作态度、完成情况、配合情况、沟通交流、任务分工）和课堂上成果展示和交流（口头报告、成果展示）等五个方面构建了翻转课堂学习评价框架。更多的国内相关研究参见表 8-1，该表展示了这些论文的作者及文献名称、理论基础/设计理念、一级指标和二级指标。

表 8-1 国内翻转课堂评价研究一览表

作者及文献名称	理论基础/设计理念	一级指标（二级指标）
罗莎，胡世清："翻转课堂环境评价框架与指标体系研究"①	Moos 环境结构理论	在线学习环境（在线任务取向、在线活动参与、在线活动创新）；实体课堂环境（课堂任务取向、课堂活动参与、课堂活动创新）；翻转课堂整体环境（探究学习、合作学习、学生融洽、教师支持、个性化学习、信息技术支持）
陈明等："基于深层次学习理论的翻转课堂发展性评价体系的构建"②	深层次学习理论	开课前（教学设计）；开课中（在线学习、课堂教学）；开课后（成绩与教学成果、教学研究）
谢娟等："基于CIPP的翻转课堂教学评价体系构建"③	CIPP 评价模型	环境基础（学生的意愿和能力基础、教师的意愿和能力基础、教学环境的基础准备）；资源配置（学生的学习条件、教师的教学条件、学校的组织保障）；实施过程（学生的表现、教师的表现、教学活动的基本表现）；教学绩效（学生的成长与收获、教师的发展与收获、教学的整体效果）
蒋立兵，陈佑清："翻转课堂教学质量评价体系的构建"④	发展性评价、过程性评价、表现性评价	课前学习（课前学习行为、课前学习成效）；课堂学习（课堂主动参与、合作学习表现、课堂学习成效）；课后学习（课后学习状况）；学习结果（认知与操作结果、情感与态度结果）

① 罗莎，胡世清．翻转课堂环境评价框架与指标体系研究——以大学英语教学为例 [J]．全球教育展望，2019，48（5）：54-64.

② 陈明，陆建峰，牛浩．基于深层次学习理论的翻转课堂发展性评价体系的构建 [J]．现代远距离教育，2017,（6）：20-26.

③ 谢娟，张婷，程凤农．基于 CIPP 的翻转课堂教学评价体系构建 [J]．现代远程教育研究，2017,（5）：95-103.

④ 蒋立兵，陈佑清．翻转课堂教学质量评价体系的构建 [J]．现代教育技术，2016，26,（11）：60-66.

续表

作者及文献名称	理论基础/设计理念	一级指标（二级指标）
孟军等："大数据背景下高校翻转课堂学习评价的研究"①	翻转课堂教学模型	课前学习（视频资源利用情况、视频以外的资源利用情况、论坛交互、针对练习）；课中学习（个人探索、师生交互、生生交互）；课后学习（知识总结反馈、知识拓展学习）；学习结果（作业/作品成绩、考试成绩）
谢永朋、杨英歌："职业院校翻转课堂教学质量评价指标体系构建研究"②	以学生为中心、以学习为重心、以技能为核心	学习目标明确（学习目的明确、学习标准明确）；求助渠道畅通（面对面求助渠道畅通、在线求助渠道畅通）；学习监控与反馈（学习过程监控与反馈、学习结果监控与反馈）；课前学习材料（学习材料的多样化、学习材料的易得性、学习材料的层次性）；课堂教学活动（问题解决情况、知识应用情况、操作技能水平、交流沟通情况、协同合作情况、职业态度）；课后拓展迁移（分层作业、个别指导、引导反思、拓展实践）
张涛等："翻转课堂下学习绩效评价模型的构建"③	Kirkpatrick评估模型；布卢姆教学目标分类理论	感知表达（学习内容、学习目的、教学组织）；信息加工（知识内化、技能熟练度、资源获取与应用、理论与运用）；学习迁移（问题解决、创新思维、方法与策略的运用、迁移效果）；反思与提升（情感与态度变化、学习效果、改进措施）
李馨："翻转课堂的教学质量评价体系研究"④	CDIO教育模式	综合翻转课堂的课前和课上两个部分，同时兼顾课前材料、课上活动和环境三个要素，构建了翻转课堂教学质量评价体系的基本技术路线图，无具体指标

① 孟军，刘冰璇，翟洪江，等. 大数据背景下高校翻转课堂学习评价的研究——以A校"工程热力学"课程为例[J]. 高等工程教育研究，2018,(5)：166-171.

② 谢永朋，杨英歌. 职业院校翻转课堂教学质量评价指标体系构建研究[J]. 中国职业技术教育，2018,(8)：53-56，62.

③ 张涛，李兆锋，胡萍. 翻转课堂下学习绩效评价模型的构建[J]. 现代教育技术，2016，26(4)：74-80.

④ 李馨. 翻转课堂的教学质量评价体系研究——借鉴CDIO教学模式评价标准[J]. 电化教育研究，2015，36(3)：96-100.

续表

作者及文献名称	理论基础/设计理念	一级指标（二级指标）
李成严等："翻转课堂教学评价体系研究"①	基于全过程考核	课前评价（观看学习视频情况、课前练习、自主学习能力）；课中评价（协作能力、出勤情况、表达能力、创新能力）；课后评价（设计报告、实验报告、期末考试）
邰春玲等："翻转课堂教学评价指标体系的初步构建"②	过程性与结果性评价相结合；关注态度、情感和价值观	课前准备（教学视频制作、学习任务单、自主学习效果）；课堂活动（学习成果展示、问题交流研讨、实践活动演练、课堂学习效果）；课后回顾（分析总结交流、师生学习反思）
王永花："翻转课堂教学模式的学习评价研究"③	评价主体的多元化、评价内容的多样化、评价角度的全面化、评价方法的新式化	独立观看教学视频学习情况；平台上的互动交流情况；针对性练习题成绩；课堂上独立学习过程中的表现（协作态度、完成情况、配合情况、沟通交流、任务分工）；课堂上成果展示和交流（口头报告、成果展示）

从笔者目力所及的外文文献看，兹列举如下几项研究：①基于翻转课堂实践构建的以学生体验、学习成果和考试成绩为评价标准的框架④；②对基于 MOOC 的翻转课堂所建立的由教学团队、教学内容、教学技能、教学资源、课程评价和政策支持等六个维度构成的相对宏

① 李成严，高峻，唐远新，等．翻转课堂教学评价体系研究 [J]．计算机教育，2015,（11）：100–103.

② 邰春玲，史淑杰，逄冬，等．翻转课堂教学评价指标体系的初步构建 [J]．中华护理教育，2017, 14（1）：18–22.

③ 王永花．翻转课堂教学模式的学习评价研究 [J]．教学与管理，2015,（15）：86–88.

④ Bergfjord O K, Heggernes T. Evaluation of a "Flipped Classroom" Approach in Management Education[J]. Journal of University Teaching & Learning Practice, 2016, (5): 1–13.

观的评价框架①；③从教育成果角度衡量翻转课堂教学有效性，将教育成果分为直接成果与间接成果，直接成果是指学生成绩和课堂出勤，间接成果指学生的课程经验、学习态度与热情、学习参与和学习行为、能力与发展等②；④从个体教师把握自身翻转教学有效性的角度所提出的由学生成绩、学生评价与感知、线上和线下的学生行为三个维度构成的评价框架③。

总的来说，当前学界对翻转课堂的评价研究尚处于初步探索阶段，有一定比例的研究采用了课前、课上和课后的维度划分，这可以鲜明地体现翻转课堂的特色，但在内容和深度上还有待于进一步扩展和丰富。具体而言，研究中存在的主要问题是：缺乏自觉的目标导向意识，评价指标缺乏目标、活动与评价之间的整合、协调与互相支持；指标外延的包容性问题，如以课前学习为例，如果课前学习只考查在线学习，就可能无法包容课前文献学习这种真实形态的翻转课堂。有关高校翻转课堂评价框架的研究尚显不足。

针对当前研究的上述不足，一个需要思考的问题是：在以学生为中心的教学理念指导下，在课前学习＋课上主动学习的翻转课堂结构框架下，一个体现目标、活动与评价之间的整合、协调与互相支持的高校翻转课堂有效教学评价框架应是怎样的？应该说，建立这样的一个评价框架，有利于教师更好地开展教学反思和教学改进，并进而促进学生有效学习，也有利于推进高校翻转课堂理念和实践的深入发展。

---

① Gan T. Construction of Security System of Flipped Classroom Based on MOOC in Teaching Quality Control[J]. Educational Sciences: Theory & Practice, 2018, 18(6): 2707–2717.

② O'Flaherty J, Phillips C. The Use of Flipped Classrooms in Higher Education: A Scoping Review[J]. The Internet and Higher Education, 2015, 25(8): 85–95.

③ Teaching and Learning at the University of Hong Kong. Measuring the Effectiveness of Your Flipped Class [EB/OL].(2018-4-13)[2020-12-18]. https://tl.hku.hk/2018/04/measuring-the-effectiveness-of-your-flipped-class/.

二、评价框架的设计思路

高校翻转课堂有效教学评价指的是，考查和评价学生在经历翻转课堂一段时间的学习后学得好不好或学得怎么样。在这一意义上，与其说我们是在评价翻转课堂有效教学，毋宁说我们是在评价翻转课堂有效学习。学生学得怎么样，始终是最终的也是唯一的尺度。一般来说，一门课程的教学涉及三个方面的关键问题：课程设计（含课程目标和课程内容）如何？教与学的活动过程如何开展？学生学习成果如何？课程设计是课程教学的前提和基础，学习成果是学生预期的学习目标的最终实现情况，而学习活动即是实施阶段，在翻转课堂模式中"学习活动"体现为"课前学习＋课堂学习"，它连接了预期（课程设计）与现实（学习成果）这始末两个阶段。

（一）目标—活动—评价的一体化

美国学者芬克在《创造有意义的学习经历——综合性大学课程设计原则》一书中曾描述了高校某门课教师所面临的一个引人深思的困境。这位教师给学生设计了基础知识和批判性思考的课程目标，但在课程教学中却几乎全部采用讲授法进行教学，学生未能得到任何有关批判性思考能力的训练和反馈。在这种情形下我们设想：如果教师在考试卷上设计了批判性思考类问题，考试将会精确地反映他定下的学习目标，但学生的表现可能会不尽如人意，因为教学活动并没有为学生提供任何进行批判性思考的练习实践。如果教师选择在考试中不包括批判性思考类问题，则评价可以恰当地反映教学活动，但却不能支持学习目标。这事实上意味着课程目标、教学活动与反馈和评价之间出现了断裂，三者之间未能形成统一的整体，不能相互反映和支持。①

① 芬克．创造有意义的学习经历——综合性大学课程设计原则 [M]．胡美馨，刘颖，译．杭州：浙江大学出版社，2006：49-50.

好的教学一定是做到了目标、活动与评价的统一。自然，翻转课堂也不例外。翻转课堂教学首先应该是目标导向的。在以教师为中心的传统教学中，教学目标定位于知识和理解，而应用、分析、综合和评价等能力目标并没有得到很好的发展。而在以学生为中心的翻转课堂教学中，高阶教学目标的实现是教学的主要关注点。有了目标之后，接下来需要思考的问题是：翻转课堂上学生学习活动是否指向高阶目标？学生最后的学习成果如何？我们该如何进行判断？可以说，对学生学习过程和最终学习成果的判断，即反馈与评价，就是在检验教师是否在教所要教的内容，或者说是在检验教师所教的内容是否指向预期的目标。为更好地整合学习目标、学习活动以及反馈与评价，就要做到设定适当高度和具有挑战性的评价标准，既评价学习结果，也评价学习过程。在某种意义上，目标、活动与评价已经合而为一，水乳交融，你中有我，我中有你。

（二）翻转结构：课前学习 + 课上主动学习

翻转课堂没有单一的结构或模式可供遵循，它作为一个总称涵盖了具备以下特征的任何一种形式的教学：信息传递教学主要移到课前进行，学生在课前观看预先录制的视频讲座或阅读其他文本材料，被释放出来的课堂时间则用于主动学习。

1. 课前学习

翻转课堂的课前学习部分充分利用了教育技术。这种教育技术，能够提供各种形式的课程资源（如教师自制视频、MOOC、各种网络资源及讲义、参考书等文本资料），利用各种工具（如测验工具、讨论工具、内容创建工具等）提供课内外交流和互动的机会并传递即时信息。这些教育技术能够适应学生不同的学习方式，方便学生自定步调地学习。

依据课前学习资源的不同，可以把翻转课堂课前学习大致划分为四种类型，即基于MOOC（或其他开放教育资源）的翻转课堂课前学习、基于教师自制视频的翻转课堂课前学习、基于文本（导学案或文献阅读）的翻转课堂课前学习以及融合前三者的翻转课堂课前学习。这些类型的翻转课堂课前学习涉及视频观看和文本阅读等。

2. 课上主动学习

如第二章所述，主动学习关注学习内在动机的激发，强调学习过程中学生的“做”或“活动”，例如阅读、写作、讨论等，而不仅仅是“听”，强调学生在课堂教学过程中的参与者角色。主动学习是一个连续体，一端是简单的任务，另一端是复杂的任务。简单的任务是时间较短且相对非结构化的，复杂的任务需要相对较长的时间并且是精心规划和结构化的。就这一连续体的两端而言，很难讲哪一端更好。在这一连续体上，主动学习教学方法涵盖从讨论到结构化教学方法这一连续体，主要包括合作学习、案例分析、同伴互助教学、基于探究的学习、基于问题的学习和基于项目的学习等。

为支持学生的主动学习，教师不应作为知识传播者向学生灌输知识或直接告诉学生问题的答案。教师扮演“课程设计者”“指导者”“评价者”等多重角色。教师选择并设计既与教学目标相符又与现实生活相联系的内容和问题，为学生提供必要的学习资源和学习工具，为学生创设一个自由、民主、相互尊重的环境，形成与学生相互合作、相互促进的学习共同体，为学生提供指导，并对学生的学业表现给予恰当的评价。

第二节 高校翻转课堂有效教学评价框架的初步构建

一、评价框架的初步构建

基于目标—活动—评价的一体化理念，同时兼顾翻转课堂模式“课前学习+课上主动学习”这一固有的结构，我们初步设计了一个由“课程设计”“课前学习”“课堂活动”“学习成果”等四个一级指标所构成的评价框架。之后，通过德尔菲法①进行专家反馈，即将评价框架转化为调查问卷，发放给了17位高校一线教师和专家，他们来自清华大学、中国科学院大学、复旦大学、浙江大学、北京师范大学、北京理工大学、江苏大学、哈尔滨师范大学、黑龙江八一农垦大学等高校。在17人中，翻转课堂研究者3人，理工科教师和文科教师分别为10人和7人，他们都在自己的课堂上不同程度地使用了翻转课堂模式。

问卷采用五级量表形式，从“非常重要”“比较重要”“一般重要”“比较不重要”到“非常不重要”，分别记为5、4、3、2、1分。同时，在每一个一级指标、二级指标后都设计了相应的填空部分，供教师填写增删意见，也在问卷末尾设计了征询专家建议和意见的填空部分。经两轮专家意见征询，对所回收的问卷利用SPSS进行了可靠性分析，克隆巴赫系数均在0.9以上，表明问卷可靠性良好。在进行初步统计的基础上，从以上17位教师和专家中重点选择4位进行简要访谈。通过专家问卷调查和访谈，围绕专家所提出的问题和建议，对

① 林甦，任泽平．模糊德尔菲法及其应用[J]．中国科技论坛，2009,(5)：102-103，122.

评价框架进行了如下修改。

其一，将“微视频”修正为“课程资源”。

有专家指出“微视频”这一项二级指标过于狭隘。在初始设计时，考虑到当前的翻转课堂课前学习资源基本上都是基于MOOC或教学视频，所以“课程设计”下的一个二级指标是从微视频这一角度进行考查的。但在访谈中有专家指出，微视频并不是翻转课堂所必需的要件，有部分翻转课堂的课前学习主体资源并不是微视频，但只要有翻转的形式，应该就可以称之为翻转课堂。是故，将“微视频”修正为“课程资源”。

其二，将“课堂活动”修正为“课堂参与”，删除“课堂展示”。

在专家问卷和专家访谈中，有专家表示一级指标“课堂活动”的定义较为狭隘，认为“活动”和“参与”是两个不同的概念，但相比之下，用“参与”会有更加广泛的适用性。考虑到这一建议的合理性和严谨起见，将“课堂活动”修正为“课堂参与”。还有专家认为，“课堂展示”不是翻转课堂的必备要件，没有课堂展示也可以开展翻转课堂教学。是故，删除了“课堂展示”这一二级指标。

其三，将“反馈与评价”独立为一级指标。

在访谈中有一位专家指出，整个评价框架既然是围绕着突出“课程目标、教学活动以及反馈与评价的一体化”来构架，那么，“反馈与评价”就不应局限于课程设计这一部分。考虑专家的这一合理化建议，将“反馈与评价”独立为一级指标。

在专家访谈意见基础上，进一步对问卷进行了修改，形成了如表8-2所示的1.0版高校翻转课堂有效教学评价框架。

表 8-2 1.0 版高校翻转课堂有效教学评价框架

一级指标	二级指标	三级指标	描述
课程设计	课程目标	高阶性	课程学习目标富有价值和挑战性，体现高级思维和能力的培养
		可操作	课程学习目标和标准具体明确，学生知晓每次课的学习目标和任务
		情意性	课程学习目标关注情感、态度和价值观培养
		一体性	课程学习目标与教学活动以及反馈与评价互相反映和支持
	课程内容	基础性	课程内容关注核心概念和基础理论
		现实性	课程内容联系学生经验或社会生活
		前沿性	课程内容融入学科发展前沿或最新研究成果
	课程资源	内容量	教师针对课程重点难点设计课件、教学视频或其他课程资源，内容适量
		清晰性	课件、教学视频或其他课程资源能用清晰的语言讲述抽象的学科内容
		吸引力	课件、教学视频或其他课程资源有吸引力，激发学生求知热情
	学习平台	便捷性	学习平台使用便捷、高效
		互动性	学习平台方便师生互动和生生互动
		丰富性	学习平台有丰富的视频或文献资源
课前学习	学习投入	独立学习	学生能独立完整观看视频、阅读文献或完成相关课前学习任务
		成果检验	学生完成课前测验或练习，满足成绩评定要求
	学习收获	提出问题	学生能够从课前学习中提出疑难问题，带着问题上课
		适应性	学生能够适应课前学习任务，课前学习收获大
课堂参与	合作互动	问题导向	创设的问题或问题情境导向恰当的学习目标，引发思考
		参与性	学生积极参与小组讨论、课堂展示、同伴教学等合作学习活动
		课堂氛围	课堂氛围活跃、民主、和谐
		有效性	师生互动或生生互动有效，学生有所收获

续表

一级指标	二级指标	三级指标	描述
课堂参与	教师引导	清晰明了	教师讲解或演示重点难点清晰
		感染力	教师讲解或演示富有教学热情或感染力
		课堂掌控	教师有效掌控课堂秩序，课堂时间安排合理、利用有效
		有效性	教师指导适时、适度、适当、有效
反馈与评价	教育性	真实性	课程成绩评定关注学生的真实性任务表现（如Presentation、项目报告、实验设计与操作等）
		过程性	反馈与评价经常性地融入课堂、课前学习活动之中
		及时性	在相关学习活动后及时给出反馈与评价
		激励性	反馈与评价能够激励或鼓舞学生的学习
	评价标准	目标导向	作业、论文、项目或考试题有价值，能考查课程学习目标达成度
		清晰性	教师给出的学习任务评价标准具体、清晰、恰当
学习成果	认知	知识	记住课程关键的概念、规则和原理
		理解	理解（解释、分类、推理）课程相关知识
		实践能力	应用概念、理论解决实际问题或应用于新情境
		批判性思维	批判性分析和评价有关观点及其论证
		创造性思维	综合不同的观点、信息或经验，形成新颖或独到的观点或想法
	元认知	学会学习	学会如何自主学习（含时间管理、自我规划调控和自我反思）
	态度	人文维度	认知自己、理解他人视角以及与他人相处和合作的能力
		关心	关注课程并愿意学习更多有关的内容，发展新的情感、兴趣和价值观

二、评价框架释义

（一）课程设计

课程设计是教师对课程的整体规划。狭义的课程设计包含课程目标和课程内容，对于翻转课堂来说课程设计还包含对课程资源和学习平台的设计。关于课程目标设计，不但要关注认知发展，而且要关注情感、态度和价值观方面的情意培养。在一门课程里，教师不但要设计总体的课程目标，还要设计具体到每一个知识点的学习目标。每一个学习目标及其标准越是具体而明确，就越是具有可操作性，学生就越是能够明确和理解自己的学习任务。关于课程内容设计，应关注课程内容的现实性和前沿性。关于课程资源设计，课件、教学视频或其他课程资源应针对课程重点难点设计，内容量不宜过多，其设计和选择应建立在表达清晰和具有吸引力这两个基本原则的基础之上。关于学习平台设计，应满足以下三个方面的要求：一是使用便捷、高效；二是方便师生互动和生生互动；三是有丰富的视频或文献资源。

（二）课前学习

翻转课堂能否顺利实现翻转，一个重要的前提是学生课前学习是否为课堂学习做好了准备，学生是否能做到上课“有备而来”。换言之，学生课前学习质量体现为学生课前学习投入程度如何以及投入结果如何：学生是否能够完整观看视频或阅读文献？是否能够完成测验或练习？是否能够从课前学习中提出疑难问题？课前学习是否能够促进学生的课堂学习？

（三）课堂参与

课堂活动既包括学生活动，也包括教师引导（含讲授）。学生活动和教师引导都是为了促进学生的课堂学习参与。学生活动即是一种合作互动活动，包含小组讨论、课堂展示、同伴教学等。一个好的学生活动，它是问题导向的，学生积极参与其中，课堂氛围活跃、民主、和谐，师生互动或生生互动有效，学生能够有所收获。为了促进学生在课堂上的有效学习与参与，教师引导至关重要，不但要辅以必要的清晰讲解或演示，还要有教学热情或感染力，能够有效掌控课堂秩序，合理安排和有效利用课堂时间。

（四）反馈与评价

如前所述，目标、活动以及反馈与评价三位一体，三者互相反映和支持。翻转课堂反馈与评价既体现在课堂学习活动中，也体现在课前学习活动中。关于反馈与评价，芬克的教育性评价理论可以为我们提供理论指导。依照该理论，一个评价应该是具有教育性的，即学业评价应关注学生的真实性任务表现（如 Presentation、项目报告、实验设计与操作等），反馈与评价应经常性地融入课堂和课前学习活动之中，在相关学习活动后及时给出反馈与评价，反馈与评价应能够激励或鼓舞学生的学习。同时，这样的教育性评价标准应该是目标导向的——作业、论文、项目或考试题等能够考查课程学习目标达成度，有关的任务评价标准应该是具体、清晰和恰当的。①

（五）学习成果

学习成果即学生预期的学习目标的最终实现。在学习成果的设计上，进一步体现“目标—教学—评价”一体化思想，综合布卢姆的认知教学目标（知识、理解、运用、分析、综合、评价）和芬克的有意义学习框架（基础知识、应用、综合、人文维度、关心、学会学习），将学习成果划分为“认知”“元认知”“态度”三个方面。其中，“认知”由知识、理解、实践能力、批判性思维和创造性思维等构成，“元认知”关注学生是否学会如何自主学习（含时间管理、自我规划调控和自我反思），“态度”则指向学生是否具备认知自己、理解他人视角以及与他人相处和合作的能力，是否关注课程并愿意学习更多有关的内容，在情感、态度和价值观上的发展如何。

① 芬克．创造有意义的学习经历——综合性大学课程设计原则 [M]．胡美馨，刘颖，译．杭州：浙江大学出版社，2006：65-77.

第三节　高校翻转课堂有效教学评价框架的检验

一、评价框架的检验

为进一步检验这一框架的结构是否合理，我们编制了一份调查问卷，从课程设计、课前学习、课堂参与、反馈与评价、学习成果等五大指标考查高校翻转课堂有效教学情况。问卷总计由48个题项构成，均以“非常同意”“同意”“有点同意”“不同意”四个等级来反映学生的感受。以班级为单位，向北京、广州、哈尔滨等地参与翻转课堂学习的高校本科生和研究生发放问卷。有效回收问卷498份，其中，本科生占40.7%，研究生占59.2%；男生占48%，女生占52%；理科生占63.9%，文科生占26.9%；“985”高校学生占33.5%，非“985”高校学生占66.5%。采用SPSS 23.0与AMOS 23.0数据软件对数据进行分析。

首先是信度分析，从表8-3可见问卷总量表的信度系数为0.970，各分量表的信度系数介于0.822—0.947之间，表明本框架所使用的评价指标具有较高的可信性。

表8-3　量表的信度系数

维度	课程设计	课前学习	课堂参与	反馈与评价	学习成果	总量表
克隆巴赫系数	0.947	0.822	0.832	0.893	0.946	0.970

然后是效度分析。首先通过KMO值与Bartlett球形检验进行因素分析适合度检验，问卷KMO值为0.972，Bartlett球形检验显著性水平为0.000，说明该量表适合进行因素分析。运用主成分分析法对问卷各量表进行因素分析，并删除载荷值小于0.45的题项，在总

量表中能最终提取 5 个因子，这与初步制定的框架相符。将各个因子按其意义吻合度可分别命名为“课程设计”“课前学习”“课堂参与”“反馈与评价”“学习成果”，共包含 48 个题项，总方差解释率为 66.211%。

对课程设计、课前学习、课堂参与、反馈与评价以及学习成果等 5 个小量表再次进行因素分析以探索二级指标。采取最大方差法进行探索性因素分析，每个小量表的 KMO 值分别为 0.951、0.770、0.911、0.896、0.943，Bartlett 球形检验值均为 0.000（$p < 0.001$），呈现显著性水平。通过分析每个小量表的碎石图，从大到小提取特征根并进行归纳，剔除载荷值小于 0.45 的题项，并从理论上归纳每个成分的内涵，将不符合理论意义并存在交叉的题项也一并删除。最终在课程设计维度提取出 4 个特征根：课程目标、课程内容、课程资源和学习平台；在课前学习维度提取出 2 个特征根：学习投入和学习收获；在课堂参与维度提取出 3 个特征根：学生参与、教师引导和课堂环境；在反馈与评价维度提取出 2 个特征根：教育性、评价标准；在学习成果维度提取出 3 个特征根：认知、学会学习与合作、态度。将每一维度下提取出的特征根作为其二级指标，最终形成由 37 个三级指标构成的评价框架，如表 8-4 所示。

表 8-4　2.0 版高校翻转课堂有效教学评价框架

一级指标	二级指标	三级指标	描述
课程设计	课程目标	高阶性	课程学习目标富有价值和挑战性，体现高级思维和能力的培养
		可操作	课程学习目标和标准具体明确，学生知晓每次课的学习目标和任务
		情意性	课程学习目标关注情感、态度和价值观培养
		一体性	课程学习目标与教学活动以及反馈与评价互相反映和支持

续表

一级指标	二级指标	三级指标	描述
课程设计	课程内容	现实性	课程内容联系学生经验或社会生活
		前沿性	课程内容融入学科发展前沿或最新研究成果
	课程资源	基础性	教师针对课程重点难点设计课件、教学视频或其他课程资源
		清晰性	课件、教学视频或其他课程资源能用清晰的语言讲述抽象的学科内容
		吸引力	课件、教学视频或其他课程资源有吸引力，激发学生求知热情
		内容量	课件、教学视频或其他课程资源内容适量
	学习平台	便捷性	学习平台使用便捷、高效
		互动性	学习平台方便师生互动和生生互动
		丰富性	学习平台有丰富的视频或文献资源
课前学习	学习投入	独立学习	学生能独立完整观看视频、阅读文献或完成相关课前学习任务
		成果检验	学生完成课前测验或练习，满足成绩评定要求
	学习收获	提出问题	学生能够从课前学习中提出疑难问题，带着问题上课
		适应性	学生能够适应课前学习任务，课前学习收获大
课堂参与	学生参与	参与性	学生积极参与小组讨论、课堂展示、同伴教学等合作学习活动
		有效性	师生互动或生生互动有效，学生有所收获
	教师引导	问题导向	创设的问题或问题情境导向恰当的学习目标、引发思考
		清晰明了	教师讲解或演示重点难点清晰
	课堂环境	感染力	教师讲解或演示富有教学热情或感染力
		课堂氛围	课堂氛围活跃、民主、和谐
		课堂掌控	教师有效掌控课堂秩序，课堂时间安排合理、利用有效
反馈与评价	教育性	真实性	课程成绩评定关注学生的真实性任务表现（如Presentation、项目报告、实验设计与操作等）
		过程性	反馈与评价经常性地融入课堂、课前学习活动之中
		及时性	在相关学习活动后及时给出反馈与评价
	评价标准	目标导向	作业、论文、项目或考试题有价值，能考查课程学习目标达成度
		清晰性	教师给出的学习任务评价标准具体、清晰、恰当

续表

一级指标	二级指标	三级指标	描述
学习成果	认知	知识	记住课程关键的概念、规则和原理
		理解	理解（解释、分类、推理）课程相关知识
		实践能力	应用概念、理论解决实际问题或应用于新情境
		批判性思维	批判性分析和评价有关观点及其论证
		创造性思维	综合不同的观点、信息或经验，形成新颖或独到的观点或想法
	学会学习与合作	学会学习	学会如何自主学习（含时间管理、自我规划调控和自我反思）
		合作能力	认知自己、理解他人视角以及与他人相处和合作的能力
	态度	关心	关注课程并愿意学习更多有关的内容，发展新的情感、兴趣和价值观

二、评价框架的适应性

用协方差结构模型中的多样本比较方法，检验学生的年级、学科和院校类型是否对翻转课堂教学有效性产生影响。确立以下三种模型进行检验：①模型 1 为不加任何限制情况下的模型，将该模型作为多样本比较模型中的基准模型，该模型允许不同组别的所有参数都可以自由估计，模型 1 正确意味着不同类别学生的翻转课堂有效性评价具有相同的维度结构；②模型 2 是在模型 1 的基础上限定不同组有相等的因素载荷，检验问卷项目在不同样组间是否对所测量的维度有相同的权重，模型 2 正确意味着不同类别学生的评价具有相同的项目信度；③模型 3 是在模型 2 的基础上，限定不同组因素之间的回归系数相等，模型 3 正确意味着维度对于不同类别的学生具有同样的重要程度。

通过协方差结构模型检验后可得（如表 8-5 所示），三种假设模型在不同学生类别分组下均得到较好的拟合，说明该评价框架在不同学生群体中的评价结构具有稳定性和可比性。

表 8-5 不同类别学生问卷结构差异比较结果

		χ^2	*df*	χ^2/df	*CFI*	*NFI*	*IFI*	*RMSEA*
本硕	模型 1	412.537	172	2.398	0.956	0.928	0.957	0.053
	模型 2	412.537	172	2.398	0.956	0.928	0.957	0.053
	模型 3	463.678	186	2.493	0.950	0.919	0.950	0.055
学科	模型 1	348.565	172	2.027	0.967	0.937	0.967	0.045
	模型 2	348.565	172	2.027	0.967	0.937	0.967	0.045
	模型 3	379.871	186	2.042	0.964	0.932	0.964	0.046
学校类别	模型 1	441.191	172	2.565	0.951	0.923	0.951	0.056
	模型 2	441.191	172	2.565	0.951	0.923	0.951	0.056
	模型 3	528.313	186	2.840	0.938	0.907	0.938	0.061

翻转课堂评价的意义，也许怎么强调都不过分。翻转课堂作为一种新的教学模式已逐渐在高校实施和推广开来。如何客观而全面评价翻转课堂有效教学，这是影响翻转课堂模式进一步发展的关键。在目标—活动—评价的一体化思路引导下，同时兼顾翻转课堂模式“课前学习＋课上主动学习”这一固有的结构，初步设计了一个由“课程设计”“课前学习”“课堂参与”“反馈与评价”“学习成果”等五个一级指标所构成的高校翻转课堂教学评价框架。教师可以根据这一框架不断反思和改进自身的教学，以促进学生的有效学习。对这一框架，教师也可以灵活应用，采取各种变式。这一评价框架，从设计到实施到结果，都以促进学生的有效学习为根本目的。无论是课前学习还是课堂学习，只要有利于调动学生的积极性，无论采取怎样的翻转形式，都是明智的和值得鼓励的。

需要指出的是，一个课堂是不是翻转课堂，不在于其课前学习是否采用了视频讲座等教育技术形式。面对不同的学科、不同的教师和不同的学生，翻转课堂所可能采取的形式也是多样化的。也就是说，判断翻转课堂的依据并不是课前媒体形式，而是课堂时空、流程和结构的翻转。或者说，只要是课堂贯彻了以学生为中心的教学，课堂关注学生主动学习活动的开展，学生成为课堂活动的主角和重要参与者，我们都可以将其视为某种形式的翻转课堂。这样的思路，可以纠正当前对翻转课堂的僵化的乃至形式化的理解，可以避免把翻转课堂看作是高不可攀、遥不可及或是某种教育技术的东西。

第九章

高校翻转课堂有效教学实证研究

如果学生没有学到东西，那就是我们没有教好。因此对我们的教学的最终检验是学习的证据。

——麦肯齐[①]

当前高校翻转课堂教学有效性如何？不同背景的学生在翻转课堂学习过程和学习成果上的表现和评价是否存在显著差异？翻转课堂学习过程性因素对学习成果的影响程度如何？本章立足于实证研究，拟对这几个问题进行回答和讨论。

第一节　高校翻转课堂有效教学实证研究概述

一、问卷设计

如第八章所述，基于文献研究和专家德尔菲法，初步构建了一个

① 麦肯齐，等. 麦肯齐大学教学精要——高等院校教师的策略、研究和理论：第11版[M]. 徐辉，译. 杭州：浙江大学出版社，2005：234.

由课程设计、课前学习、课堂参与、反馈与评价以及学习成果五个维度构成的翻转课堂有效教学评价框架，之后经学生问卷预调查，对评价框架结构进行了验证和修正，最终确立了如第八章表 8-4 所示的正式框架结构。

为进一步了解当前高校翻转课堂有效教学现状及其相关影响因素，基于高校翻转课堂评价框架，编制了正式调查问卷。除学生人口统计学基本信息和评价框架五大指标量表外，另设置若干题项以获得更丰富的描述性统计信息。问卷涉及的主要变量是课程设计、课前学习、课堂参与、反馈与评价以及学习成果，各变量的具体测量指标如表 9-1 所示。问卷由封闭性问题和开放性问题构成。问卷主要采用李克特 4 点度量法，4= 非常同意、3= 同意、2= 有点同意、1= 不同意。在数据分析上，主要使用描述性统计分析、t 检验和回归分析等。

表 9-1　问卷主要变量

变量	测量指标
课程设计	课程目标
	课程内容
	课程资源
	学习平台
课前学习	学习投入
	学习收获
课堂参与	学生参与
	教师引导
	课堂环境
反馈与评价	教育性
	评价标准
学习成果	认知
	学会学习与合作
	态度

二、数据来源

本研究数据来自 2019 年冬季对北京、广州和哈尔滨等地高校展开的问卷调查。问卷主要以班级为单位，以问卷星的形式发放给学生，共发放 1542 份问卷，回收有效问卷 1291 份，有效回收率为 83.7%。[①]其中，“985”高校学生占 45.2%，非“985”高校学生占 54.8%；男生占 45.5%，女生占 54.5%；本科生占 67.9%，硕士研究生占 32.1%；文科生占 47.6%，理科生占 52.4%。如表 9–2 所示。

表 9–2 样本分布情况

项目	构成	人数	比例
院校	“985”	583	45.2%
	非“985”	708	54.8%
性别	男	588	45.5%
	女	703	54.5%
年级	大一	399	30.9%
	大二	193	14.9%
	大三	93	7.2%
	大四	192	14.9%
	研究生	414	32.1%
学科专业	文科	615	47.6%
	理科	676	52.4%

三、信效度检验

使用 SPSS 23.0 软件对数据进行信效度检验。信度检验即考查问卷的内部一致性程度，其检验结果如表 9–3 所示，所有一级指标的信度系数均高于 0.9，且总问卷的信度系数达到了 0.975，表明问卷有很高的信度。

① 符合以下情况的数据均已剔除：恶意评分的问卷（全部勾同一答案视为恶意评分）、答题时间不超过 2 分钟的问卷（平均答题时间 5—8 分钟）、翻转课堂学习课程数为 0 的问卷和零星的博士生问卷。

表 9-3　问卷的信度系数

维度	课程设计	课前学习	课堂参与	反馈与评价	学习成果	总问卷
克隆巴赫系数	0.964	0.932	0.949	0.943	0.963	0.975

效度检验也就是对问卷的框架结构进行验证。使用主成分分析法和方差极大正交旋转法来进行探索性因素分析。其中，KMO 值为 0.984，Bartlett 球形度检验显著性水平为 0.000（$p < 0.001$），说明该问卷指标体系适合因素分析。以特征值大于 1、项目负荷值大于 0.45 为标准，并结合碎石图来提取因子。最终提取 5 个因子，这 5 个因子累计可以解释总体变异量的 76.266%。将各个因子按其意义吻合度可分别命名为“课程设计”“课前学习”“课堂参与”“反馈与评价”“学习成果”，这与问卷结构相符，说明问卷具有好的结构效度。

第二节　高校翻转课堂有效教学的现状

在整体上，当前高校翻转课堂有效教学现状如何？了解现状，发现问题，可以为进一步的教学改进提供现实依据。具体而言，我们需要了解：高校翻转课程开设情况如何？学生对翻转课堂的学习期待如何？学生对翻转课堂的适应性如何？学生对翻转课堂之课程设计、课前学习、课堂参与、反馈与评价以及学习成果等方面的评价如何？学生对翻转课堂的教学质量和总体满意度如何？

一、高校翻转课堂之课程开设现状

（一）学生在本学年学习翻转课程的门数

在本学年有 27.5% 的学生学习 1 门翻转课程，有 31.1% 的学生学习 2 门，有 18.5% 的学生学习 3 门，还有 22.9% 的学生学习 4 门及以上（如表9-4所示）。非“985”高校学生和“985”高校学生学习翻转课程的门数稍有差异，非“985”高校的学生学习翻转课程的数量主要集中在2门，且超过四分之一的学生学习4门及以上的课程，而“985”高校的学生学习翻转课程的数量主要集中在1—2门。可以初步推断的是，自2012年慕课元年之后，高校翻转课堂向纵深发展更推进了一步。

表9-4 在本年度，学生所学课程中有几门使用了翻转课堂教学模式

学校类别	1门	2门	3门	4门及以上
非“985”高校	23.5%	31.2%	17.4%	27.9%
“985”高校	32.3%	31%	19.8%	16.9%
总体	27.5%	31.1%	18.5%	22.9%

（二）实施翻转课堂模式的课程类型

从课程类型看，通过对多选题的多重响应率进行分析，翻转课堂主要分布在外语课（19.3%）、专业课（17.9%）、通识教育选修课（15.2%）和政治课（11.1%），其他的课程类型都低于10%（如表9-5所示）。

表9-5 实施翻转课堂模式的课程类型

课程类型	百分比	课程类型	百分比
外语课	19.3%	计算机类公共课	7.4%
专业课	17.9%	高等数学	6.6%
通识教育选修课	15.2%	大学化学	5.1%
政治课	11.1%	大学物理	4%
大类基础课	9%	其他	4.4%

二、学生对翻转课堂的学习期待

（一）对翻转课程数量的期待

从学生对学习翻转课程数量的期待看，有30.5%的学生希望一个学期学习翻转课程的门数是4门及以上，还有总计48.9%的学生希望学习2—3门课程，有12.7%的学生希望学习1门课程，只有7.9%的学生不希望学习翻转课程（如表9-6所示）。由此可见，翻转课堂的学习并没有让学生产生逃避心理，相反，绝大多数学生对翻转课堂都给予了肯定和支持。

表9-6　一个学期所修课程中，学生希望有多少门使用翻转课堂模式

0门	1门	2门	3门	4门及以上
7.9%	12.7%	25.8%	23.1%	30.5%

（二）对翻转程度和形式的期待

不同课程在翻转的程度上存在差异。有的教师会选择一门课的全部课程内容或主题进行翻转，即全部采用“课前学习＋课上主动学习”的教学结构。有的教师会选择部分课程内容或主题进行翻转，而其他课程内容或主题则采用传统讲课形式。我们可以把前者称之为“全部翻转”，把后者称之为“部分翻转”。当前，学生对翻转程度的期待如何呢？本研究结果显示，绝大多数学生（占82.6%）认为一门课进行翻转的课堂内容不宜超过50%，只有17.4%的学生选择了50%以上（如表9-7所示）。

表9-7　在一门课程中，学生喜欢有多大比例的课程内容使用翻转课堂模式

≤10%	11%—30%	31%—50%	51%—80%	>80%
13.3%	36.4%	32.9%	9.9%	7.5%

如果说“全部翻转”和“部分翻转”是对课程翻转程度的一种划分，那么，“课前翻转”和“课上翻转”则是对翻转形式的一种划分。通常，我们讨论更多的翻转课堂是“课前翻转”，即学生对教师视频讲座等课程资源的自主学习是在课前完成。在学生课业负担过重或课前学习效果实在难以保障的情况下，或者说在部分课程内容

很适合放在课堂上通过自主学习来完成且课堂时间也足够充裕的前提下，那么，我们是完全可以实施“课上翻转”的。之所以把它仍然称之为“翻转”，是因为其与“课前翻转”所不同之处仅在于时间上的“后移”，即课前自主学习“延后”在课上完成，但其精神实质却依然保持一致。那么，在现阶段，学生是更喜欢“课前翻转”还是“课上翻转”呢？在本次调查中，一个颇值得关注和深思的研究结果是，与“课前翻转”相比，有 78.6% 的学生认为自己更喜欢“课上翻转”。

（三）对教师讲授时间的期待

从学生对每堂翻转课堂上教师授课时间的期待来看，有 46.7% 的学生认为在 45—50 分钟的翻转课堂上，教师应花 11—20 分钟的时间进行讲授，35.5% 的学生认为教师应花 21—30 分钟的时间进行讲授，7.4% 的学生认为教师应该花 10 分钟及以下时间进行讲授（如表 9–8 所示）。可以看出，绝大多数学生认为讲授时间不宜超过 30 分钟，这也正符合了翻转课堂本身的特征。如果教师依旧花较多的时间进行讲授的话，我们是很难把这样的课堂称之为“翻转课堂”的。但另一方面值得注意的是，依旧有 10.4% 的学生认为教师应花 30 分钟以上的时间进行讲授。可见，并不是所有学生都能很好地适应翻转课堂的。对于这样的学生来说，他们该如何逐渐地克服对教师讲授的依赖性，还值得我们进一步思考。

表 9–8 学生认为教师在每堂翻转课堂上应花多长时间进行讲授

≤ 10 分钟	11—20 分钟	21—30 分钟	>30 分钟
7.4%	46.7%	35.5%	10.4%

三、学生对翻转课堂的适应性

（一）课前学习时间、任务量与难度

学生课前学习是翻转课堂模式中的一个鲜明结构和特征。从每门课的课前学习时间看，有44.3%的学生在课前学习16—30分钟，有24%的学生在课前学习少于15分钟，有19.3%的学生在课前学习31—60分钟，还有12.4%的学生在课前学习60分钟以上（如表9-9所示）。可以看出，有87.6%的学生在每门课程上的课前学习时间少于1小时。

课前学习时间和课前学习任务量以及任务难度息息相关。从课前学习任务量看，有53.4%的学生认为课前学习任务量适中，有25.1%的学生认为较少和过少，还有21.5%的学生认为较多和过多。从课前学习任务难度看，有66.4%的学生认为难度适中，有28.5%的学生认为偏难和太难，还有5.1%的学生认为偏简单和太简单。这说明，大部分学生对课前学习任务量和任务难度的恰当性持肯定的态度，但也有少数学生在课前学习中遇到阻碍和困难。

表9-9　学生课前学习时间、任务量与难度

课前学习	样本特征	百分比
课前学习时间	≤15分钟	24%
	16—30分钟	44.3%
	31—60分钟	19.3%
	＞60分钟	12.4%
课前学习任务量	过少	7.4%
	较少	17.7%
	适中	53.4%
	较多	17.5%
	过多	4%

续表

课前学习	样本特征	百分比
课前学习任务难度	太难	4.2%
	偏难	24.3%
	适中	66.4%
	偏简单	3.8%
	太简单	1.3%

（二）课前学习资料的类型

从学生偏爱的课前学习资料类型来看，有 37% 的学生最喜欢授课教师教学视频，有 20% 的学生最喜欢教材与参考书，有 14% 的学生最喜欢网上其他教学视频，有 11% 的学生最喜欢期刊文献，有 7% 的学生最喜欢视频以外其他网络资源，有 6% 的学生最喜欢讲义，有 4% 的学生最喜欢授课教师无声 PPT（如图 9–2 所示）。可以看出，有较高比例的学生更青睐教学视频的学习，这可能既与教学视频本身的特点有关，也与当前翻转课堂实践中更多使用了授课教师教学视频有关。

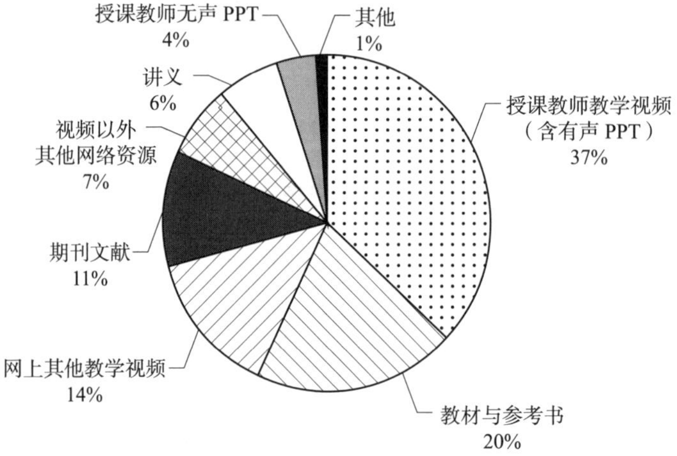

图 9–1 翻转课堂学生最喜欢的课前学习资料类型

进一步从文献形态看，在科技便捷、电子出版物占主流的今天，有50%的学生仍然更倾向于使用纸质文献，另有31%的学生更倾向于使用电子文献，其余19%的学生表示不同文献类型对自己来说并没有太大的差异（如图9-2所示）。很显然，纸质文献在学生学习中仍然发挥着非常重要的作用。

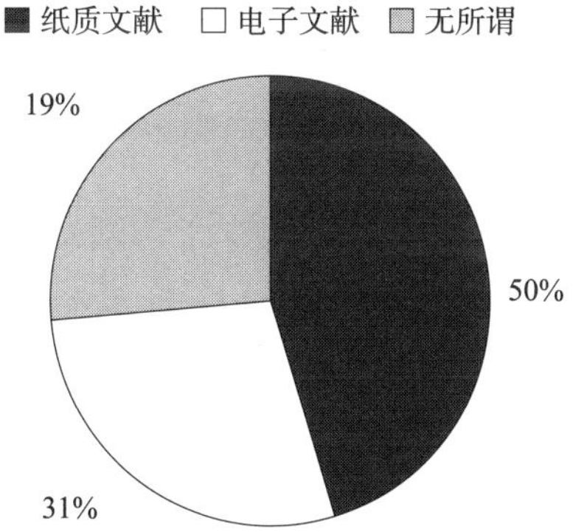

图9-2　翻转课堂学生喜欢的文献形态

（三）对课堂学习活动形式的适应性

在诸多翻转课堂课上学习形式中，学生最喜欢教师演示或示范（18.5%），其次是小组合作学习（16.9%），再次是教师讲授（14%）和讨论（13.5%），喜欢比例低于10%的学习形式从高到低依次是案例教学、视频播放、任何形式的互动方法、做练习或作业等、自学（含网络学习、阅读文献等）、学生课堂汇报展示、辩论（如图9-3所示）。值得注意的是，在当前高校教学尤其是研究生教学中惯常使用的学生课堂汇报展示（即Presentation），学生并不是那么喜欢或认同的。

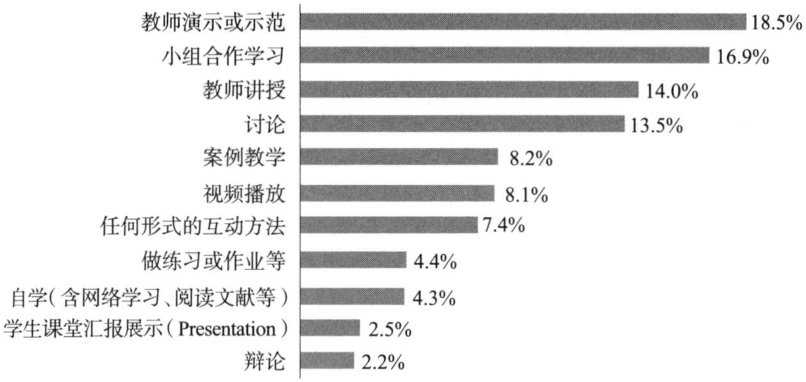

图 9-3 翻转课堂学生喜欢的课堂学习活动形式

不同性别和不同学科的学生在课堂学习活动形式的选择上存在一些差异（如图 9-4、图 9-5 所示）。从性别看，男生更喜欢教师讲授、讨论、做练习或作业等以及辩论，女生更喜欢小组合作学习、案例教学、视频播放。从学科看，理科生更喜欢教师演示或示范、教师讲授以及做练习或作业等，文科生更喜欢讨论、案例教学和任何形式的互动方法。

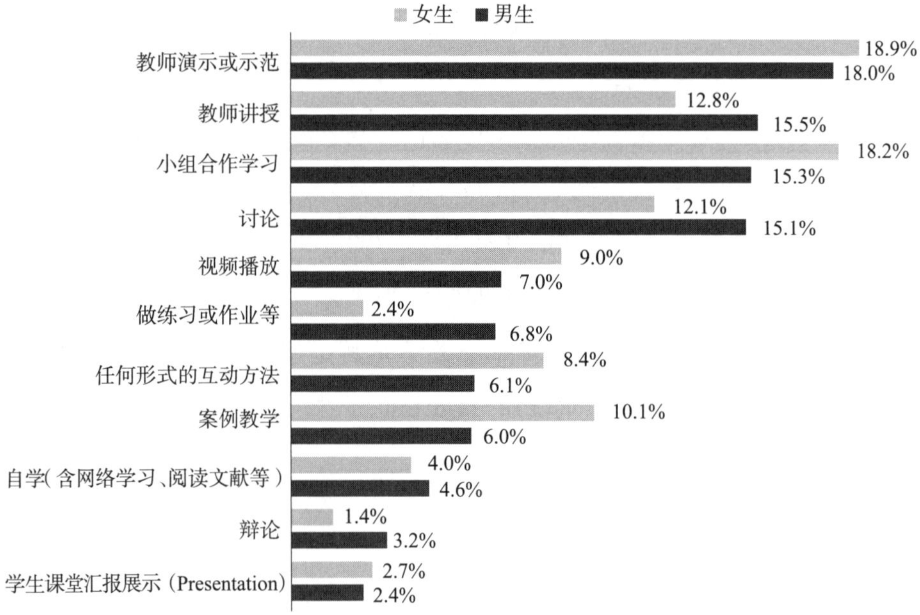

图 9-4 翻转课堂学生喜欢的课堂学习活动形式（按性别统计）

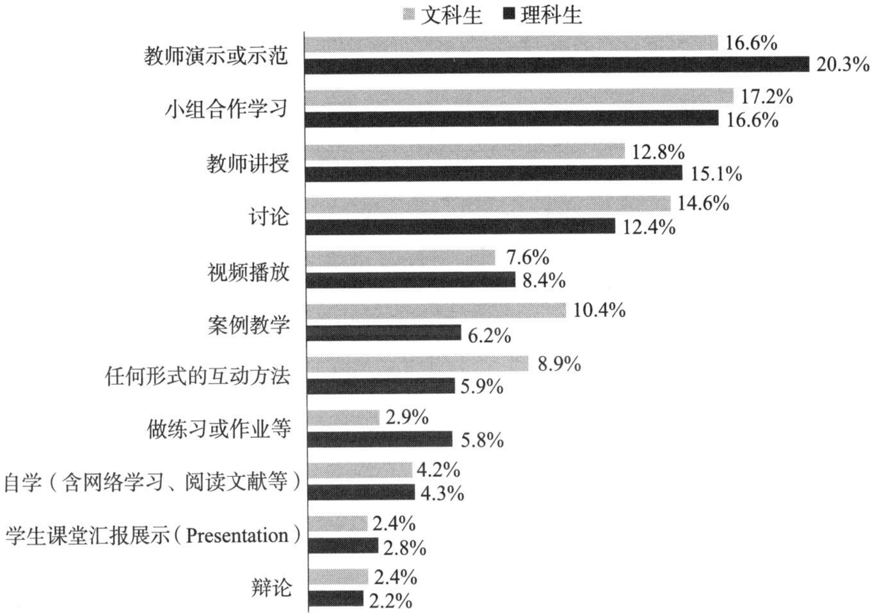

图 9-5　翻转课堂学生喜欢的学习活动形式（按学科统计）

四、学生对翻转课堂学习的评价与满意度

表 9-10 反映了学生对课程设计、课前学习、课堂参与、反馈与评价和学习成果这五个维度评价的基本特征。由于李克特式量表的总满意度为 4，达到 3 的水平即较为满意，从各量表中平均值及标准差的数值可以看出，各维度的均值均高于 2.9，表明学生对翻转课堂五个维度的认同度处于一个较高的水平。总体上看，学生对课堂参与的评价最高，对课前学习的评价最低。

表 9-10　学生在翻转课堂各维度上的平均分与标准差

变量	*N*	最小值	最大值	平均数	标准差
课程设计	1291	1	4	3.2998	0.61945
课前学习	1291	1	4	2.9032	0.45215
课堂参与	1291	1	4	3.3149	0.62702

续表

变量	*N*	最小值	最大值	平均数	标准差
反馈与评价	1291	1	4	3.2418	0.64785
学习成果	1291	1	4	3.2448	0.64925

（一）学生对课程设计的评价

一个好的翻转课堂课程设计能有效地调动学生的学习参与，无论是课前学习参与还是课堂学习参与。那么，学生对课程设计的认同度如何呢？从图 9–6 可以看到，学生对“教师针对课程重点难点设计课件、教学视频或其他课程资源”“课程学习目标富有价值和挑战性，体现高级思维和能力的培养”“课件、教学视频或其他课程资源能用清晰的语言讲述抽象的学科内容”等三个题项的认同度最高。相比较而言，在以下三个方面的认同度稍低：一是学习平台的互动性、便捷性以及丰富性，二是课件、教学视频或其他课程资源有吸引力，激发学生求知热情，三是课程学习目标、教学活动、反馈与评价三者能够互相反映和支持。

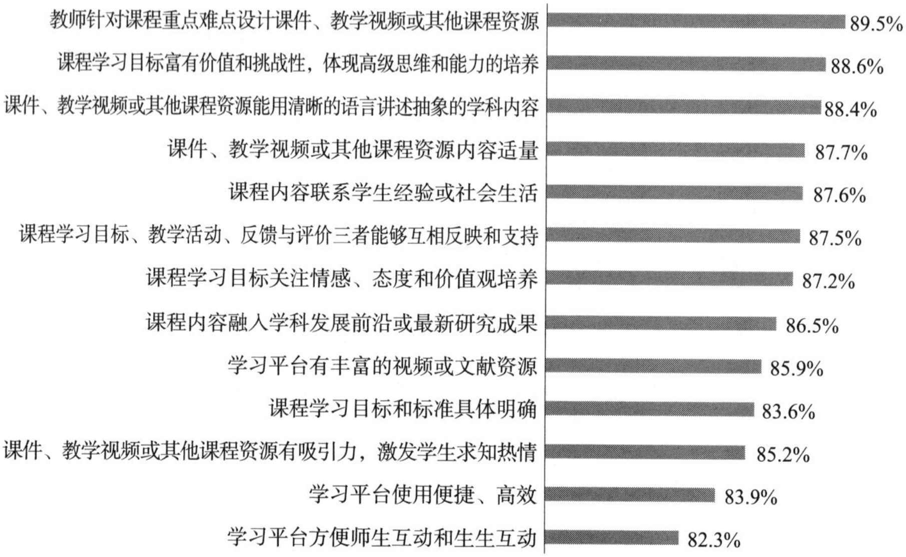

图 9–6 学生对课程设计的评价

（二）学生对课前学习的评价

相较于其他维度而言，学生对课前学习的认同度最低。从图 9-7 可以看出，关于课前学习有效性诸题项，学生选择“同意”和“非常同意”的比例在 80% 以上的题项有 2 项，即“课前文献阅读或视频讲座观看等能促进我的课上学习”和“我能够完成课前测验或练习，满足成绩评定要求”，这说明课前学习在一定意义上说是非常有效的。相比较而言，学生对“我能从课前学习中提出疑难问题，带着问题上课”的认同度是最低的。

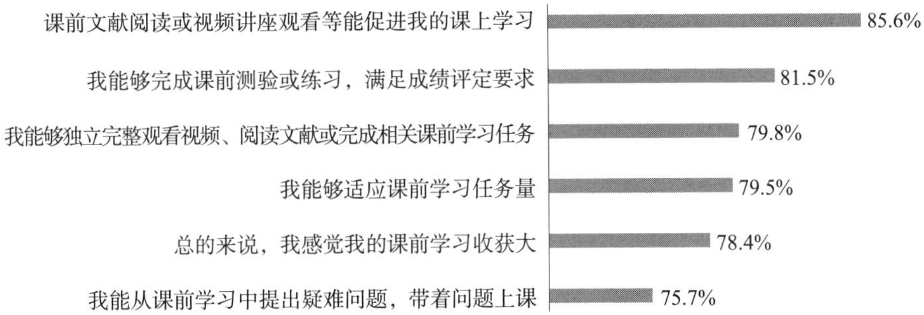

图 9-7　学生对课前学习的评价

如图 9-8 所示，关于课前学习的教学视频，学生最为满意的题项是“教学视频所讲授的内容清晰明了，逻辑性强，通俗易懂”，选择同意和非常同意的比例高达 80.8%。同意程度相对来说最低的三个方面是：“教师语言展现出一对一的辅导风格，增强了对话感或互动感”“教学视频能引发我的思考”“视频富有吸引力，能够吸引或感染我”。

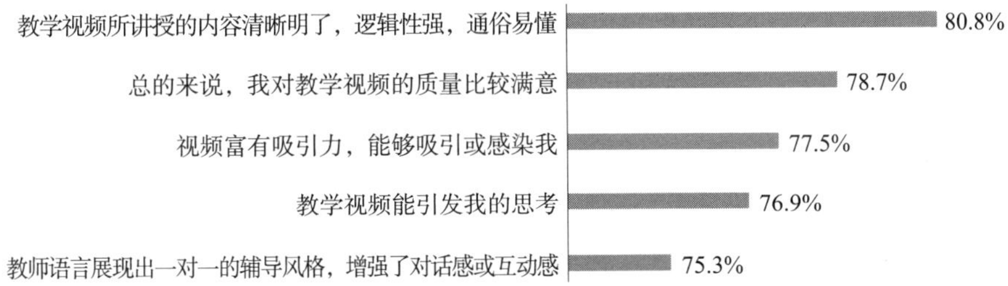

图 9-8　课前学习之教学视频评价

（三）学生对课堂参与的评价

在五大维度中，学生对课堂参与的认同度最高，各题项的认同度均高于 80%，如图 9-9 所示。其中，“教师善于掌控课堂秩序，合理分配课堂时间”“课堂氛围活跃、民主、和谐”，学生的认同度超过了 88%。此外，学生对课堂上的教师引导以及合作互动的参与的评价也较高。相比较而言，在“课堂师生互动或生生互动或讨论有效，我有所收获”上，学生的评价稍低。

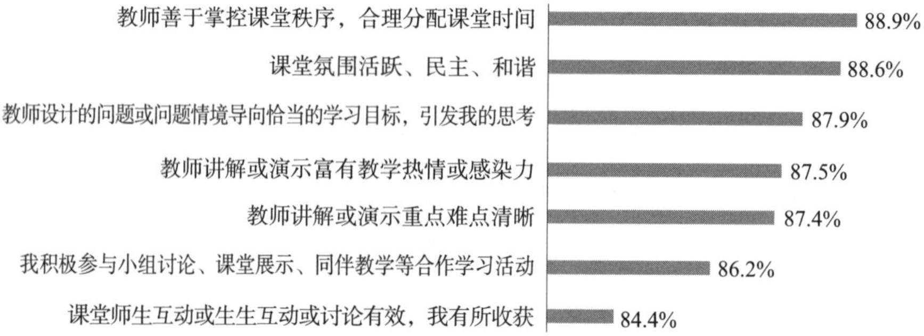

图 9-9 学生对课堂参与的评价

（四）学生对反馈与评价的评价

从图 9-10 可以发现，在反馈与评价维度上，学生对“课程成绩评定关注我的真实性任务表现”这一题项的认同度最高，有 88% 的学生认同“反馈与评价经常性地融入课堂、课前学习活动之中”。相比较而言，认同度较低的题项是关于课堂汇报展示，即“我喜欢做课堂汇报或展示（Presentation）”“听课堂汇报或展示（Presentation）的学生认真听讲，有所收获”“学生个人（或小组）的课堂汇报或展示（Presentation）质量高”。这一结果虽然未必就一定说明学生不喜欢课堂汇报展示，但确实清楚表明学生课堂汇报展示的质量还有待提升。事实上，这与前面第七章关于 Presentation 的调查结果是非常一致的。

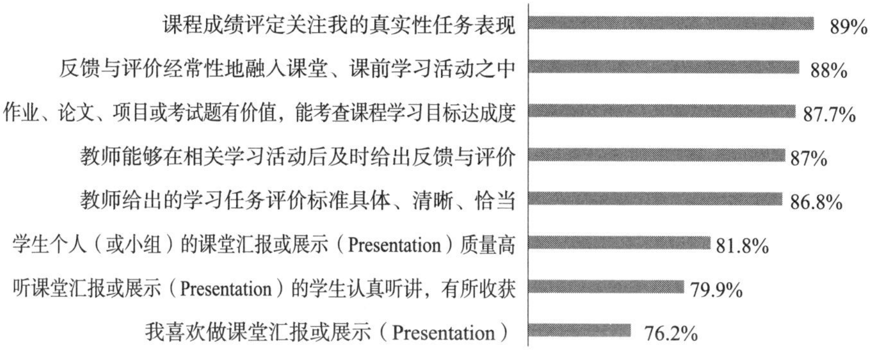

图 9-10　学生对反馈与评价的评价

（五）学生对学习成果的评价

学生普遍对翻转课堂学习成果的认同度较高，在各题项上的认同度均超过 80%（如图 9-11 所示）。其中，最受学生肯定的是“课程提升了我认知自己、理解他人视角以及与他人相处和合作的能力”，这一点是与课堂活动中需要同学们进行合作互动密切相关的。第二受到肯定的是“我能理解（解释、分类、推理）课程相关知识”。“我关注该课程并愿意学习更多有关的内容”位列第三，可以说，这是课堂教学的真正延伸性力量，它意味着教师能够用短时的教学将学生带向终身主动学习。相比较而言，学生在实践能力、批判性思维和创造性思维上的表现稍有欠缺，还有待于教师通过未来进一步的教学改进加以提升。

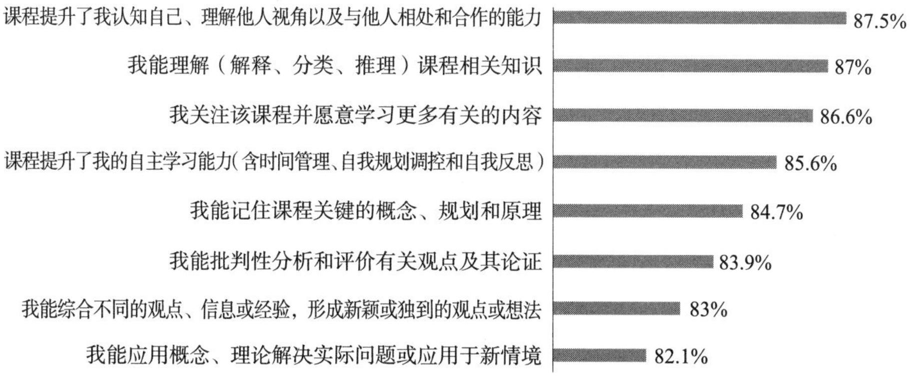

图 9-11　学生对学习成果的评价

（六）学生对翻转课堂的满意度

在问卷中，关于学生对翻转课堂的满意度，大多数题项都是与传统课堂进行比较来提问和回答的。结果表明：与传统课堂相比，有76.1%的学生认同自己在翻转课堂上的出勤率更高；与传统课堂相比，有78.2%的学生认为自己从翻转课堂学到和保持了更多的内容；与传统课堂相比，有75.4%的学生认为自己更喜欢翻转课堂模式；整体来说，有82.6%的学生对翻转课堂教学质量表示满意。

第三节　高校翻转课堂有效教学相关因素研究

一、高校翻转课堂有效教学的差异性比较

在了解学生整体对翻转课堂的学习和评价后，可以进一步对不同背景群体的学生的学习和评价进行比较。根据学生背景，可以将学生划入不同的群体：来自“985”高校或非“985”高校；男生或女生；本科生或硕士生；文科生或理科生。对不同背景学生的翻转课堂学习和评价数据进行独立样本 t 检验，以探寻不同背景的样本数据是否存在显著性差异，这有利于我们对不同背景的学生进行“因材施教”。

（一）翻转课堂的院校比较

从学校类型看，“985”高校和非“985”高校的学生在课前学习、课堂参与以及反馈与评价上存在统计学意义上的显著性差异，如表9-11所示。

表 9-11　翻转课堂的院校比较

维度	非“985”高校 $M \pm SD$	“985”高校 $M \pm SD$	*Sig.*（双尾）
课程设计	3.2403 ± 0.58717	3.3022 ± 0.58073	0.266
课前学习	2.7638 ± 0.36405	3.0170 ± 0.51634	0.000
课堂参与	3.1804 ± 0.66068	3.3182 ± 0.56378	0.016
反馈与评价	3.1762 ± 0.60802	3.3064 ± 0.58493	0.023
学习成果	3.1242 ± 0.60966	3.2171 ± 0.61943	0.111

从课前学习看，“985”高校和非“985”高校的学生在课前学习的各个方面均存在显著差异。具体而言，在独立观看视频、完成课前测验和练习以及从课前学习中提出疑难问题等方面，“985”高校的学生的认同度和学习收获均高于非“985”高校的学生。

从课堂参与看，在教师讲解或演示重点难点清晰、教师讲课富有教学热情或感染力以及师生互动和生生互动有效性等方面，“985”高校的学生的认同度均高于非“985”高校的学生。

从反馈与评价看，在反馈与评价经常性地融入课堂或课前学习之中、课程成绩评定关注学生的真实性任务表现以及作业、论文、项目或考试题等有价值等方面，“985”高校学生的认同度高于非“985”高校的学生。

从学习成果看，“985”高校和非“985”高校的学生的显著性差异主要表现在态度上，即在“关注该课程并愿意学习更多有关的内容”方面，“985”高校的学生的学习收获高于非“985”高校的学生。

（二）翻转课堂的性别比较

研究结果表明，男女生在课程设计、课前学习、课堂参与、反馈与评价以及学习成果等五个方面均存在显著性差异（如表 9-12 所示）。总的来说，相较于女生，男生更为适应翻转课堂并取得了更好的学习成果。

表 9-12 翻转课堂的性别比较

维度	女生 $M \pm SD$	男生 $M \pm SD$	*Sig.*（双尾）
课程设计	3.1862 ± 0.59282	3.3421 ± 0.56692	0.003
课前学习	2.7748 ± 0.36642	2.9289 ± 0.49158	0.000
课堂参与	3.1351 ± 0.62809	3.3258 ± 0.62382	0.001
反馈与评价	3.1622 ± 0.60261	3.2824 ± 0.59827	0.026
学习成果	3.0618 ± 0.60963	3.2568 ± 0.60353	0.000

从课程设计看，男女生在课程设计的以下方面的认同度存在统计学意义上的显著性差异：课程学习目标和标准具体明确，学生知晓每次学习的目标和任务；教师针对课程重点难点设计课件、教学视频或其他课程资源；课件、教学视频或其他课程资源富有吸引力，激发学生求知热情。男生在以上几个方面的认同度均高于女生。

从课前学习看，无论是对课前学习任务的完成还是对课前学习任务量的适应，男生都比女生表现得更为积极。

从课堂参与看，男女生认同度的显著性差异主要体现在教师引导上。具体而言，在教师创设的问题或问题情境导向恰当的学习目标以及教师讲解或演示重点难点清晰上，男生的认同度高于女生。

从反馈与评价看，男女生的差异体现在反馈与评价的所有方面。具体而言，在反馈与评价的真实性、过程性和及时性以及评价标准的目标导向以及清晰性上，男生的认同度都明显高于女生。

从学习成果看，男女生的认同度差异表现在学习成果的各个方面，包括认知、学会学习与合作以及态度等。在以上方面，男生均认同自己取得更好的学习成果。这样的学习成果上的差异，是与以上诸多方面的差异密不可分的。

（三）翻转课堂的本硕比较

研究结果表明，本科生和硕士生在翻转课堂中的认同度显著性差异仅体现于课前学习上，如表 9-13 所示。具体而言，差异最为明显的两个方面是：学生能从课前学习中提出疑难问题，带着问题上课；学生自认为自身的课前学习收获较大。相较于本科生，硕士生的学习投入更为积极，自感课前学习收获也更大。

表 9-13　翻转课堂的本硕比较

维度	本科生 $M \pm SD$	硕士生 $M \pm SD$	*Sig.*(双尾)
课程设计	3.3238 ± 0.60373	3.2265 ± 0.57269	0.080
课前学习	2.7853 ± 0.34777	2.8837 ± 0.47669	0.016
课堂参与	3.2825 ± 0.63596	3.1958 ± 0.62967	0.144
反馈与评价	3.2844 ± 0.65021	3.1843 ± 0.57316	0.088
学习成果	3.2013 ± 0.64058	3.1301 ± 0.59819	0.216

（四）翻转课堂的学科比较

研究结果表明，文科生和理科生在课程设计、课前学习、课堂参与、反馈与评价以及学习成果的认同度上均存在统计学意义上的显著性差异。从总体而言，理科生的翻转课堂适应性要显著高于文科生，如表 9-14 所示。

表 9-14　翻转课堂的学科比较

维度	文科 $M \pm SD$	理科 $M \pm SD$	*Sig.*(双尾)
课程设计	3.1523 ± 0.61495	3.3066 ± 0.56695	0.007
课前学习	2.7506 ± 0.34255	2.8898 ± 0.46587	0.000
课堂参与	3.0729 ± 0.67533	3.2910 ± 0.60332	0.000
反馈与评价	3.1100 ± 0.63883	3.2659 ± 0.58204	0.011
学习成果	3.0612 ± 0.64146	3.1948 ± 0.59853	0.032

从课程设计看，无论是课程目标、课程资源、课程内容还是学习平台方面，理科生的评价均高于文科生。从课前学习看，在独立完整观看视频、阅读文献或完成相关课前学习任务以及完成课前测验和练习、满足成绩评定的要求等方面，文科生的主动性、适应性和认同度均低于理科生。课堂参与也如出一辙，文科生对教师引导和

课堂氛围的评价低于理科生。在反馈与评价的各个方面，包括反馈的教育性以及评价标准等，文科生的评价均低于理科生。从学习成果看，文科生和理科生之间的显著差异主要存在于认知和态度方面，即理科生所感受的自身认知水平的提升显著高于文科生，同时，理科生在课后继续关注并学习该课程的主动性水平也高于文科生。由此可见，相对于文科课程而言，理科课程似乎更适合于实施翻转课堂模式。

二、学习过程性因素对翻转课堂有效教学的影响

利用 SPSS 23.0 对数据进行回归分析，以进一步确定翻转课堂中学习过程性因素对学习结果的影响程度如何。在回归分析中，因变量为“学习成果”，包含“认知”（y_1）、“学会学习与合作”（y_2）、“态度”（y_3）。自变量包含四个变量，分别是：①“课程设计”，包含“课程目标”（x_1）、“课程内容”（x_2）、“课程资源”（x_3）和“学习平台”（x_4）；②“课前学习”，包含“课前学习投入”（x_5）和“课前学习收获”（x_6）；③“课堂参与”，包含“课堂环境”（x_7）、“学生参与”（x_8）和“教师引导”（x_9）；④“反馈与评价”，包含“教育性”（x_{10}）和“评价标准”（x_{11}）。

（一）学习过程性因素对学习成果的独立影响分析

首先考查学习过程各因素对“学习成果”的影响。分别将“课程设计”“课前学习”“课堂参与”和“反馈与评价”作为自变量，将“学习成果”作为因变量，使用“输入”的方法建立回归方程，分别看各自变量对“学习成果”的影响之显著水平，找出产生显著影响的变量（如表 9–15 所示）。

从总体看，就对“学习成果”的影响而言，“反馈与评价”的影响最大（R^2=0.627），其次是“课堂参与”（R^2=0.513），然后是“课程设

计”（R^2=0.451），“课前学习”的影响最小（R^2=0.408）。从“课程设计”看，“课程目标”“课程资源”“学习平台”能够对“学习成果”产生显著的正向影响；从“课前学习”看，“课前学习投入”能够对“学习成果”产生显著的正向影响；从“课堂参与”看，“课堂环境”“学生参与”“教师引导”均能对“学习成果”产生显著的正向影响；从“反馈与评价”看，“教育性”和“评价标准”均能对“学习成果”产生显著的正向影响。

表 9-15　学习过程性因素对学习成果的独立影响分析

因素	题项	*B*	标准误差	*t*	*Sig.*
课程设计因素	课程目标	0.330	0.062	5.284	0.000
	课程内容	0.045	0.051	0.887	0.376
	课程资源	0.193	0.058	3.299	0.001
	学习平台	0.171	0.046	3.695	0.000
R^2	0.451				
课前学习因素	课前学习投入	0.595	0.034	17.735	0.000
	课前学习收获	−0.044	0.038	−1.157	0.248
R^2	0.408				
课堂参与因素	课堂环境	0.455	0.052	8.710	0.000
	学生参与	0.242	0.041	5.896	0.000
	教师引导	0.078	0.024	3.317	0.001
R^2	0.513				
反馈与评价因素	教育性	0.382	0.044	8.765	0.000
	评价标准	0.424	0.044	9.615	0.000
R^2	0.627				

（二）学习过程性因素对学习成果的综合影响分析

为进一步探究各学习过程因素对三大具体学习成果（“认知”“学会学习与合作”“态度”）的影响程度大小，去除初步分析中对因变量完全不产生显著影响的变量，将产生显著影响的各变量共同纳入回归方程，因变量设为“学习成果”维度下的“认知”“学会学习与合作”“态度”，应用SPSS 23.0进行多元回归分析，结果如表9–16所示。

表9–16 学习过程性因素对学习成果的综合影响分析（标准化系数）

自变量	因变量		
	认知	学会学习与合作	态度
课程目标	0.104*	0.021	0.081
课程资源	−0.076	−0.057	−0.033
学习平台	−0.006	0.069	0.014
课前学习投入	0.172***	0.196***	0.131**
课堂环境	0.026	0.126*	0.143*
学生参与	0.177***	0.030	0.043
教师引导	0.021	0.012	0.003
教育性	0.211***	0.141*	0.218***
评价标准	0.322***	0.359***	0.226***
R^2	0.644	0.583	0.495

注：* 代表$p < 0.05$；** 代表$p < 0.01$；*** 代表$p < 0.001$。

结果显示，“课程目标”“课前学习投入”“课堂环境”“学生参与”“教育性”和“评价标准”等学习过程性因素对学习成果产生显著影响。这些因素对“学习成果”之“认知”的影响最大（R^2=0.644），其对认知变化的解释力为64.4%；其次是对“学会学习与合作”的影响（R^2=0.583），其解释力为58.3%；对“态度”的影响最小（R^2=0.495），解释力为49.5%。

结果还显示，从标准化系数来看，无论对哪一种学习成果来说，“评价标准”的影响都是最大的，其他变量的影响都不及“评价标准”大。

1.“课程目标”对“学习成果”的影响

课程目标能够对“认知”产生一定的正向影响。第一，课程目标设定得越具体、明确，学生在认知能力上的发展就越好；第二，课程目标越富有价值和挑战性，学生在认知能力上的发展就越好；第三，课程目标越兼具情感、态度和价值观的培养，学生在认知能力上的发展就越好；第四，课程目标越能够与反馈与评价互相反映和支持，学生在认知能力上的发展就越好。

2.“课前学习投入”对“学习成果”的影响

课前学习投入能够对“认知”“学会学习与合作”以及“态度”产生显著影响。学生的课前学习投入越多，其自身在认知成果上的获得就越大，学会学习与合作的能力就越强，对课程的态度也越积极。

3.“课堂环境”对“学习成果”的影响

课堂环境能够对“学会学习与合作”以及“态度”产生显著影响。第一，课堂秩序、课堂时间安排和课堂氛围越好，以及教师感染力越强，学生学会学习与合作的程度就越高；第二，课堂秩序、课堂时间安排和课堂氛围越好，以及教师感染力越强，学生对课程的态度也越积极。

4.“学生参与”对“学习成果”的影响

学生课堂参与能够对“认知”产生显著的正向影响。第一，学生在翻转课堂中越能够积极参与小组讨论、课堂展示或同伴教学等课堂学习活动，就越可能在认知成果上取得收获；第二，翻转课堂中的师生互动与生生互动越有效，学生就越可能在认知成果上取得收获。

5.“教育性”对“学习成果”的影响

教育性能够对“认知”“学会学习与合作”以及“态度”产生显著的影响。第一，课程的成绩评定越关注学生的真实性任务表现，学生在认知、学会学习与合作以及态度等方面的提升就越大；第二，课程的反馈与评价越能够融入课堂中，学生在认知、学会学习与合作以及态度等方面的提升就越大；第三，反馈与评价越及时，学生在认知、学会学习与合作以及态度等方面的提升就越大。

6．“评价标准”对“学习成果”的影响

“评价标准”能够对“认知”“学会学习与合作”以及“态度”产生显著的影响。第一，反馈与评价的标准越清晰、具体、恰当，学生在认知、学会学习与合作以及态度等方面的提升就越大；第二，布置的作业、论文、项目或考试题目等越能够考查学习目标的达成度，学生在认知、学会学习与合作以及态度等方面的提升就越大。

第四节　讨论与启示

翻转课堂的顺利翻转，离不开课程设计、课前学习、课堂参与、反馈与评价这四个方面的影响，而这四个方面都离不开教师这一非常重要的因素，教师需要将课程设计、课前学习、课堂参与、反馈与评价的各要素优化整合，使之均臻最佳。

一、开发多样化的课前学习资源

典型的学生课前学习活动，应建立在各种媒体资源的基础之上。本次问卷调查结果表明，从学生偏爱的课前学习资源类型看，有更高比例的学生更青睐教学视频的学习。除了教师自制视频和 MOOC 视频，视频还可以是网络公开课、TED 演讲和电影等多种形式。相比于 PPT，视频材料兼具声音和画面输出的优势，信息更为丰富和生动，可以有效抓住学生的注意力，也能让学生对获得的知识有更为深刻的印象。

从课程资源中文献资料的电子版和纸质版形态看，本次问卷调查结果显示，有 50.2% 的学生更喜欢或更偏向于纸质文献。纸质文献方便阅读，便于勾画重点和做笔记，读起来更有仪式感。虽然电子文献也可以做笔记，但很多学生感觉电子文献并没有纸质的让人印象深刻。纸质文献研究成果集中丰富，可以帮助学生在短期内了解相关主题的发展史、现有成果以及发展趋势。如访谈中[①]有学生指出：“纸质版阅读让我收获更大。因为我喜欢在读书的时候写写画画，而且纸质资料在写画中哪怕是又乱又脏也是好的，因为那是思考的痕迹，后来再看会受先前的影响，可能从先前的痕迹中萌生出新的思考。还有，每天的学习时间也有限，有时候拿一本书、几篇打印好的论文和一支笔去上自习，比背个电脑、拿着手机平板之类更能专注于学习。”

相比于纸质文献，电子文献似乎更不方便阅读，更容易导致用眼疲劳，也更容易导致走马观花和理解欠深入。但同时，电子文献也具有纸质文献所不能比拟的优点，例如获取容易、涉及面广、储存方便等。当然，两种文献各自的优缺点都是相对于不同的学生对象而言的。考虑到这一点，教师在教学中可有意识地提供多样化形态的文献资料供学生选择，以照顾到不同学生的学习风格，这样才能更好地促进具有不同学习风格的学生的有效学习。

不容忽视的一个方面是，在本次调查中学生对作为课前学习资源的教学视频的评价相对较低。虽然大家普遍认可视频所授内容清晰明了、逻辑性强、通俗易懂，但对于视频的吸引力、感染力、引发思考以及教师语言的对话感或互动感的评价相对较低。我们的访谈结果也表明，在学生眼里，对所接触的教学视频最直观的印象除了“低成本”“有效率”，同时还有“缺少互动”“没有激情”“不足以打动我”。由此可见，增强教学视频的吸引力、感染力和互动性，是未来高校翻转课堂实践中亟待解决的一个关键问题。

需要强调的一点是，一个课堂是不是翻转课堂，不在于其课前学习资源是否采用了教学视频等教育技术形式。应该说，虽然教学视频

① 本节所提及的访谈来自本次问卷调查之外的专门的课堂访谈。

是当前翻转课堂普遍采用的学习资源形式，而且部分教学视频也确实很好，但它并不是实施翻转课堂的必要条件。无论是从翻转课堂的起源来看，还是从翻转课堂的本质特征来看，追求学生学习中心、主动学习和深度学习才始终是翻转课堂的本质特征，而技术的特征则更多是时代性的。在新的时代背景下，技术的介入让翻转课堂的有效实施如虎添翼，有助于适应学生不同的学习方式，更便于学生自定步调地学习。

微视频等学习资源的制作复杂而费时，在加重教师负担的同时，其结果也未必尽如人意。有研究表明，制作一段微视频通常需要花费5—6小时，而且只有当学生真正喜欢观看和学习视频，视频也才有价值可言。① 与其花费大量时间和精力制作低效的学习资源，不如采取拿来主义借用各种富有感染力或生动活泼的教学视频。针对不同的学科、不同的教师和不同的学生，翻转课堂所可能采用的课前学习资源的形式是多样化的。除了微视频之外，教材、导学材料、课外书籍、网上资料等都是可供学生选择的学习资源。② 如前面第四章所述，在基于同伴教学法的“模式识别”翻转课堂上，主讲教师在课前学习部分使用的主体学习资源是教师自编讲义，并没有采用教学视频形式（除了零星使用的网络教学视频片段），但教学同样取得了成功。

二、开展多样化的课堂主动学习活动

如前所述，翻转课堂的本质特征并不在于它放弃了传统讲课，或者说使用了教育技术。翻转课堂的本质特征在于追求学生中心、主动

① Fryling M, Yoder R, Breimer E. Full Flip, Half Flip and No Flip: Evaluation of Flipping an Introductory Programming Course[J]. Information Systems Education Journal, 2016, 14 (5): 7.

② 毛齐明，王莉娟，代薇. 高校翻转课堂的实践反思与超越路径 [J]. 高等教育研究，2019，40（12）：76.

学习和深度学习，而课前学习为学生中心、主动学习和深度学习奠定了基础。当学生有备而来上课，将创造一个愉悦而富有成效的课堂主动学习氛围。

当教师决定要在课堂上使用主动学习方法时，会面临具体方法的设计和选择问题。如第二章所述，我们可以把主动学习方法视为一个连续体，连续体的左端是持续时间短、相对非结构化的简单任务，右端是持续时间长、结构化的复杂任务，在这一连续体上排列着很多主动学习方法，涉及倾听、讨论、写作和评价等各种学生活动和学生参与。例如，就讨论而言，它包括各种样式的讨论，如思考—合作—分享式二人小组讨论、三人小组讨论、大组讨论和拼图式讨论等；就学生评价来说，包括了个体自我评价、同伴互评以及学生对小组表现的评价等。在主动学习连续体上，合作学习、案例分析、同伴互助教学、基于探究的学习、基于问题的学习和基于项目的学习都是促进主动学习的典型方法。

教师在决定自己所要选择的学习方法可能落在主动学习连续体的哪一个位置上时，需要全面考量课程目标、教学风格、承担风险的意愿、角色感知和学生经验等五个方面的因素。[①]也即是说，要考量方法或活动本身是否有助于实现课程目标，是否让自己感觉舒适和自在，是否拥有突破自己的勇气和勇于承担风险的意愿，是否调整好自己的角色定位，是否关照到学生的经验。应该说，这五个方面是互相作用和互相影响的。倘若一门课程的目标是为了促进学生获得知识，学生对课程内容非常缺乏经验，而且教师的教学风格是喜欢控制而非互动，那么教师就可以选择主动学习连续体上落在简单任务一端的主动

① Bonwell C C, Sutherland T E. The Active Learning Continuum: Choosing Activities to Engage Students in the Classroom[J]. New Directions for Teaching and Learning, 1996, (67): 3–16.

学习活动。反之，倘若一门课程的目标是为了发展学生的实践能力，学生是高年级学生且对课程内容熟悉，而且教师对高水平的课堂互动和学生自由学习活动感觉舒适，那么教师就可以在主动学习连续体中选择复杂任务的一端。不管怎样，只要在开课前做好充分的准备，并拥有突破自己的勇气，相信每一个教师都能找到让自己的课堂教学更为成功的系列方法。

需要指出的是，大课堂虽然可能会限制使用某些主动学习方法，但完全可以通过把大班划分为小组来进行小组合作学习。小组合作学习也是提高大班课堂教学效果的一种有效方法。对于很多学生而言，在一个 100 人以上的大班课堂上发言使他们感到心理上的“不安全”。而采用小组合作的学习方式，能够在一定程度上缓解这一问题。① 由于大多数教室座椅是不能活动的，可以考虑适合于这种空间的活动，例如“思考 — 合作 — 分享”，让座位邻近的几名学生讨论一个话题，然后通过雨课堂等工具回答关键问题。

三、整合“课前翻转”与“课上翻转”

本次问卷调查结果表明，与“课前翻转”相比，有 78.6% 的学生认为自己更喜欢“课上翻转”。围绕“你喜欢课前翻转还是课上翻转”这一问题，我们在一个 15 人的小课堂上也曾开展过一次随堂调查，结果是有 10 人主张“课上翻转”，4 人主张“课前翻转”，1 人主张二者结合，这与本次问卷调查的结果是基本一致的。

“课前翻转”使得课堂时间利用率得以提升，这正是翻转课堂的内在重要起因与基本特征，因为知识传递放在课前通过学生自主学习来完成，那么，课上就可以更多地关注面对面环境下的概念探究、意

① Christopher, D A. Interactive Large Classes: The Dynamics of Teacher/ Student Interaction[J]. Journal of Business and Economics Research, 1997, (8): 85.

义建构和知识应用。但“课前翻转”可能存在的弊端是，对于一部分学生来说，由于课业负担沉重和自身惰性的共同作用，可能存在对“课前翻转”的准备不足，这会导致翻转课堂“翻”不起来。而“课上翻转”对于这部分学生来说，学习效果更为显著：第一，课上学习气氛浓厚，学生注意力更为集中，更容易抓到重点；第二，“课上翻转”具有即时性，学生在课上学习和阅读过程中即时与同学分享彼此的观点，进行头脑风暴，有可能碰撞出智慧的火花并感受到不同的视角；第三，课上学习有课堂时间压力和教师可能提问的要求，所以效率也会更高。

“课上翻转”如何实施呢？简单说，在一个2课时的课堂上，可以将课上学习分为两个阶段。第一个阶段为自主学习，学生统一进行文献阅读或观看相关视频，第二个阶段为合作学习，全班学生或小组学生围绕某一问题开展深入讨论、探究和展示，辅之以教师精讲、指导和评价。这种“课上翻转”可以在一定程度上克服部分学生可能存在的没有时间进行课前学习的问题，同时也能有效避免学生课前学习效率低下的问题，能尽量保证每个学生都专注于课程内容并进而保证翻转课堂教学的有效性。

教师既可以采用“课前翻转”形式，也可以采用“课上翻转”形式，抑或采用二者的整合，其选择依赖于不同的学习目标、学生、教师和资源等情况。应该说，只要有利于调动学生的学习投入，无论采取怎样的翻转形式都是合理的。

四、充分发挥教师的多重角色

翻转课堂并不能够保证学生一定学得好，在翻转课堂中，教师首先应该力求做一个好教师。对于翻转课堂而言，一个好教师应当秉持以学生为中心的教学理念或教学信念，并能真正落实到教学之中。在教师中，大体存在两种教学观：一种是传统教学观，即认为教学是为了传递知识；另一种是以学生为中心的教学观，认为教学是为了促进学生学习。秉持以学生为中心的教学理念且在实践中真正身体力行的教师，更可能促进学生的主动学习和深度学习。秉持传统教学观的教师在利用网络技术时，往往只是把知识和信息传递给学生，技术被用来支持老一套的实践，新瓶装的依然是旧酒。有研究者认为，只有教师的教学信念这一问题真正得到解决或落实，有效的在线自主学习才能实现。一些教师可能声称自己的教学理念是促进学习，但是在真正的教学实践中却不能体现这样的信念和理念。可见，理念的声称或信奉是一回事，“行动中的理论”又是一回事。①

教师始终是翻转学习发生的核心要素。教学是为了促进学生学习，取得预期的学习成果。指向预期学习成果的四个方面即课程设计、课前学习、课堂参与以及反馈与评价，它们的有效性都离不开教师这一非常重要的因素。教师需要将课程设计、课前学习、课堂参与以及反馈与评价的各要素优化整合，使之均臻最佳。在翻转学习过程中，教师主要承担“课程设计者”“指导者”和“评价者”等多重角色。

首先，教师要充分发挥好课程设计者角色。翻转课堂的一个关键特征是“少即是多”。依年级和学科内容等的不同，在设计翻转学习体验时，为最大限度地提高课堂教学时间利用率并运用主动学习方法，教师要精心设计课程内容，仔细思考：将哪些内容移出课堂？将哪些内容保留在课堂？如何利用翻转学习模式帮助学生发展知识、技能和态度？自己需要教什么？学生应该自己探究什么？

① Owens T. Hitting the Nail on the Head: the Importance of Specific Staff Development for Effective Blended Learning[J]. Innovations in Education and Teaching International, 2012, 49(4): 389–400.

其次，教师要充分发挥好指导者角色。翻转课堂上学生的主动学习活动虽然多一些，但仍然需要教师的讲授与指导。有很多东西学生是能够看懂的，这部分可以自主学习，有些比较难理解的则需要教师系统讲述，需要教师建立知识图谱，搭建“脚手架”。部分学生在学习自己不熟悉的前沿理论和新知识时，往往花费很多时间还是不得要领，收获很少，如果教师能有针对性地进行系统的讲授，就能提升学生的学习效率。为此，教师一方面要能够做到用简单清晰的语言阐述复杂的理论知识，另一方面也要提升自己的教学感染力，让课堂充满生机和活力。

最后，教师要充分发挥好评价者角色。从本次调查结果看，在翻转课堂的影响因素中，反馈与评价的作用非常大。经常性的评价和反馈是翻转课堂有效学习的重要环节。在翻转课堂上，教师的一个关键角色是在课堂上进行“观察、反馈和评价”，并启发和引导学生的思维。这种教学行为，在很多情况下是即时发生、不能被规划的。而对于学习者来说，他也在“观察、反馈和评价”自己的学习。一个好的教学的反馈与评价，一定是做到了与目标和学习活动的合而为一。教师要设定适当高度和具有挑战性的目标任务，有关的任务评价标准是具体、清晰和恰当的，注重表现性评价，关注学生的真实性任务表现（如 Presentation、项目报告、实验设计与操作等），让反馈与评价经常性地融入课堂和课前学习活动之中，在相关学习活动后及时给出反馈与评价，让反馈与评价能够激励或鼓舞学生的学习。对于课堂中惯常使用的 Presentation，教师应有针对性地进行设计并深入地进行评析，避免为了 Presentation 而 Presentation，避免过于倚重学生展示而轻于指导及自身教学投入。针对大班教学在课堂评价与反馈方面面临的诸多实际困难，有一项研究提出了一些切实可行的方法，例如请学生出试卷，不需要收上来的 3 分钟写作，课上留出几分钟请学生书面概括本课的要点，采取同伴评改法等。[①] 此外，为检查学生对概念和理论知识的切实理解，教师还可以运用雨课堂等工具在课上实施概念测试，这样的测试简便易行，能够提供即时反馈，进而促进学生有效学习。

总之，教师不能只是要求学生在课外观看教学视频，在课上参与主动学习，然后布置更多的作业。与传统课堂相比，翻转课堂对教师的要求更高：教师要精心设计课程，得心应手地开展主动学习活动，不断观察学生并提供及时的指导、反馈和评价。为更好地促进翻转课堂的有效学习，教师要不断研究、反思和改进自己的教学，研磨教学技能，这既离不开教师个体可持续的自主发展，同时也需要来自教师共同体的协同努力或“传帮带”。有研究表明，教师之间的同伴互助，是影响翻转课堂模式有效实施的一个非常有价值的支持性因素。[②] 在下一章，我们将讨论面向翻转课堂的教师同伴互助以及多方面的反思与发展问题。

① 戴维斯. 教学方法手册 [M]. 严慧仙，译. 杭州：浙江大学出版社，2006：108–109.

② Long T, Cummins J, Waugh M. Use of the Flipped Classroom Instructional Model in Higher Education: Instructors’ Perspectives[J]. Journal of Computing in Higher Education, 2017, (29): 179–200.

第十章

高校翻转课堂与教师发展

有些教师就像陈年美酒，任教时间越久就越优秀。另一些教师虽然经过数年的实践，但教学技能并没有提升，仍然停留在他们第一次进入课堂时所处的能力水平上…… 成为真正成熟的教师需要很长时间。要用“学会教学是一辈子的事”的态度来激励自己。

——阿伦兹[①]

高校教师是提升高校翻转课堂教学质量的关键参与者。从长远看，翻转课堂有效教学如何通过教师发展得以实现和保障，这是引领翻转课堂高品质发展的一个关键问题。高校教师发展有广义和狭义之分。通常，狭义的教师发展是指教学发展，即教师教学能力和水平的提高。广义的教师发展则是指教师的全面的发展，即作为人、专业人员以及学术界成员的发展。本章所讨论的内容聚焦于狭义的教师发展。

① 阿伦兹. 学会教学：第9版[M]. 丛立新，马利克·阿不力孜，张建桥，等译. 北京：中国人民大学出版社，2016：29.

高校翻转课堂有效教学问题是当前高校教师发展的一个新方向。本章聚焦于思考以下三个方面的问题：①对于教师学习者，高校教师发展可否采用翻转课堂模式？②为促进翻转课堂课上 PBL 的有效实施，老教师应如何向年轻教师有效传授和有效指导 PBL 教学模式？③教学反思对于教师发展的意义何在？教师可以采取哪些方法进行教学反思？

第一节　高校教师发展之翻转课堂：理念、路径与案例

为促进高校教师形成翻转课堂的相关教学理念，提升成功实施翻转课堂的教学能力，高校教师发展可以尝试采用翻转课堂模式，这有助于促进教师学习者的有效学习。

一、高校教师发展翻转课堂之意义

高校教师作为教师发展课程的学习者，我们可以称其为教师学习者。翻转课堂模式既适合学生，也适合教师。高校教师发展课程如若采用翻转课堂模式，对于教师学习者来说，他们是先学而后教。就教学目标而言，教师学习者在课前实现的是布卢姆教学目标中的低阶认知目标，在课上则在授课教师和教师同伴的支持下专注于高阶认知目标。从教学方法看，课堂教学是为了促进教师学习者的主动学习，关注课堂面对面环境下的概念探究、意义建构和知识应用。高校教师发展课程采用翻转课堂模式，其意义及其所蕴含的理念主要体现在以下几个方面。

（一）有助于满足教师作为成人学习者的需求和期望

教师是成人学习者。实际上，一些高校教师发展项目之所以没有

获得成功，是因为这些项目并没有把教师当作成人学习者来看待，而是把他们当成传统的、依赖性的学习者。[①]成人的学习动机和自我引导的学习需要具有非常重要的作用，诚如诺尔斯在《成年学习者》中所说的：如果我们清楚自己学习的目的，而且学习能够满足我们的需求，那么我们就能快速而深入地进行学习。[②]

可以说，教师发展翻转课堂是与诺尔斯的成人学习理论十分吻合的，是与教师作为成年学习者的需求和期望十分吻合的。无独有偶，舒尔曼也在教师即是学习者的基础上进一步指出，无论是学生还是教师，有效且持续性学习的五项原则都是主动、反思、合作、激情和共同体（或文化）。[③]

（二）有助于教师主动学习

教师发展翻转课堂有助于教师学习者从被动学习转向主动学习。主动学习关注学习内在动机的激发，强调学习过程中学生的“做”或“活动”，而不仅仅是“听”，注重发挥学习者在课堂教学过程中的参与者角色。真实而持久的学习建立在主动学习的基础之上，对此舒尔曼有十分精辟的论述：“主动学习能够产生比被动学习更为持久的学习，这是所有人类至关重要的原则，不论对成人还是儿童都是如此。真实而持久的学习产生于教师在学习过程中成为主动的学习者，他不是被动的学习者，不是学习中的看客，不是学习的委托人，也不是知

① 徐延宇．高校教师发展——基于美国高等教育的经验 [M]．北京：教育科学出版社，2009：54.

② 可汗．翻转课堂的可汗学院：互联时代的教育革命 [M]．刘婧，译．杭州：浙江人民出版社，2014：134.

③ 舒尔曼．实践智慧：论教学、学习与学会教学 [M]．王艳玲，王凯，毛齐明，等译．上海：华东师范大学出版社，2014：370.

识的收集者。”[①]

翻转课堂把内容传递和知识应用加以翻转，教师学习者通过课前学习预先了解相关基本概念和理论知识，这有利于他们为课上主动学习做好认知的和情感上的准备，即具备学习新任务所需要的知识技能和学习动机。可以说，没有教师学习者的主动学习，教师教学发展可能会沦落为一种口号，演变成“假教师发展之名而行被动发展之实”。

（三）有助于满足教师的个性化学习需求

传统教师培训课程往往存在占用时间过多和加重教师学习者负担的弊病。相比之下，翻转课堂模式则在一定程度上减轻了教师学习者的时间、空间、精力方面的负担，赋予了教师学习者更多的个性化学习的自由。在翻转课堂模式下，由于教育技术的应用，在课前学习部分每个教师学习者可以按照自己的学习步调进行学习，能够自行决定在哪里学和什么时候学，并通过网上讨论区与其他教师进行交流。这种随时随地和自主掌控步调的学习有助于激发教师学习者的学习兴趣和热情，为接下来课堂研讨的思维碰撞和问题解决打下基础。

（四）有助于形成相互支持与激励的学习共同体

教师发展不仅是个体个性化的学习与发展，更是在共同体中与他人进行对话与互动。可以说，共同体即是一种文化，这种文化珍视、奖励和保护教师主动的、反思的、协作的、激情的和公共的学习者经验。在共同体中，成员为了共同的任务，担负自己的责任，做出自己的贡献，成员之间彼此信任、尊重、支持与激励。[②]教师发展课程无论是院系独立组织、教师发展中心独立组织抑或是二者合作组织，建

① 舒尔曼．实践智慧：论教学、学习与学会教学 [M]．王艳玲，王凯，毛齐明，等译．上海：华东师范大学出版社，2014：370.

② 舒尔曼．实践智慧：论教学、学习与学会教学 [M]．王艳玲，王凯，毛齐明，等译．上海：华东师范大学出版社，2014：372-373.

立在课前学习基础之上的课上主动学习都有助于激发共同学习的氛围，帮助教师学习者互相补充知识的不足，主动地、批判地以及反思性地聚焦问题，参与探究和质疑问题，形成相互支持与激励的成长共同体。

（五）有助于教师教育信念的优化

教师教育信念的转变是一种较深层次的教师发展。教师的教育信念反映的是教师对教育、学生以及学习等的基本看法，从微观的角度来说，主要有关于学习者和学习的信念、关于教学的信念、关于学科的信念、关于学会教学的信念和关于自我和教学作用的信念等。[①] 教师信念也是一种默会知识，它主要是通过教学实践中的反思慢慢生成的。翻转课堂由于把讲授移到课前，得以释放的课堂时间为教师学习者之间的互动交流与反思学习创造了机会。课上指导教师可以采用案例学习和 PBL 等方式推动教师学习者针对自己所教的课程进行反思，评价自己的教学体验以及知识观、学习观和教学观等方面所存在的优点和不足，促使自己的教学观念和经验条理化、明晰化和结构化，并进一步生成、传播新的教师信念。

二、高校教师发展翻转课堂之路径

翻转课堂的核心特征是主动学习与教育技术的整合。高校教师发展翻转课堂没有单一的结构或模式可供遵循，它作为一个总称涵盖了具备以下特征的任何一种形式的教学：信息传递教学主要移到课前进行，教师学习者在课前观看预先录制的讲座或阅读其他文本材料，被释放出来的课堂时间则用于主动学习。

---

① 叶澜，白益民，王枬，等．教师角色与教师发展新探 [M]．北京：教育科学出版社，2001：232.

（一）课前学习

翻转课堂的课前学习部分更充分利用了教育技术，这种教育技术提供各种形式的学习材料如指导教师自制视频、网络资源（含MOOC）、教学指导书、教学期刊等文本资料，利用各种工具如测验工具、讨论工具、内容创建工具等，提供课内外交流和互动的机会，传递即时信息。这些教育技术能够适应教师学习者不同的学习方式，方便教师学习者自定步调地学习。

课前学习离不开教学资源的支撑。信息化时代教学资源的来源日趋多元化，例如可以是MOOC或其他开放教育资源，可以是教师自制视频，可以是各种类型的文本（教材、专著、导学案或各种专业文献等）。

特别值得一提的是，开放教育资源的作用不容忽视。2012年世界开放教育资源大会发布了《2012年开放教育资源巴黎宣言》，这一宣言提出的主要目标即是利用开放教育资源支持教师培训，并促进信息通信技术在课堂中的有效应用。[①]对于各个高校而言，为了更好地利用各种教学资源，作为院校教师发展的重要机构的教师发展中心，负有一个重要的使命，即致力于精心设计中心网站的教学资源，通过增加校际资源的链接与共享，创建交流互动和信息共享平台，加强各种形式教学资料的在线学习和下载等功能，提升中心网站的活力和吸引力。教师发展中心尤其可以充分发掘和利用国内外重要的网站资源作为教师学习者的课前学习资源，如中国大学MOOC、国内外著名大学的教学发展中心网站、TED-ED以及国外著名MOOC平台如Coursera、edX、Udacity等。

① 熊建辉．以教育信息化推动教师专业化——访联合国教科文组织教师发展与高等教育司司长戴维·阿乔莱那[J]．全球教育展望，2013，42（11）：5.

教师发展中心网站教学资源以及教师发展翻转课堂的主题设计，尤其要关注以下一些主题的探究：如何制作视频讲座？如何促进课堂主动学习？如何加强课前学习和课上主动学习的一体化？教师如何做好促进者？如何建立学生学习小组？如何开展和实施 PBL 翻转课堂?

从教学法角度而言，有关高校教师发展翻转课堂的课程学习事实上包含了“一般性教学法 + 学科教学法”。有鉴于此，教师发展中心和院系作为“学习共同体”的组织者，可协同设计相关教师发展课程，并充分利用学科专业的网络化服务系统。

（二）课上主动学习

如前所述，主动学习方法主要包括合作学习、案例分析、同伴互助教学、基于探究的学习、PBL 等。在主动学习方法中，PBL 近年尤其受到学界关注。教师发展翻转课堂可以充分利用 PBL 方法。PBL 不以系统的学科知识为线索，而是以复杂、多样化和真实的问题或项目为中心，使教师学习者通过小组合作的形式解决问题。教师学习者需要在课前阅读指导教师指定的相关文献，提出自己的学习问题，课上时间则用于问题的进一步学习、讨论、展示与反馈。教师发展的 PBL 课程设计可以采取“纯”PBL 形式，也可以采取“讲授—PBL”循环交替的混合式 PBL 形式。

高校教师发展翻转课堂既可以采用全部翻转模式，也可以采用部分翻转模式，或者是采用课上翻转形式，其选择依赖于不同的学习目标、学习者、教师以及资源情况而定。全部翻转意味着使用全部课程内容或主题进行翻转，采用“课前学习 + 课上主动学习”的教学结构。部分翻转意味着只有部分的课程内容或主题是采用“课前学习 + 课上主动学习”的教学结构，其他课程内容或主题则采用传统讲课形式。课上翻转则是很少或几乎没有规定性的课前学习，它是在课堂上把自主学习、讲授和合作学习等进行混合，例如在一个两小时的课堂上，自主学习和合作学习（含教师精讲）各占1小时，这在一定程度上能克服部分教师学习者所可能存在的没有时间进行课前学习的问题。

三、路德维希-马克西米利安大学教师发展翻转课堂案例

德国路德维希-马克西米利安大学（Ludwig-Maximilians University）（以下简称LMU）是一所历史悠久、文化气息浓郁的大学。为有效整合传统面授与在线学习模式的优势，LMU医学院开发了翻转课堂模式下的教师发展课程，其设计理念与实施模式非常值得我们学习和借鉴。

（一）课程设计与结构

LMU所开发的教师发展课程是参照“翻转课堂”模式进行设计的，其课程结构分为在线学习和课堂研讨两个阶段，如图10-1所示。在线学习的学习期为10天，涵盖6个主题模块。课堂研讨的学习期为半天，主要针对常见教育情境讨论解决方案。每一阶段的学习均有学习评价。

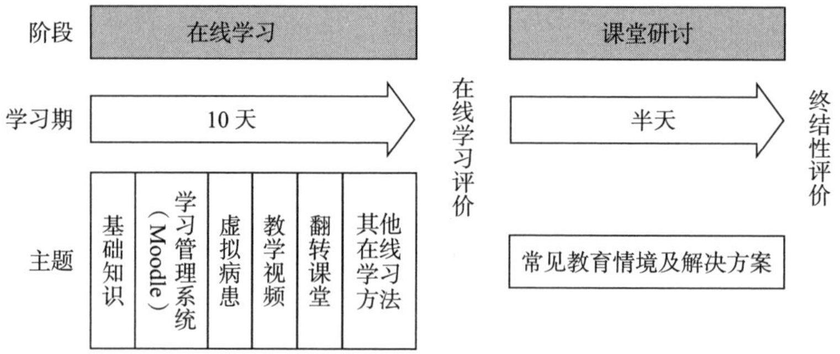

图10-1 课程整体结构和主题[①]

① Tolks D, Pelczar I, Bauer D, *et al*. Implementation of a Blended-Learning Course as Part of Faculty Development[J]. Creative Education, 2014, (5): 949.

（二）课程实施

1. 在线学习

在线学习开始前一周，教师学习者将收到关于课程目标和活动的详细信息，他们需要熟悉学习管理系统 Moodle 平台的操作，同时在课程论坛里作简要的自我介绍。在线学习阶段即为自主学习阶段，学习时长为 4 个小时左右，内容包括“基础知识”“学习管理系统（Moodle）”“虚拟病患”“教学视频”“翻转课堂”“其他在线学习方法”等 6 个模块，如表 10–1 所示。

表 10–1　在线学习的模块结构①

模块	学习时长（分钟）	主题	材料
基础知识	45	· 课程简介 · 基础知识 · 在线学习 · 混合学习 · 学习目标和能力	· 4 个视频讲座 · 3 个测试（11 个问题）
学习管理系统（Moodle）	30	· 操作策略与实例	· 2 个视频讲座 · 2 个测试（10 个问题）
虚拟病患	30	· 虚拟病患基础知识 · 课程整合	· 2 个视频讲座 · 2 个测试（5 个问题）
教学视频	50	· 教学视频的规划与实施	· 1 个视频讲座 · 3 个教学视频 · 3 个测试（14 个问题）
翻转课堂	60	· 基础知识 · 翻转课堂实施策略	· 1 个视频讲座（入门） · 5 个开放教学视频
其他在线学习方法	10	· 电子档案袋、游戏、听众应答系统	· 2 个测试（5 个问题） · 辅导与总结 · 辅导 · 测试（1 个问题）
总结	25	· 课堂研讨须知和准备 · 评价	· 评价表

① Tolks D, Pelczar I, Bauer D, *et al*. Implementation of a Blended-Learning Course as Part of Faculty Development[J]. Creative Education, 2014, (5): 950.

在线学习课程是开放的，在10天学习期内教师学习者可自由地重复选择模块进行学习，在课程结束后也可随时回访查看所学课程。所有模块还提供更多的阅读材料和课程重要术语汇编。该阶段配有一名课程指导教师为教师学习者提供学习支持服务，如通过论坛发送信息和提醒，解答问题，根据教师学习者的兴趣准备小组讨论活动等。教师学习者可在课程论坛里贴出任何问题或疑惑。

2. 课堂研讨

教师学习者被分为不同的小组，在所提供的常见教育情境中应用在线所学知识讨论解决方案，时间为3个小时。在这一步可供教师学习者选择的两个教育情境是:（1）教师意识到，在课堂上没有足够的时间讲解课程全部相关内容。（2）在临床教学中，教师意识到学生尽管具备良好的理论知识，但他们却可能缺乏诊断推理技能。为帮助教师学习者顺利通过情境测试，还为每个小组配备一名指导教师，以便随时回答教师学习者的提问。总之，在这一阶段，教师学习者和指导教师共同探讨在线学习或混合性学习方法在应用中的问题以及相应的对策，提出小组解决方案，最后进行反馈与评价。

（三）学习成果

从学习成果看，该教师发展翻转课堂理念被证明是成功的，总体评价较好，如表10-2和表10-3所示，特别是在线学习与混合性学习基础知识、翻转课堂模块被广泛接受。

为支持和激励教师学习者将自己所学知识应用于自己所授的课程，该教师发展课程的开发者计划在未来将增加课程学习的后续行动研究策略，以实现翻转课堂理念与教学实践的有效整合。

表 10–2 在线学习总体评价结果①

模块	在线学习平均分 （1= 非常好 6= 非常差）
在线学习与混合性学习基础知识	1.3
学习管理系统（Moodle）	1.8
虚拟病患	1.7
教学视频	1.8
翻转课堂	1.5
其他在线学习方法	3.0
总分	1.7

表 10–3 课程总体评价结果②

问题	平均分 （1= 完全同意 5= 完全不同意）
使用学习管理系统很便利	1.7
我能够在所提供材料的基础上回答问题	1.5
翻转课堂在医学教育中很有意义	1.0
课程学习目标明确	2.2
内容易懂	1.5
完成课程所需的时间符合我的预期	1.8
在研讨情境中我能够充分运用所学知识	1.2
在线学习为课上研讨打下良好基础	1.3
课程分两个部分（在线和面对面）的设计很成功	1.2
将在线学习融入我的教学活动中，我感觉很舒服	1.7

① Tolks D, Pelczar I, Bauer D, *et al*. Implementation of a Blended-Learning Course as Part of Faculty Development[J]. Creative Education, 2014, (5): 951.

② 同上。

四、圣约翰大学教师发展翻转课堂案例

美国圣约翰大学是一所享有国际声誉的大学，其医学院在全美排行榜上名列前茅。圣约翰大学医学院尝试将翻转课堂理念应用于教师发展课程，该课程的授课对象是教授“临床药学”的教师。

（一）课程设计

该教师发展课程的目标旨在引导教师学会翻转课堂教学。课程的初始设计是，首先播放可汗学院创建者可汗的一个TED演讲视频，时长约20分钟，之后紧跟一个关于翻转课堂的文献综述，然后是展现翻转课堂实践范例，最后是分组讨论。但后来，课程开发者经讨论最终否定了这一方案，认识到课堂上充斥太多的信息和内容会剥夺小组讨论的时间，这反而背离了翻转课堂的理念。经重新设计，新的课程由两个部分组成，即“课前学习”和“课堂研讨”，如表10-4所示。

表10-4 教师发展课程之翻转课堂：时间表和内容框架①

时间	内容
教师发展翻转课堂前1周	·以邮件形式发送给教师课前作业：手工折纸鹤和背景知识视频
教师发展翻转课堂前1天	·手工折纸鹤提交的最后期限
教师发展翻转课堂课上研讨（1小时）	·关于手工折纸家庭作业：评价、反馈和投票选举“最佳手工纸鹤奖” ·技能应用：完成手工折纸龙任务，讨论翻转课堂对于课上知识应用的意义 ·讨论翻转课堂方法，分析其优点与不足，学习翻转课堂范例 ·个人对自己未来使用翻转课堂教学方法的思考 ·小组—大组讨论 ·教师发展课程评价

① See S, Conry J M. Flip My Class! A Faculty Development Demonstration of a Flipped-classroom[J]. Currents in Pharmacy Teaching and Learning, 2014, (6): 585-587.

（二）课程实施

1. 课前学习

课前学习涉及两个作业。作业 1 是教师学习者在网络上观看“如何制作一个纸鹤”的视频，看后制作他们自己的纸鹤，并在截止日期前提交作品图片。纸鹤制作活动的目的是让教师能够将习得的基本技能应用于课堂上更为复杂的学习活动。课程开发者之所以选择折纸鹤，是考虑到大多数教师对此并不熟悉，而这种陌生感有助于教师学习者在学习课程新知识的过程中模仿其他学习者。作业 2 是关于翻转课堂基础知识的学习，即观看利用 Prezi 软件制作的视频。

2. 课堂研讨

在 1 个小时的课堂研讨阶段，课程开发者使用多种教学工具和方法开展教学，如利用 Prezi 演示软件、听众应答系统及个人反思性学习和大小组讨论等。具体课程活动内容包括：对课前折纸鹤作业的提问、评价与反馈；讨论如何通过翻转课堂教学模式在课上完成高阶复杂的学习任务；个人、小组和全班反思活动。

课堂研讨部分是以这样一个提问开始的：“你认为在完成网络视频作业时，较为困难的折叠部分是什么？”回答之后，全班一起观察提交的所有纸鹤作品，指导教师从设计、美学和创造力等方面给出了反馈意见。为提高教师学习者的参与度，还由全班投票选出了最佳手工纸鹤作品，并给获胜者颁奖。

之后，指导教师在课堂上示范课前作业如何为课堂高阶学习活动奠定基础。为了让教师学习者理解一个真正的翻转课堂将会发生什么，指导教师给教师学习者提供了一个复杂的折纸龙图片，让他们运用在作业 1 即折纸鹤中所习得的基本技能进行制作。指导教师指出这项活动在实际教学中允许教师为学生提供帮助或者学生之间互相帮助，而且这项活动也可能引发对概念的进一步深化探究。当然，这仅仅是一个举例说明，由于时间限制，指导教师并没有真正要求教师学习者当场制作折纸龙。指导教师紧接着又讨论了作业2的要点，对翻转课堂的关键概念进行了回顾。教师学习者讨论了他们完成课前作业所花费的时间、课前作业的优点和缺点。此外，指导教师还举例说明了其他翻转方法，如利用导学案、设计引导性问题等。

最后，进行个人反思、小组交流和大组讨论。所有教师学习者都要花5分钟时间思考两个问题。问题1是："考虑你现在教授的一门课，假设你想翻转这门课，你将会怎么做？"之后，教师学习者被划分为不同小组来分享各自的想法，最后各小组再与全班进行分享交流。除了反思活动，指导教师还收集了教师学习者对该教师发展课程的评价性反馈意见，即对"该课程提升了我对翻转课堂的理解"这一问题进行评价，回答采用李克特五点量表。问题2是："根据你今天学到的东西，你打算在下一个学年翻转你的课堂吗？"回答可以选择"是""否"或"可能"。

（三）学习成果

在1个小时的时间框架下，课程开发者组织了一系列活动，如组织了作业反馈，描述了一个较为复杂的课堂任务，讨论了翻转课堂实施范例，推进了个人和小组讨论。该教师发展课程通过让教师扮演学生的角色来体验翻转课堂，成功提升了他们对翻转课堂理念的认识。在课程结束时，有84%的教师认为课前作业和课堂研讨提升了他们对于翻转课堂的理解，有88%的教师表示下一个学年他们将考虑翻转自己的课堂。①

① See S, Conry J M. Flip My Class! A Faculty Development Demonstration of a Flipped-classroom[J]. Currents in Pharmacy Teaching and Learning. 2014, (6): 585–587.

五、结束语

翻转课堂的成功实施，离不开教师的“会教”。在这一意义上，面向翻转课堂的教师发展至关重要。但学会翻转课堂教学并不是“毕其功于一役”，教师发展的核心在于教师持续的自主学习、自我更新和自我发展，这应贯穿于教师的整个职业生涯。

从理念上说，翻转课堂模式既适合学生，也适合教师。教师发展采用翻转课堂模式，有利于满足教师作为成人学习者的需求和期望，有助于教师的主动学习，有助于满足教师的个性化学习需求，有助于形成相互支持与激励的学习共同体，有助于教师教育信念的优化。

在实践中，德国路德维希－马克西米利安大学和美国圣约翰大学的教师发展课程均采用了翻转课堂模式。前者的翻转课堂模式可以说是一种“精简加强版”，包含 4 个小时左右的课前学习和 3 个小时的课堂研讨，课前学习关注“基础知识”“学习管理系统”“虚拟病患”“教学视频”“翻转课堂”“其他在线学习方法”等 6 个主题。后者的翻转课堂模式可以说是一种“迷你版”，包含“迷你型”的课前作业（折纸鹤制作和翻转课堂基础知识的视频观看）和“迷你型”的 1 个小时课上研讨。这两个翻转课堂的课程目标均致力于实现教师学习者的高阶学习目标，课程内容富有前沿性并密切联系教师教学实际经验，教学方法生动灵活、注重自主学习，关注形成性学习评价和反馈。这两个翻转课堂案例表明，高校教师发展采用翻转课堂模式，关注教师课前自主学习与课堂研讨的整合，有助于促进教师学习者的有效学习。

第二节 导师指导与教师发展：特拉华大学案例研究

PBL（基于问题的学习）是以学生为中心的教学模式之一，也是翻转课堂课上主动学习方法之一。有一部分翻转课堂，事实上采用的正是“课前学习＋课上PBL”这样一种结构形式。新手教师学习PBL翻转课堂的实施，一条可行的路径是向经验丰富的专家教师寻求支持和指导。本节以特拉华大学的“生物化学导论”课程为例，详细描述在一个为期三年的教学周期里，“生物化学导论”PBL课程是如何从一位即将退休的资深教师手里成功地转交给一位新教师的，我们从中可以窥探教师发展中的导师指导如何有效运行。①

一、“生物化学导论”PBL课程的由来与概况

自20世纪80年代以来，PBL在美国高等教育界迅速风靡。许多高校和高等教育研究机构开始致力于PBL教学模式的探索，其中，特拉华大学是美国研究型大学中推行PBL最成功的大学之一。1997年，特拉华大学在美国国家科学基金会的资助下成立了本科生教育改革研究所（Institute for Transforming Undergraduate Education，简称ITUE），致力于推进PBL在本科生课堂的开展，为教师和学生提供有关PBL的培训和信息资源等支持。1998年，特拉华大学在皮尤慈善信托基金会的资助下建立了一个全国性的PBL信息交流中心（The PBL Clearinghouse），以推动全国高校PBL的发展。1999年，ITUE

① Grimes C L, White H B. Passing the Baton: Mentoring for Adoption of Active-learning Pedagogies by Research-active Junior Faculty[J]. Biochemistry and Molecular Biology Education, 2015, 43(5): 345–357.

被授予赫斯伯格卓越证书，用以表彰其在本科教学中卓有成效地开展 PBL 所做出的重要贡献。

1992 年，生物化学教授怀特（Harold B. White）与其他几位同事参加了一系列教师发展工作坊，该系列工作坊的主旨是将基于问题的学习即 PBL 引入本科生课程。自 1993 年开始，怀特教授对自己所教授的“生物化学导论”进行变革，取消传统课堂讲授而采用 PBL 教学模式。当时特拉华大学有数名教师在各自的课程上同时尝试这种以学生为中心的教学模式，大家围绕各自所遇到的问题时常进行交流、切磋和释疑。应该说，这种非正式的教师学习共同体为教学变革提供了极大动力和支持。

“生物化学导论”是生物化学专业二年级学生在第二学期学习的必修课，也是学生接触到的第一门生物化学课。这门 PBL 课程的“问题”，来自与学科主题相关的经典文献，文献一般是按照历史顺序呈现给学生，展示学科在特定背景下的概念发展。学生学习的主题涉及蛋白质结构、新陈代谢、基因分析和实验方法等。这样的教学思路最初是由爱泼斯坦（Herman T. Epstein）在 20 世纪 60 年代提出的，他将其描述为“为背景知识不多的 17 岁学生开设如研究生一样的研讨课”。怀特教授所开发的 PBL 课程围绕关于血红蛋白和镰状细胞病的 10—12 篇经典文献来组织。

怀特的 PBL 课程历年来的学生规模在 25—30 人，这些学生被划分为若干小组，每个小组通常有 4—5 名学生。每个小组由一名朋辈促进者（Peer Facilitator）引领，朋辈促进者一般是大三或大四本科生，之前修过该门“生物化学导论”，而且有兴趣帮助其他学生学好这门课。教师选择他们的依据是他们的领导力、提出问题的能力、引导讨论的能力以及与他人合作的能力。朋辈促进者的作用是帮助小组有效运行。在课程中期，每个朋辈促进者都被重新分配领导另一个小组。

除测验或考试日外，朋辈促进者需要参加每一堂课，但他们并不参与评分。他们每周都有一个专门的时间与教师碰面讨论课程内容、小组学习动力和生化技术等问题。

课程设计和使用多种教学方法，如期中和期末小组考试、课堂展示、引发思考的引文使用、采访文献作者、课堂小测、多种形式的评价（同伴、自我、促进者和小组评价）、面向促进者的教学法课、研讨和文献学习等。

二、学徒制实施

怀特即将退休时，该课程将由一位年轻女教师格里姆斯（Catherine Leimkuhler Grimes）接替。在三年时间里，怀特遵循柯林斯（All Collins）等提出的认知学徒制框架对格里姆斯进行“传帮带”指导，指导该如何有效教授PBL“生物化学导论”。总体上看，这一认知学徒制框架包括四个要素：建模（Modeling）——学徒观摩并内化师傅的程序框架；脚手架搭建（Scaffolding）——师傅支持学徒执行任务；淡出（Fading）——师傅逐渐移除支持；整个学徒期师傅对学徒的指导（Coaching）。

（一）第一年：建模——观摩并内化课堂结构

在第一年，怀特仍然是课程主讲教师，格里姆斯则作为一个积极的参与者和合作教师观摩怀特教授的课堂。在课堂上，当怀特教授对某小组学生开展指导和交流时，格里姆斯作为合作教师会对其他小组开展指导和交流。格里姆斯事先学习和研究怀特教授设计的测验题，怀特也与格里姆斯分享学生提出的学习问题。

通过观摩课堂，格里姆斯深刻理解了什么是“学习问题”。简言之，学习问题是学生为深入理解文献而需要解决的知识盲点。格里姆斯作为一个积极的参与者参加所有活动。尽管格里姆斯意识到她在第二年讲授该课程时不会使用怀特所使用的经典文献（关于血红蛋白和镰状细胞病），然而，能有机会观察到学生如何从原始文献中提取各种基本概念，这对于她在未来课程中选择涉猎不同主题的恰当文献是极为有益的。最终，她熟练掌握了本课程“每节课的节奏”：

①公告时间：提醒学生“生物化学导论”PBL课即将开课；

②引文：课前在黑板上写下与所学文献相关的某著名生物化学家的引文，教师围绕引文的意义引发一个小型讨论；

③神秘分子：把文献中涉及的分子写在黑板上并展开讨论；

④学习问题：余下的时间用于学生围绕学习问题展开小组讨论。对学习的每一篇新文献，每个学生需要在每次课上提交一份包含至少10个学习问题及其答案的学习报告，由教师打过分数的学习报告将在下一次课上返还给学生。在这一阶段活动中，教授巡视每一小组并在一定程度上参与讨论，但绝不主导小组讨论。

（二）第二年：脚手架搭建

在第二年，格里姆斯开始正式讲授“生物化学导论”。怀特积极参与这门课，一直在身边给予指导：①关注格里姆斯新选的经典文献中的生物化学概念；②保持PBL课堂的“节奏”。怀特不但协助格里姆斯设计测验题，还亲自给学生提交的第1组学习问题评分并给予恰当的说明。

（三）第一年至第三年：指导

1. 周会

怀特和格里姆斯师徒二人在每节课后都会碰面讨论和分享观察结果，并做出相应调整和改变。在过渡期的第一年，讨论的重点是帮助格里姆斯学习如何促进小组学习，她一直为自己在这方面的角色而纠结，因为她总想控制小组的讨论，怀特则认为不要这样做，教师首先需要倾听小组的意见，然后温和地提出问题，引导小组找到可能遗漏的要点。在碰面时两人讨论到的其他内容还包括：所设计的考试问题要让学生证明他们正在“思考”有关材料，帮助学生拓展学习问题的深度；特定活动的组织；小组管理问题（管理朋辈促进者和学生）。怀特建议格里姆斯将她自己的教学看作是研究，在怀特看来，科学家公开讨论自己的研究成果很常见，而教师却总是关起门来讲课。在第二年，怀特就课堂管理（如组建小组、让学生在黑板上展示）、关注精选文献中的生物化学概念、神秘分子讨论等问题向格里姆斯提出了非常具有建设性的批评意见。正是在这段时间，怀特也建议格里姆斯在每次课后花几分钟时间把课堂运行和进展记录下来。

2．教学法

除了开发 PBL“生物化学导论”，怀特自 1997 年以来还开设了一门 2 学分的“教学辅导法”课，该课面向在特拉华大学本科生理科课程中担任朋辈促进者的所有本科生，让他们专门学习特定教学方法背后的各种教学理念和逻辑。所以自然地，“生物化学导论”课上担任朋辈促进者的所有本科生也需要学习这门课。在第一年，格里姆斯也听了怀特教授的这门课。

3．教学材料

怀特向格里姆斯提供了“生物化学导论”课程的所有材料，包括调查问卷、教学大纲、评分标准、幻灯片、概念图指导、发送给全班同学的电子邮件以及引文合集。

（四）第三年：淡出

在第三年，格里姆斯开始独立讲授“生物化学导论”。格里姆斯选择将课程重点放在与她研究的一个新项目“细菌细胞壁生物合成”密切相关的主题上。她试图将细菌细胞壁的生物合成与抗生素的发展关联起来。她根据细胞壁生物合成和抗生素的主题初步选择了 10 篇文献，这些文献涵盖生物化学的重要概念，涉及微生物的发现、微生物的基本过程（糖酵解和细菌细胞壁生物合成）以及两种抗生素（万古霉素和青霉素）的开发等主题。她从历史的视角展示生物化学的进展，这也构成她的一个课程目标。在第一节课后，她最初的紧张情绪消失了，她发现自己非常喜欢教这门课。每次下课后，她都会在笔记本上记录下自己的想法。她意识到自己有必要在下次做得更好，比如准备一份学习任务单，或者让害羞的学生参与小组活动等。同时，她也意识到自己正在取得进步：她在每堂课上都与学生进行了有意义的讨论，她正在有效地帮助班上的学生成为生物化学的思考者。此外，一个意想不到的结果是，讲课让她对自己的研究有了更深的认识，花额外的时间讨论和讲授与她的研究直接相关的文献，也让她找到了另一条路径思考她的研究计划。她发现，通过重新查阅文献，她能够对自己的研究问题提出富有创造性的解决方案。在深入学习这些文献的基础上，她发表了一篇研究论文。

（五）成效

为评价学生通过这种 PBL 模式是否实现了有效学习，并判断 PBL 课程中教师变更的影响，在三年里的每一轮课程周期均对所有学生进行了前后测概念测试。概念测试结果表明：格里姆斯所教的班级学生与怀特以前所教的班级学生取得了相似的成绩；学习成绩与学生阅读的研究文献无关；新教师也能显著提升学生的学习成绩。概念测试结果也清晰表明，怀特已经成功地将 PBL 教学方法“传帮带”给了新教师格里姆斯。

三、思考与启示

综上所述，特拉华大学“生物化学导论”PBL 课程的“传帮带”或者说学徒制的开展，遵循了建模 — 脚手架搭建 — 指导 — 淡出这一学徒制框架，老教师怀特对新教师格里姆斯的指导主要关注 PBL 教学方法而非具体内容的承继，怀特的指导和建议对格里姆斯的教学产生了积极的影响，让她对自己的教学充满信心，并收获了学生对课程的肯定性评价。

有研究指出，促进教师专业发展主要有以下四种实践模式：①传播模式，主要是通过演讲、论文和工作坊等形式进行传播。其中，工作坊更为常见，它通常持续1个小时、半天或更长的时间。②培养反思型教师。这一模式通常是由教师发展中心所推动，通过教师学习共同体来组织教师开展合作反思。这一模式可以作为第一种模式的后续行动，以促进教师采纳和进一步反思。③自上而下模式，指认证机构、专业机构或行政团体等在政策层面颁布或制定相应的政策，要求或激励教师尝试新的教学实践形式。④发展共同愿景。在一个鼓励合作、鼓励新想法和鼓励试验的共同体内分享知识并促进变革。[①]

研究表明，参加过主动学习教学法工作坊的教师，尽管他们知悉这些主动学习教学方法，但未必会采用这些方法。总的来说，无论是来自一线教师的演讲、论文和研讨，或者是来自教学开发人员对教师反思性实践的倡议，又或者是来自管理人员的战略规划和政策指示，这些尝试和努力的效果，要么是根本不起作用，要么就是收效甚微。[②]

教师采用主动学习教学模式的阻碍来自方方面面，例如对教育研究的不信任，缺乏时间或兴趣，教学与科研冲突，在教学理念上将教学视为信息传递，更习惯于使用传统讲授法，等等。显然，为了促进学生的有效学习，有必要找到更有效的方法来促进教师能够真正并成功地使用主动学习教学方法。

① Henderson C, Beach A, Finkelstein N. Facilitating Change in Undergraduate STEM Instructional Practices: An Analytic Review of the Literature[J]. Journal of Research in Science Teaching. 2011, 48(8): 952–984.

② 同上。

新教师格里姆斯认为，新教师的第一次教学经历往往是从自己过去使用过的一本教科书或是上一任教师的讲稿和课程大纲开始的。一旦建立了这样一套模式，教师的教学方式在其后就很难做出改变。在她看来，如果她在别处接受一个教职的话，在没有导师支持的情况下，她很难在初期就采用主动学习教学模式，她很可能会以一种更为传统的方式进行教学。

由此可见，导师指导的意义非常重要。当教育变革针对的是新教师采用以学生为中心的教学方法时，这种投入非常有效。新教师缺少教学经验，对问题本质的认识往往表面化，对原因的分析有失全面和深入。如果没有来自“师傅”或同行教师的反馈，新教师很难及时发现问题并进行正确的问题归因，更不会有行动跟进以有效解决问题。导师指导的主要目的即是指导新教师的有效教学。导师指导是为每一位教师提供最大机会来促进个人达至最大潜能并取得成功的一种机制。[①]在指导关系上，导师是新教师的角色典范、培养者和关爱者，导师对新任教师的指导能起到支持、鼓励、解疑和帮助的作用。

需要指出的是，特拉华大学“生物化学导论”课程教学中的导师指导是一种比较传统的导师指导，即由一位有经验的教师引导和支持一位处于职业发展初期教师的职业发展。除此之外，指导也可以是一种具有交互的、互惠的关系的指导，教师参与者相互平等，互为同事或同行，彼此学习和相互帮助。在这一意义上，每一个教师都可能是其他教师的导师，同时每一个教师也可能作为被指导者而获益。导师指导有助于增强教师间的合作，增进教师间的理解与尊重，进而也使致力于导师指导的高校最终获益于教师对教学工作的热情奉献。导师

① Senate Task Force Report on Mentoring and Success of Junior Faculty [EB/OL]. (2005-04-06)[2008-04-26]. http://www.faculty.umd.edu /specificpolicies.

指导也有助于在院系内建立起教师卓越的标准，进而推动院系乃至整个学校的发展。

第三节　教学反思与教师发展

古人云，“吾日三省吾身”，强调的就是内省或反思。反思是教师自我发展的重要机制，尤其是对于翻转课堂这种新的教学模式来说，教师基本上都是摸着石头过河，更需要对自己的教学实践时时反思。教师教学反思的过程是主动探究、主动思考和主动学习的过程。反思意味着教师需要不断观察、监测、评估和修正自己的教学观念、教学行为和教学效果，可持续地对自己的经验进行重新组织和重新建构。唯有如此，才能真正促进翻转课堂的有效教学。

一、教师教学反思的内涵

教学反思的思想渊源可以追溯到杜威对反省思维的论述。杜威提出反省思维即是对问题进行反复的、严肃的、持续不断的深思，“对于任何信念或假设性的知识，按照其所依据的基础和进一步导出的结论，去进行主动的、持续的和周密的思考，就形成了反省思维”[①]。反省思维包括：①引起思维的怀疑、踌躇、困惑和心智上的困难等状态；②寻找、搜索和探究的活动，求得解决疑难、处理困惑的实际办法。[②]杜威把反省思维过程分为五个阶段，即问题、观察、假设、推理

① 杜威．我们怎样思维·经验与教育［M］．姜文闵，译．北京：人民教育出版社，2005：16.

② 杜威．我们怎样思维·经验与教育［M］．姜文闵，译．北京：人民教育出版社，2005：19.

和检验。杜威认为，虚心、专心和责任心这三种态度对个体进行反思是非常重要的。

美国学者舍恩（Donald Schon）真正将反省思维应用于职业培训，把“反思”与“行动”结合起来。舍恩认为，反思是指专业人士在工作过程中能够建构或重新建构遇到的问题，并在问题背景下进一步探究问题。舍恩第一次提出了“反思性实践”的概念，在他看来，反思性实践是指实践者从实践中的问题出发反思自己的实践，以便使问题得到解决。舍恩提出“行动中反思”和“行动后反思”的概念，对以后的研究者产生了重要影响。行动中反思是个体有意识地或潜意识地、不断地对与以往经验不符合的、未曾预料到的问题情境的重新建构。行动后反思是个体对已经发生的行为的回顾性思考，其中包括对行动中反思的结果与过程的反思。

自舍恩后，反思性教学在西方又有所发展，其内涵不断深化与延伸。其中，法拉尔（Thomas Farrell）对反思性教学的定义是比较具有代表性的。在法拉尔看来，当教师自觉地对自己的教学信念进行批判性分析，对自己的课堂行为承担起全部责任，并持续地改进自己的教学实践之时，反思性实践就发生了。基于这样一种认识，他把反思性实践明确地定义为：“反思性实践是一个伴随着一系列态度的认知过程，在这一过程中教师系统地收集有关自己实践的数据，并在与他人对话时利用这些数据对自己在课堂内外的实践作出明智的决策。”①

我国学者从 20 世纪 90 年代末开始涉足教学反思这一领域。熊川武在 1999 年出版《反思性教学》一书，这是国内第一本有关教学反思的专著。他提出教学反思是教学主体借助行动研究，不断探究与解决自身和教学目的以及教学工具等方面的问题，将“学会教学”与“学

① Farrell T. Promoting Teacher Reflection in Second Language Education: A Framework for TESOL Professionals[M]. New York: Routledge，2015: 123.

会学习”结合起来，努力提升教学实践合理性，使自己成为学者型教师的过程。[①]

申继亮等国内学者对教学反思的定义也非常具有代表性，在他看来，教学反思是指教师为了实现有效的教育、教学，在教师教学反思倾向的支持下，对已经发生或正在发生的教育、教学活动以及这些活动背后的理论、假设，进行积极、持续、周密、深入、自我调节性的思考，而且在思考过程中，能够发现、清晰表征所遇到的教育、教学问题，并积极寻求多种方法来解决问题的过程。[②]

二、教师教学反思的特点

（一）情境性

反思不是为了反思而反思，不是一般意义上的“回顾”，它是对具体情境中的问题所进行的思考和探究。教学中教师之所以要反思，主要是为了增强对教学情境的理解，改进自己的教学活动。教师对教学活动本身的深入思考，使得教师能够有意识地、谨慎地、持续地将研究结果和教育理论应用于教学情境。可以说，教学反思是教师与问题情境之间的对话。教师需要思考自己的教学情境是什么，问题在哪里，并进而应用以往的经验加以改进。教师在真实教学情境中通过反思获得了个体性的实践知识，增强了对情境中的学生的关注，增进了对理论、观念与实践之间差距的认识。

（二）研究性

在教学反思这一探索性活动中，教师扮演着教学者和研究者的双重角色。教学反思的实质是教师对实践情境中教学问题的解决，而

① 熊川武．反思性教学 [M]．上海：华东师范大学出版社，1999：3.

② 申继亮，刘加霞．论教师的教学反思 [J]．华东师范大学学报：教育科学版，2004,（3）：44.

在教学实践中绝大多数的问题类型为劣构，因界定模糊或限制条件不够清晰而具有很强的不确定性，再加上其动态性，使得问题更为复杂、更难解决。所以，教学反思往往是一个没有标准答案的探索研究过程，可能有多种解决路径，存在着多元的解决方案，这就要求教师必须成为专业发展的学习者、尝试者和探究者。[①]一个可能的研究结果是，教师通过反思，可望建立一个能够解决以前教学中出现的矛盾要素的教学框架。

（三）行动性

如前所述，教学反思是一种具有研究意义的反思。反思起始于问题，凡是能引起自我信念上的困惑、迷茫或心理上的不适都被视为问题。一个富有反思精神的教师，不但具有强烈的问题意识，而且寻求更好的“解题”能力，追求更好地完成教学任务。进一步说，教学反思指向问题解决和行动改善，即从发现问题到探究原因再到提出解决问题的方案并以行动跟进。教师常常借助行动研究解决教学目标、活动策略以及反馈与评价等方面的问题。为此，教师围绕自身教学行动进行计划、观察和收集证据，并着眼于未来的行动改善。

（四）批判性

在教学反思中，教师将自己的教学活动和课堂情境作为认知的对象，对自己的教学行为以及行为的依据持续性地进行批判性的解构与重建。换言之，更深入的反思水平建立在批判性思考的基础之上。批判性思考是发现问题、分析问题和解决问题的基础。批判性思考不仅是一种能力，而且也是一种心态，以检讨的和开放的态度来真诚地面对自己教学实践中的问题、教学效果以及他人的观点。

（五）过程性

教学反思的过程性意味着反思是一个过程，是一个不断的自我观

① 王海燕．技术支持的教师教学反思 [M]．杭州：浙江大学出版社，2016：44.

察、自我评价、自我监控和自我改进的过程。在埃拜（J. W. Eby）构想的反思性教学模型中，反思性教学由反思性计划、反思性教学和反思性评价三部分组成，如图 10-2 所示。这是一个连续循环或螺旋式上升的动态过程，在这样的过程中，教师的教学质量也不断得以提升。教师在整个职业成长过程中只有经过长期不懈的教学反思与自我修炼，才能成长为一个专家型的教师。

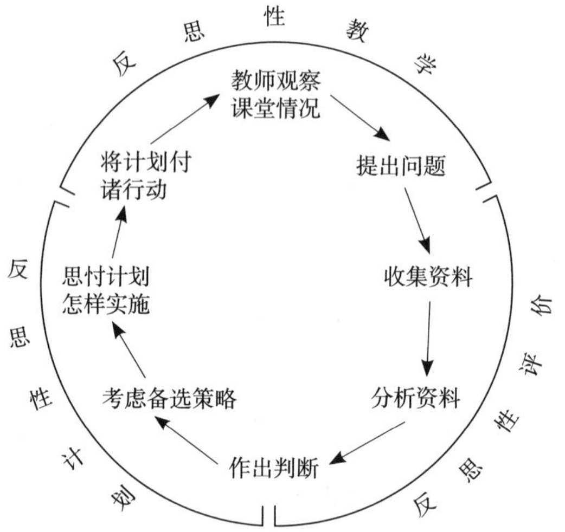

图 10-2 埃拜模型[①]

三、教师发展与教学反思

教师的生活是繁忙的，课堂也是一个繁忙的场域，一堂课连着另一堂课，教师常常很难抽出时间进行额外的反思。日复一日和年复一年的教学，常常导致教师墨守成规，形成某种思维定式或“习惯成自然”，不再质疑已经十分熟悉的一切，也使教师误以为自己可以凭经验解决一切问题。如果只有经验而没有从经验中的学习，经验也会成

① 熊川武．反思性教学 [M]．上海：华东师范大学出版社，1999：97.

为一种阻碍。美国心理学家波斯纳（P. J. Posner）指出：“如果一个教师仅仅满足于获得经验而不对经验进行深入的思考，那么，即使是有20年的教学经验，也许只是一年工作的20次重复；除非善于从经验反思中吸取教益，否则就不可能有什么改进。”[①]对此，他提出了一个著名公式：教师成长＝经验＋反思。由此可见，教学反思是教师发展的核心要素、必要条件和重要机制。具体而言，教学反思能够促进以下几个方面的教师发展：

其一，做出明智的教学决策。

有效教学需要教师对自己的经验进行不断的系统的反思，而反思能够让教师从常规和直觉的教学惯性中解放出来，使教学的每一个决策都有依据和明晰的目的。那些不愿进行反思的教师，只能被直觉、传统和权威牵着鼻子走，成为常规的奴隶，缺乏基于反思的正确判断和评价基础上的决策。

其二，反思教学角色，建构教学信念。

教师对自己在教学中扮演的角色的认知往往处于一种缄默状态，并没有明确的意识。反思是帮助教师认识自己所扮演角色的关键，因为反思可以把隐性知识激活为显性知识。通过反思，教师可以把自己的教学经验与教学信念、知识和情感关联起来，审视自己所扮演的角色，并不断重构自己的教学信念。一个善于反思的教师，往往敏锐地反思自己已有的教学行为与新理念和新经验之间的差距，反思新理念指导下的课堂设计的实际成效如何。

其三，拥有实践智慧。

在教师的教育教学实践中，真正起作用的知识很大程度上并不是

① 陈振华．论教师的经验性学习 [J]．华东师范大学学报：教育科学版，2003,（3）：23.

教科书所传授的教育理论知识，而是教师个体的实践性知识，即教师在教育教学实践中积累的经验以及在此基础上形成的对教育教学实践的直觉与感悟。教师实践性知识具有个体性、情境性、开放性和探索性的特征，不可能通过别人的给予而获得，唯有依靠对自我实践的持续性反思才能获得和确认。正是反思，让教师不但能够吸收他人归纳出来的知识，而且还能进一步提升教学经验，将其升华为“实践的智慧”。教师的实践性知识事实上属于缄默性或隐性知识的范畴，正如舍恩所指出的：有一些行动、理解和判断，我们是本能地执行的，行动前或行动中我们并没有思考过，我们常常没有意识到我们已经学会了这些知识，这就是行动中知识或缄默的知识。①而教学反思的重要方面就是教师意识到自己的缄默知识，并加以激活、评判、验证和发展，使之升华为教育理论。

四、教师教学反思的方法

教学反思既可以是一种独立的个体活动，又可以是一种依赖群体支持的个体活动，是一种合作互动的社会实践和交流活动。好的教学反思，既是自我批判的，又是合作民主的；要求教师作为反思者既有开放的、负责的和全心全意投入的心态，又有合作的、协调的和信任的品性。在这样的心态和品性的观照之下，教师教学反思可以采用反思日志、合作反思、行动研究、理论学习、学生反馈和课堂观察等多种反思方法。

（一）反思日志

反思日志是教师针对自己教学所开展的经常性的或有规律的记录。教师通过与自己进行对话，通过将自己的教学体会和感受诉诸笔

① 刘加霞，申继亮．国外教学反思内涵研究述评 [J]．比较教育研究，2003，（10）：30-34.

端，可以系统地反思自己的教学信念、教学行为和学生学习成果，及时发现教学中所存在的问题，为未来的教学改进指明方向。反思日志没有严格的时间限制，可以是日记、周记，也可以是一次课后、一个单元或一个主题的教后记，还可以是闲暇时随机捕捉到的灵感记录。反思日志可以采用以下几种形式：

①点评式。即在教案各个栏目相对应的地方，针对实施教学的实际情况，言简意赅地加以批注和评述。

②提纲式。教师对自己教学实践中的成败得失，经过分析与综合，提纲挈领地一一加以举例。

③随笔式。教师以随笔形式随时记录自己具体而真实的所思和所感，不拘一格，也不必有问题框架。

④主题式。主题式反思一般包括教师对某一主题较长时间的思考和实践，例如关于翻转课堂可能的主题可以是：我如何激发学生课前学习动机？我如何帮助学生主动学习？我如何保证所有学生都能保持学习的兴趣？我如何在大班课堂促进翻转学习？我如何检测学生的学习进步？

⑤案例式。案例式反思是指教师围绕所关注的鲜活的、具体的现实问题或事件，选择恰当的方法系统地收集相关的数据，并在此基础上进行深入分析和反思。这一类型的反思一般包括描述问题、明确问题、分析问题、提出问题的解决方案等。

（二）合作反思

反思日志是个体的一种独立反思，有时难免受到自身思维的局限，所以有必要与其他同行教师进行合作反思。合作反思追求的是多样化见解的共享，在相互讨论、质疑和挑战的同时提供相互的支持和帮助，提出不同的行动策略。不同视角下的观点和理念的分享和碰撞，有助于突破教师个体原有的体验与理解的局限性，有助于获得对具体教学实践情境新的意义的理解，有助于提升反思至一种新境界。合作反思既可以借助集体备课、说课或评课等方式进行，也可以借助研讨会等方式进行。对于高校教师来说，研讨会似乎更为常见并受到关注。研讨会的形式有多种，如教学沙龙、工作坊、午餐会、名师讲坛、专题讲座等。尤其值得一提的是，近年来学术午餐会日益受到大家的欢迎和喜爱，它旨在利用午餐时间为教师提供一个开放的、自由的、互动的学术交流探讨平台。研讨会的主题通常是时下流行的教学热点问题，聚焦于一个不变的核心——教学能力提升和教学促进。翻转课堂作为一种以学生为中心的教学模式，在研讨会中也以多样化的面孔出现，尽管未必在题目中完全现身显形。关于这一点，从北京理工大学教师发展中心在2019年所推出的“以学生为中心”教学能力提升系列工作坊主题可以窥见一斑（如表10-5所示）。可以看出，这一系列的工作坊可以应用于翻转课堂的教学设计、教学方法、教学评价与改进等方方面面。

表10-5 北京理工大学“以学生为中心”教学能力提升工作坊

题目	研修形式
创造性美学与审美教育	午餐工作坊
“双一流”背景下新工科课程建设	午餐工作坊
讲好一堂课的标准是什么	午餐工作坊
工程教育专业认证和教师教学能力提升	午餐工作坊
浅析课堂教学中的困惑与对策	午餐工作坊
通识课的考核形式与合理评分	午餐会
“双创”指导教师经验分享会	工作坊
研究型教学	午餐会
如何高效运用网络在线课程平台	午餐会
如何构建良好的师生关系：陪“太子”读书的乐趣	午餐会
如何正确发声和保护嗓音	工作坊

续表

题目	研修形式
MOOC 教学设计方法：如何快速建课	工作坊
混合式教学设计与实践	工作坊
同伴教学法：如何让学生专心上课	主题工作坊
混合式教学经验分享（一）：如何激发课堂魅力	午餐工作坊
混合式教学经验分享（二）：SPOC 大家谈	午餐工作坊
有效教学设计：如何满足学生多样化的个体需求	午餐工作坊
教学诊断之互动门诊：如何组织课堂互动	主题工作坊
合作式学习：如何组织小组学习	午餐工作坊

（三）行动研究

行动研究是教师教学反思的一个有效方法。澳大利亚学者凯米斯（S. Kemmis）认为，“行动研究是社会情境中的实践者为了提高对所从事实践的理性认识，改善他们的实践活动及其所处的社会情境而进行的自我反思的探究形式”[①]。行动研究的鲜明特征是系统而正式，融反思、行动与研究为一体。行动研究的具体实施环节，一般以勒温（Kurt Lewin）提出的“计划、行动、观察和反思”等四个环节为基础，并在此基础上进一步细化和延伸。就教学中的行动研究而言，它是教师针对教学实践中某个难以解决的问题，运用观察、访谈、测验、问卷等多种方法，分析问题产生的原因，通过设计并实施研究方案以求得问题的解决。从总体上看，行动研究的过程是一个不断扩展的螺旋式循环的过程。

（四）理论学习

教师教学反思还可以通过理论学习来实现。通过查阅相关的教育理论书籍，教师可以扩充自己的理论知识，并在理论中检讨自己的教

① Carr W, Kemmis S. Becoming Critical: Education, Knowledge and Action Research[M]. Deakin University Press, 1986: 162.

学行为。理论文献能够让教师对一些熟悉但不容易理解的事情和现象给出多种阐释，从而有助于教师更好地理解自己的实践。理论还可以帮助教师打破思维定式和原有经验的束缚，为熟悉的事物提供另类的阐释和别样的解决问题思路。就翻转课堂而言，教师在学习和吸收最新的或前沿的相关文献知识的过程中，是与文本对话，是与文献作者对话，这既有助于拓宽视野或更新观念，又是一条反思自己的教学观念、教学行为和教学效果的便捷路径。

（五）学生反馈

来自学生视角的教师教学反馈，有助于教师站在学习者的立场反思自己的教学行为和观念，看清楚自己教学中的成功与失败之处，并了解学生的需要、兴趣和期待。教师可以采用课堂调查表的形式听取学生的反馈意见，为此教师首先应该向学生明确解释自己向他们征询反馈意见的动机，并告知学生应注意的规范，向学生保证填写意见的匿名性。只要教师是足够真诚的、可信赖的，相信一定能够获取到比较真诚的学生反馈意见。关于翻转课堂，可以通过课堂调查表了解以下一类的问题：你希望在下学期所学课程中有多少比例的课程运用翻转课堂模式？为什么？你希望课前翻转的学习材料是哪一种形态的？为什么？你喜欢课前翻转还是课上翻转？关于本门课程所采用的翻转课堂模式，你的学习收获如何？关于PBL，你的学习收获如何？关于辩论，你的学习收获如何？

（六）课堂观察

几乎每一位教师都听过其他教师的课，而自己的课也会被其他教师听。遗憾的是，每每遇上“被听课”，我们都不免有一定程度的紧张和压力，因为这样的听课带有一定的“评价性”或“评判性”。应该说，在一定程度上，日常教学中通过听课来帮助主讲教师发现问题、分析问题和解决问题的机会并不是很多。这里所述的教学反思中的课堂观察并不以评价或评判为目的，而是以讨论、交流和反思为目的，以分析和解释为目的，以教师发展为目的，以改进教学为目的。高校教师每天忙于讲课、科研和社会服务，很难有时间观察自己的教学，也难以真正了解自己的教学是如何进行的。因此，采用同行教师互相观摩课堂的方式，或者通过对自己的课堂进行录音录像来了解自己的教学状况，能够帮助教师意识到自己在教学中不曾注意到的问题。而观摩其他教师的课堂，通过反思将他人经验映射到自身，也能够从中学习好的方面，避免不好的方面。教师也可以针对自己所关心的问题邀请同行教师帮助自己进行观察和分析，例如：课堂互动的效果如何？有什么问题？课堂反馈与评价的效果如何？有什么问题？

附　　录

高校翻转课堂有效教学调查问卷 2019

亲爱的同学，你好！

感谢你参与本次调查。翻转课堂作为信息技术与学习理论深度融合的典范，近年来成为高等教育改革的热点。**翻转课堂是对传统教学的一种翻转，学生首先在课外接触课程即将学习的新材料（通常是阅读文献或观看视频讲座），然后在课堂时间通过讨论、辩论、案例学习、项目学习、基于问题的学习、课堂展示、教师答疑和不同程度的教师讲授等完成知识的内化**。虽然在该领域已经有不少相关研究出现，但来自学生的声音还很缺乏。本次调查将涉及翻转课堂的教与学的方方面面，研究成果将针对问题提出政策性建议，以创造一个更有意义的学习环境。我们期待着你的认真回答。填写此问卷大约需要占用你 8—10 分钟的时间。调查采取不记名方式。非常感谢你能够拨冗参与我们的调查！

"高校翻转课堂有效教学实证研究"课题组

【填写说明】

·本问卷共 5 页，请在□内画"√"或在表格里符合您的选项处画"√"。

·如无特殊说明，每个问题限选一个答案。

1. 本学年，在你修过的翻转课堂课程上，关于**课程设计**，你是否同意以下描述？

序号	题目	非常同意	同意	有点同意	不同意
A	课程学习目标富有价值和挑战性，体现高级思维和能力的培养				
B	课程学习目标和标准具体明确，我知晓每次课的学习目标和任务				
C	课程学习目标关注情感、态度和价值观培养				
D	课程学习目标、教学活动、反馈与评价三者能够互相反映和支持				
E	课程内容联系学生经验或社会生活				
F	课程内容融入学科发展前沿或最新研究成果				
G	教师针对课程重点难点设计课件、教学视频或其他课程资源				
H	课件、教学视频或其他课程资源能用清晰的语言讲述抽象的学科内容				

续表

序号	题目	非常同意	同意	有点同意	不同意
I	课件、教学视频或其他课程资源有吸引力，激发我的求知热情				
J	课件、教学视频或其他课程资源内容量适量				
K	学习平台使用便捷、高效				
L	学习平台能够方便师生互动和生生互动				
M	学习平台有丰富的视频或文献资源				

2. 在你修过的翻转课堂课程上，关于**课前学习，**你是否同意以下描述?

序号	题目	非常同意	同意	有点同意	不同意
A	我能够独立完整观看视频、阅读文献或完成相关课前学习任务				
B	课前文献阅读或视频讲座观看等能促进我的课上学习				
C	我能够完成课前测验或练习，满足成绩评定要求				
D	我能从课前学习中提出疑难问题，带着问题上课				
E	我能够适应课前学习任务量				
F	总的来说，我感觉我的课前学习收获大				

3. 在你修过的翻转课堂课程上，关于**课前学习，**你是否还同意以下描述?（**注：如果课程课前学习中有用到教师自制视频或其他网络视频、MOOC视频等，请回答如下问题，**否则请直接跳到第4题。）

序号	题目	非常同意	同意	有点同意	不同意
A	教学视频所讲授的内容清晰明了，逻辑性强，通俗易懂				
B	视频富有吸引力，能够吸引或感染我				
C	教学视频能引发我的思考				
D	教师语言展现出一对一的辅导风格，增强了对话感或互动感				
E	总的来说，我对教学视频的质量比较满意				

4. 本学年，在你修过的翻转课堂课程上，关于**课堂参与**，你是否同意以下描述?

序号	题目	非常同意	同意	有点同意	不同意
A	教师设计的问题或问题情境导向恰当的学习目标，引发我的思考				
B	我积极参与小组讨论、课堂展示、同伴教学等各种合作学习活动				
C	课堂师生互动或生生互动或讨论有效，我有所收获				

续表

序号	题目	非常同意	同意	有点同意	不同意
D	教师讲解或演示重点难点清晰				
E	教师讲解或演示富有教学热情或感染力				
F	课堂氛围活跃、民主、和谐				
G	教师善于掌控课堂秩序，合理分配课堂时间				

5. 本学年，在你修过的翻转课堂课程上，关于**反馈与评价**，你是否同意以下描述？

序号	题目	非常同意	同意	有点同意	不同意
A	课程成绩评定关注我的真实性任务表现（如Presentation、项目报告、实验设计与操作等）				
B	反馈与评价经常性地融入课堂、课前学习活动之中				
C	我喜欢做课堂汇报或展示（Presentation）				
D	学生个人（或小组）的课堂汇报或展示（Presentation）质量高				
E	听课堂汇报或展示（Presentation）的学生认真听讲，有所收获				
F	教师给出的学习任务评价标准具体、清晰、恰当				
G	教师能够在相关学习活动后及时给出反馈与评价				
H	作业、论文、项目或考试题有价值，能考查课程学习目标达成度				

6. 本学年，在你修过翻转课堂课程后，关于**学习成果**，你是否同意以下关于你的描述？

序号	题目	非常同意	同意	有点同意	不同意
A	我能记住课程关键的概念、规则和原理				
B	我能理解（解释、分类、推理）课程相关知识				
C	我能应用概念、理论解决实际问题或应用于新情境				
D	我能批判性分析和评价有关观点及其论证				
E	我能综合不同的观点、信息或经验，形成新颖或独到的观点或想法				
F	课程提升了我的自主学习能力（含时间管理、自我规划调控和自我反思）				
G	课程提升了我认知自己、理解他人视角以及与他人相处和合作的能力				
H	我关注该课程并愿意学习更多有关的内容				

7. 总的来说，对于翻转课堂的**体验**，你是否同意以下描述？

序号	题目	非常同意	同意	有点同意	不同意
A	与传统课堂相比，我在翻转课堂的出勤率更高				
B	与传统课堂相比，我从翻转课堂学到和保持了更多的内容				
C	与传统课堂比较，我更喜欢翻转课堂模式				
D	与课前翻转相比，我更喜欢课上翻转（课前自主学习在课上自主完成）				
E	整体来说，我对翻转课堂教学质量表示满意				

8. 你的院校是

□“985”　□“211”　□地方本科院校　□其他

9. 你的年级是

□大一　□大二　□大三　□大四　□研一　□研二　□研三

10. 你的专业属于

□哲学　□经济学　□法学　□教育学　□文学　□历史学

□理学　□工学　□农学　□医学　□军事学　□管理学

□艺术学

11. 你的性别是

□男　□女

12. 在本年度，有**几门课程**使用了翻转课堂教学模式？

□ 0 门　□ 1 门　□ 2 门　□ 3 门　□ 4 门及以上

13. 一个学期里你所修的课程中，你希望有多少门课程使用翻转课堂模式？

□ 0 门　□ 1 门　□ 2 门　□ 3 门　□ 4 门及以上

14. 你**修过的**一定程度上实施翻转课堂模式的**课程类型**是 [**可多选**]

□外语课　□政治课　□通识教育选修课　□高等数学

□大学化学　□大学物理　□计算机类公共课　□大类基础课

□专业课　□其他（请指明）_______

15. 在一门课程中，你喜欢有**多大比例的课程内容**使用翻转课堂模式？

□≤ 10%　□ 11%—30%　□ 31%—50%　□ 51%—80%　□ >80%

16. 关于翻转课堂，你每次课前大概会花多少**分钟**进行课前学习？

□≤ 15 分钟　□ 16—30 分钟　□ 31—60 分钟　□ >60 分钟

17. A 在所经历的翻转课堂中，你最喜欢哪一种形态的**课前学习材料?**

□教材与参考书　□期刊文献　□授课教师教学视频

□网上其他教学视频　□授课教师无声 PPT　□授课教师有声 PPT

□讲义　□视频以外其他网络资源　□其他（请指明）

B 关于课前学习文献，你更喜欢阅读纸质文献还是电子文献?

□纸质文献　□电子文献　□无所谓

18. 整体来说，目前**课前学习**的量

□过少　□较少　□适中　□较多　□过多

19. 整体来说，目前**课前学习**的难度

□太难　□偏难　□适中　□偏简单　□太简单

20. 你认为教师在 45—50 分钟的翻转课堂上，应该花大约**多长时间进行讲授?**

□≤ 10 分钟　□ 11—20 分钟　□ 21—30 分钟　□ >30 分钟

21. 你最喜欢翻转课堂采用什么**课上学习形式?**

□讨论　□教师讲授　□教师演示或示范　□做练习或作业等

□自学（含网络学习、阅读文献等）

□小组合作学习（如同伴互助教学、小组共同解决问题等）

□视频播放　□案例教学　□任何形式的互动方法　□辩论

□学生课堂汇报展示（Presentation）

感谢你对以上问题的回答。关于翻转课堂，你认为还需要做出怎样的改变，会让你更向学、乐学并在学业方面取得成功?

祝学业成功，心想事成!

后　记

在2020年初秋时节，这部有关高校翻转课堂的书稿如期画上最后一个句号。在定稿的这一刻，心间弥漫的是秋收的喜悦。

我初次与高校翻转课堂相遇是在2014年。那一年的11月，我参加了由上海交通大学教学发展中心承办的首届“高校教学发展网络”年会。那是一个让我倍感激动和鼓舞的学术盛会，在那三天里我听了很多场精彩报告，很多报告的主题涉及MOOC和翻转课堂这样的极其新鲜的教育名词。在会后，我欣喜地意识到我将要有一个新的研究方向了。自然，这一研究方向就是高校翻转课堂。于是，有了2015年夏季国家社会科学基金（教育学）课题的申报。幸运的是，这一课题获批立项。这一课题的立项，意味着我与翻转课堂有了真正的“缘”。

在时光飞逝中，翻转课堂与我相伴已是五年有余。在学术意义上，这五年即是我的一场翻转课堂探究之旅。“路漫漫其修远兮”，这样的旅程也许是没有终点的，我还依然走在探究之路上。此刻我停下来，尽管心有惴惴，但我愿意诚实地把我在这段旅程中的所见所思记录下来，与大家分享。

翻转课堂改变了传统课堂被动和单向讲授的一统天下局面，为信息时代的教与学提供了新的思路。目前，我国很多高校率先开展了翻转课堂的实践探索。随着翻转课堂实践的深入，它对传统课堂知识观、教学观、教师教学能力、教学模式、教学评价、教师发展等提出了极大的挑战，其核心指向翻转课堂有效教学与有效学习。

作为教师的我们，在过去可能会感觉自己的课堂距离翻转课堂还十分遥远，把翻转课堂视为某种高不可攀的、遥不可及的或是某种教育技术的东西。但在2020年这一年，突然而至的“新冠”疫情让奋战在高校教学一线的每一位教师真真切切体验了一次“翻转课堂”，尽管这样的“翻转”是更为独特的一种“翻转”，尽管这样的“翻转课堂”被冠以“网课”可能更为贴切。在我看来，翻转课堂重要的革新不是教育技术上的，而是教学范式和教学方法上的。一个课堂是不是翻转课堂，不在于其课前学习是否采用了视频讲座等教育技术形式，而在于是否贯彻了以学生为中心的教学理念。不同的教师面对不同的学科、不同的学生和不同的环境条件，翻转课堂所可能采取的形式也是多样化的。

正是基于这样的思考，本书稿没有完全局限于当前典型形态的诸如基于MOOC、SPOC或基于教师自制视频一类的翻转课堂形式，而是包容了更多传统形态的、先天具备翻转课堂特征的路径或策略，如PBL、辩论、Presentation等。当然，这些策略或方法实际上也是互相交叉，或者说是“你中有我、我中有你”的，本书稿只是为了研究的方便而把它们各自独立成章。

在本书即将付梓之际，感谢北京理工大学里我的诸位前辈教师和领导——席巧娟、杨东平、常顺英、何海燕和庞海芍等，难忘他们一直以来真诚的扶持、帮助和教诲。感谢北京理工大学人文与社会科学学院李健院长和娄秀红书记的支持、关怀和鼓励。感谢教育学方向王战军、马永霞、范春萍、张建卫和周文辉等诸位教授和所有同事对我的学术成长所给予的支持、帮助和建议，感恩我的职业生涯有你们一路同行！

感谢本书中引用的所有研究成果的原研究者，他们的研究投入和教学创新让我深受鼓舞和启发。感谢北京理工大学高琪老师和清华大学马昱春老师为本研究提供的课堂观察机会、面对面深度访谈机会和珍贵的问卷调查样本，他们精彩的翻转课堂案例是本书中最宝贵的亮色。此外，书稿还在一定程度上采取“拿来主义”，直接引入了一些文献案例，这些案例中的主讲教师都是国内高校翻转课堂教学实践的先行者，他们精彩的翻转课堂教学实践与研究为我们提供了可资借鉴的范例。

感谢在前期调研和写作过程中给予我热情支持的诸位老师，他们是北京理工大学李凤霞、刘越、陈昆明、包海芹、聂振钢、余月，浙江大学冯结青、万华根，复旦大学刘凡丰，北卡罗来纳大学夏洛特分校 Xiaoxia Newton，加州大学伯克利校区 Bruce Fuller，江苏大学王佳佳，教育部国家教育发展研究中心王烽，中国科学院软件研究所田丰，中国科学院自动化研究所黄向生，北京师范大学骆岩林，清华大学冯务中，北方工业大学李志强，首都师范大学薛海平，国家开放大学裴海燕。

感谢在问卷发放过程中给予我热情支持的诸位老师，他们是哈尔滨理工大学郑敏利，北京理工大学张峰、姜楠、郑佳然、刘睿、薛少华，哈尔滨师范大学胡菊华，中山大学刘铁，厦门大学连进军，华南师范大学陈伟，山东师范大学王向华，岭南师范学院赵海燕，东北林业大学李忠艳，北京大学毛利华，哈尔滨工业大学马广程，武汉大学何发智，吉林大学李秋祝，北京联合大学任永灿，山西大学王倩。感谢牡丹江海林林业一中王凤梅老师，她积极发动家人和所在中学重点班班主任老师寻找当年教过的毕业生（全国多所重点大学的在读本科生）打听翻转课堂信息，为我开辟了另外一条道路去寻找合适的调查对象。还要感谢很多我无法一一列出姓名的老师和学生，他们所给予的支持和帮助让我深深感动。

感谢我指导的几位研究生对本研究的直接参与，杨艳平参与了哈佛大学通识课“公平与正义”的案例教学研究，孙孟思和陶金悦等参与了对“组合数学”翻转课堂的初步观察记录，孙程程参与了对“模式识别”翻转课堂的初步观察记录，章娴参与了对我所授课程的两节课课堂的初步观察记录以及翻转课堂问卷调查研究结果部分的统计分析。感谢我的研究生孙柳娅、王雪静、赵井井、张如意、杨鸿丹、彭锦旗等，难忘和他们在一起学习、切磋和交流的一幕幕。感谢我课上的已毕业研究生张瑾，她与我有过多次学术上的碰撞与交流，她新颖的观点让我深深领悟到“教学相长”意味着什么。也感谢北京理工大学教育学双学位本科生唐江嫚，她主持并记录了我课上的辩论式教学。

感谢我的爱人张凤军博士。我能够始终专注于本书稿的写作，有相当一部分的动力来自他。他的乐观、淡泊和正能量促动我每一天的写作，并给予我安静的力量。他始终如一的激励和技术支持也保障了这本书的如期而至。

感谢北京大学出版社的各位编辑老师对书稿审校与出版给予的帮助，他们认真的态度和严谨的作风让我敬佩、感动和难忘。

杨春梅

于北京理工大学

2020年9月9日